住房城乡建设部土建类学科专业"十三五"规划教材

高职高专土建类"411"人才培养模式

综合实务模拟系列教材

工程资料管理实务模拟
（第三版）

主　编　傅　敏　梁晓丹

中国建筑工业出版社

图书在版编目（CIP）数据

工程资料管理实务模拟/傅敏，梁晓丹主编. —3
版. —北京：中国建筑工业出版社，2022.1（2025.5重印）
住房城乡建设部土建类学科专业"十三五"规划教材
高职高专土建类"411"人才培养模式综合实务模拟系列
教材
ISBN 978-7-112-26701-9

Ⅰ.①工… Ⅱ.①傅…②梁… Ⅲ.①建筑工程-技
术档案-档案管理-高等职业教育-教材 Ⅳ.①G275.3

中国版本图书馆CIP数据核字（2021）第208975号

本教材结合《建筑工程资料管理规程》（JGJ/T 185—2009）、《建筑工程施工质量验收统
一标准》（GB 50300）、《建设工程监理规范》（GB 50318）、《建设工程文件归档整理规范》
（2019版）（GB/T 50328）、《建筑施工安全技术统一规范》（GB 50870）和《安全生产管理台
账》等要求，围绕模拟工程施工的背景材料，开展工程资料的填写、收集、整理、归档等知
识学习和训练，使读者具备工程资料管理的专业技术能力和组织管理能力。

本教材在前版教材的基础上，增加了工程资料管理训练步骤和方法，考虑工程资料的实
物认识、鉴别和模仿练习的需要，制作了大量的工程资料样表，供学习、训练参考使用。

本教材可作为土建类实践性要求高的本科、高职学生综合实训阶段的教学指导用书，
也可作为土建资料管理相关技术人员参考用书。

为更好地支持相应课程的教学，我们向采用本作为教材的教师提供教学课件，有需要
者可与出版社联系，邮箱jckj@cabp.com.cn，电话：（010）58337285，建工书院 http://
edu.cabplink.com。

责任编辑：刘平平　李　明
责任校对：张　颖

住房城乡建设部土建类学科专业"十三五"规划教材
高职高专土建类"411"人才培养模式综合实务模拟系列教材
工程资料管理实务模拟
（第三版）
主　编　傅　敏　梁晓丹
*
中国建筑工业出版社出版、发行（北京海淀三里河路9号）
各地新华书店、建筑书店经销
北京科地亚盟排版公司制版
建工社（河北）印刷有限公司印刷
*
开本：850毫米×1168毫米　1/16　印张：17　字数：389千字
2021年12月第三版　　2025年5月第五次印刷
定价：**46.00**元（赠教师课件）
ISBN 978-7-112-26701-9
（38497）

编 审 委 员 会

顾　　问：杜国城

主　　任：何　辉

副主任：丁天庭　张　敏　张　伟　赵　研

委　　员：陈杭旭　陈绍名　郑大为　傅　敏　金　睿
　　　　　林滨滨　项建国　夏玲涛　余伯增　俞增民

欣闻"411"人才培养模式综合实务模拟系列教材由中国建筑工业出版社正式出版发行，深感振奋。借助全国高职土建类专业指导委员会这一平台，我曾多次与"411"人才培养模式的研究实践人员、该系列教材的编著者有过交流，也曾数次到浙江建设职业技术学院进行过考察，深为该院"411"人才培养模式的研究和实践人员对于高职教育的热情所感动，更对他们在实践过程中的辛勤工作感到由衷的佩服。此系列教材的正式出版是对他们辛勤工作的最大褒奖，更是"411"人才培养模式实践的最新成果。

"411"人才培养模式是浙江建设职业技术学院新时期高职人才培养的创举。"411"人才培养模式创造性地开设综合实务模拟教学环节，该教学环节的设置，有效地控制了人才培养的节奏，使整个人才培养更符合能力形成的客观规律，通过综合实务模拟教学环节的设置提升学生发现、解决本专业具有综合性、复杂性问题的能力，以此将学生的单项能力进行有效的联系和迁移，最终形成完善的专业能力体系，为实践打下良好的基础。

综合实务模拟系列教材作为综合性实践指导教材，具有鲜明的特色，强调项目贯穿教材。该系列教材以一个完整的实际工程项目为基础进行编写，同时将能力项目贯穿于整个教材的编写，所有能力项目和典型工作任务均依托同一工程背景，有利于提高教学的效果和效率，更好地开展能力训练。突出典型工作任务。该系列教材包含《施工图识读实务模拟》《高层建筑专项施工方案实务模拟》《工程资料管理实务模拟》《施工项目管理实务模拟》《工程监理实务模拟》《顶岗实习手册》《综合实务模拟系列教材配套图集》等，突出了建筑工程技术和工程监理专业技术人员工作过程中最典型的工作任务，学生通过这些依据工作过程进行排列的典型工作任务学习，有利于能力的自然迁移，可以较好地形成综合实务能力，解决部分综合性、复杂性的问题。

该系列教材的出版不仅反映了浙江建设职业技术学院在建设类"411"人才培养模式研究和实践上的巨大成功，同时该系列教材的正式出版也将极大地推动高职建设类人才培养模式研究的进一步深入。此外该系列教材的出版更是对高职实践教材建设的一次极为有益的尝试，其对高职综合性实践教材建设必将产生深远影响。

全国高职高专教育土建类专业指导委员会秘书长

土建施工类专业指导分委员会主任委员

杜国城

修订版前言
*P*reface

　　本教材自 2008 年出版、2016 年第二版修订以来，受到了读者广泛欢迎，也收到了许多宝贵意见。

　　为适应建筑业高素质、高技能人才培养的需要，在以就业为导向的能力本位的教育目标指引下，我们与教育行业、企业的专家长期合作，进行了建设工程相关专业的教学研究和教学改革，致力于开发和建设能力训练课程。为了强化工程资料管理能力训练环节，对本教材进行了第三版修订。

　　本教材是基于"现代学徒制"育人的配套教材，由学校、企业和行业协会共同修订。在教材修订过程中，坚持贯彻行为导向教学法的教学理念和技术，采用任务驱动的方法，将岗位核心能力放到课程中进行训练，使学生初步具备工程资料管理基本能力，并对相关理论知识有一定的了解和掌握，能够在工程资料管理职业活动中完成岗位任务。

　　本教材由浙江建设职业技术学院傅敏负责思路的统筹和提纲的确定，浙江建设职业技术学院梁晓丹负责内容的梳理和修订，浙江一诚工程咨询有限公司郑嫣负责内容提要和主要案例的编写，浙江建设职业技术学院林滨滨、陈园卿、向芳参与本教材修订过程的图文整理，浙江省建工集团有限责任公司金睿和浙江一诚工程咨询有限公司潘统欣担任主审。

　　由于高职教育的人才培养方法和手段在不断变化、发展和提高，我们的很多工作也是探索和尝试，且由于编者自身的水平和能力有限，难免存在诸多不妥之处，敬请使用单位提出宝贵意见。

前言
Preface

　　本课程教材的编写，立足于以工程资料管理工作行为为向导，以能力培养为主线，按照不同层次、专业的需求来编写。在学习工程资料管理知识和训练专业岗位能力的过程中，融入了分析归纳能力、综合判断能力、再学习能力、问题解决能力、组织管理能力及社会能力等行业通用能力和职业核心能力训练的内容，并注重学生在不同能力兴趣方向的进一步拓展，以适应不同层次、不同专业读者的培养需求。

　　在本课程教材的编写过程中，围绕着模拟工程施工的背景材料，以工程资料的填写、收集、整理、归档等较为浅显的工程资料管理"形式要求"的知识学习、案例讨论和各专业资料员岗位特定能力模拟训练入手，使读者具备工程资料的日常填写、收集、整理和归档的专业技术能力和组织管理能力的基础。在进行这些知识学习和能力训练时，利用工程资料是反映"工程实际"这一特点，引导读者通过对各专业施工员、安全员、材料员、监理员、见证员、施工项目技术负责人、专业监理工程师等关联岗位的拓展、支撑理论的深入，以及相关问题的思考，提高读者的行业通用能力和职业核心能力，养成科学的学习、工作、思维习惯，为适应不同岗位的就业、适应就业后岗位工作的变动以及发展和创新能力的形成奠定基础。

　　本教材的综述及项目4由傅敏编写，项目1中的单元1、3、4、5、6由杨文领编写，项目1中单元2、7及项目5由向芳编写，项目2由陈园卿编写，项目3由林滨滨编写，梁晓丹负责统稿及审核。全书由金睿主审。

　　本教材在编写过程中得到浙江建工集团、浙江质安建筑监理有限公司等诸多单位和专家的大力支持和帮助，在此表示衷心的感谢。

　　由于能力培养模式和方法尚属探索和起步阶段，工程技术的发展也很快，许多新的问题和成果不断出现，加之编者的水平有限，本教材难免存在许多欠缺和不足，谨请提出宝贵意见，以便进一步补充和完善。

目录
*C*ONTENTS

训 练 导 航

　　工程项目从申请立项到竣工交付，各建设行为主体单位、主管单位在完成各自的工程建设任务的过程中，与工程建设同步形成了工程准备阶段文件、监理文件、施工文件、竣工图和竣工验收文件等各种形式信息记录，用来反映建设工程的建设情况和实体质量。

一、什么是工程资料管理

　　建筑工程资料是建筑工程在建设过程中形成的各种形式信息记录的统称，简称工程资料。工程资料要求内容完整、结论明确、签认手续齐全，文字、图表、印章清晰，不得随意修改；当需修改时，应实行划改，并由划改人签署。工程资料应为原件；当为复印件时，提供单位应在复印件上加盖单位印章，并应有经办人签字及日期，表示对资料的真实性负责。

　　为避免城建档案出现缺漏和不必要的重复，城建档案管理部门要求各责任主体需在竣工后，把具有保存价值的历史记录，按照《建设工程文件归档规范》GB/T 50328—2014（2019 年版）规定的各单位的内容、形式和要求，进行立卷、归档，形成建设工程档案，简称工程档案。

　　建筑工程资料管理是建筑工程资料的填写、编制、审核、审批、收集、整理、组卷、移交及归档等工作的统称，简称工程资料管理。工程建设和管理的各个单位、各个环节和各级相关人员，根据各自的责任范围，按照制度同步形成工程资料，并对资料内容的真实性、完整性、有效性负责。

　　建设单位与勘察、设计、施工、监理等单位在工程招标签订合同时，应对工程档案的套数、费用、质量、移交时间等提出明确要求，在合同中进行约定。在工程实施过程中，对履约过程和实现情况做可操作、有效的约束，按照合同的约定和工程资料的管理要求，负责组织、检查和督促勘察、设计、施工、监理等单位的工程资料的形成、积累和立卷归档工作；收集和汇总勘察、设计、施工、监理等单位立卷归档的工程档案；在组织工程竣工验收前，将这些工程资料提请当地的城建档案管理机构进行预验收，在取得工程档案验收认可文件后，组织工程竣工验收，并接收施工单位移交的、组卷完成的竣工图。在工程竣工验收阶段，由建设单位负责收集和整理形成的文件，并进行立卷归档。工程竣工验收后 3 个月内，向当地城建档案馆（室）移交一套符合规定的工程档案。

　　勘察、设计、施工、监理（含建设工程项目由几个单位承包的）单位在工程实施过程中，应按照合同的约定和有关规定要求，及时记录实施的过程，收集本单位形成的工程资料，按照规定的原则和方法，将有保存价值的文件分门别类的整理成案卷（称立卷或称组卷），然后向建设单位移交。其中：总包单位（建设工程项目实行总承包的），负责收集、汇总各分包单位形成的工程档案，并应及时向建设单位移交；各分包单位应将本单位形成的工程文件整理、立卷后及时移交总包单位。

城建档案管理机构应对工程文件的立卷归档工作进行监督、检查、指导。在工程竣工验收前，应对工程档案进行预验收，验收合格后，出具工程档案认可文件。

工程资料宜采用信息化技术进行辅助管理。

二、怎样练习工程资料管理

对施工现场管理岗位任务进行分析，工程资料管理需具备施工、监理、安全等资料的编制、收集和填写能力，会进行资料的组卷、装订和归档移交，需要具备相关的知识和素养。本课程的教学目标是让学生具备资料员及相关施工现场管理（含监理、造价等）岗位工程资料管理的能力，传授作为实践指导和应用的工程资料管理知识，并在训练中辅之以职业素质的培养。其中，施工现场管理岗位的工程资料管理能力培养是本位。

为达到教学效果，本课程的教学根据训练内容的特点均在各种必要的工作背景或环境中展开，专题性教学和渗透性教学相结合，通过多形式、多渠道、理实一体化教学手段来实现。教学内容的编排，针对技能训练的递进关系和知识的最基本的逻辑关系以及技能与知识点在不同单元中的关联强弱的不同，循序渐进避免重复，抓住重点兼顾关联。

1. 课程设置

本课程设置了5个项目进行工程资料管理能力、知识和素养的教学和训练，包括：施工资料管理、监理资料管理、安全资料管理、工程资料组卷归档、工程资料管理软件应用。

2. 教学实施

（1）和企业一起，结合师生的使用需求和课程教学管理需求，创建"实物样本""模拟现场""仿真动画""视频图片""教学软件"等虚拟教学环境和数字教学资源，或将真实工程施工现场作为教学环境，采用"行为导向能力训练模式"，组织课程教学、评估和管理。

（2）把能力点（技能点）或能力点的集合作为基本教学单位（即"项目""单元"），每一个教学单位采用3阶段组织教学和训练。

第1阶段　训前准备

1）工作任务描述

教师：设计导入任务，从与课程单元相关的具体任务或现实场景讲起。

① 直观地表达本单元的实际工作的形式、内容和成果要求。

② 导出能力、知识和素养的训练要求（即"教学目标"）。

学生：听讲、观看视频或观摩真实的任务。

① 了解工程形象部位、岗位具体的工作内容。

② 准确掌握学习（能力、知识、素养）目标。

③ 激发起学习的兴趣。

2）知识要点解析

教师：配置适当比重的课时进行专业知识教学。

① 确定传授的专业知识，把指导任务的内容作为"重点"，实践应用需要（即作为知识和

能力纽带作用）的内容为"关键点"，理解、掌握、应用困难的内容为"难点"。

② 通过"课后练习""小组讨论""课堂测验""期末考试"等手段，组织、引导学生，进行需记忆的专业知识学习、练习和记忆。

③ 主持小组学习，指导并监管小组讨论，完成知识的理解应用，培养自我学习、沟通交流、协作配合等。

④ 进行过程评估。

学生：借助教学资源、手段进行学习和锻炼。

① 通过课堂听课学习专业知识，掌握重点、难点和关键点。

② 利用教学资源查阅图书、资料等自主学习，了解专业知识的基本内容，完成专业知识的理解和拓展，锻炼"自我管控"的能力。

③ 通过"课后练习"，学习、理解和记忆专业知识，在进行"课堂测验""期末考试"的准备中，强化记忆和学习效果。

④ 通过"小组讨论"的方式使学生能相互合作、交流，专业知识得到初步应用，并获得操作指导。

3）训练方案设计

教师：选择应用练习内容，组织学生进行训练方案设计，关注并审核方案的针对性、科学性和可行性，指导、完善并确定训练方案。针对性选题是难点，训练实施原则或基本步骤是关键，对学生的设计过程关注是效果的保证，这三项工作必须有提示和控制。

学生：根据给定或小组讨论接受指导后确定的训练步骤，合作完成训练方案的设计初稿，在老师指导下完善训练方案。

① 加深理论知识的理解和应用。

② 了解实际工作的步骤。

③ 明晰实训的内容和步骤。

④ 同时能提高学生与人交流能力、与人合作能力、信息处理能力、解决问题能力。

第2阶段　技能训练

1）技能训练实施

教师：主持并把控技能训练按照训练方案实施。

① 掌握训练进度。

② 监管训练行为。

③ 与学生互动并给予指导，关注难点、关键点问题的解决，推进训练实施。

④ 及时检查训练效果并纠偏。

⑤ 进行过程评估。

学生：按照技能训练方案独立或合作完成训练任务。

① 按照要求实施训练，做好训练记录。

② 及时主动寻求指导和阶段性成果验证。

③ 按计划完成任务，保证统一进度和合作同步。

2）分析教学状态数据

教学、训练过程中，将教师和学生的应用情况的相关数据进行采集、统计、处理和分析，得出教与学的质量状态；在教与学的各方面、各环节及时采取针对性措施，针对必须解决的问题，及时主动提起告警；对可提高的内容，在第3阶段进行完善。

第3阶段　完善评估

1）成果分享

教师：主持成果分享活动，让分享的参与程度达到最大。

① 创造一个分享的氛围，通过分享过程形成自觉分享的学习态度。

② 听取分享汇报，记录突出问题和普遍问题，以及需完善、可拓展、应注意的内容等。

学生：以每个学习小组为单位进行分享汇报。

① 训练方案的设计思路。

② 训练实施情况和困难。

③ 训练成果、个人感受和建议等。

2）总结完善

教师：在学生成果分享和自我小结的基础上进行。倡导学生总结后分享，提出改进或其他意见后再总结再分享，最重要的是学生自我进行吸收后再提高的这个过程。

① 从教师的角度出发介绍思路和正确结论。

② 对团队、个人的成果分享表现进行鼓励和表扬并指出不足。

③ 提出改进方向和完善的建议。

学生：做好自我小结（包括过程中的反思小结）。

① 养成总结的习惯（整理思路、分析经验和教训、找出改进的方法，制定提高的措施）。

② 听取老师的意见后完善自己的成果。

3）综合评估

教师：在学生自评、小组评价的基础上，结合过程评估和最终成果，按照评估方案，做出综合评价结论。

学生：按照规定形式提交最终成果和自评、小组评价。

三、工程资料管理训练背景

以常见的工程建设过程为背景资料，分别在各单元中介绍施工资料、监理资料、安全资料的收集、填写、编制、整理和组卷归档等工程资料管理的标准、方法和要求，引导学习；围绕指定工程，指导模拟训练。

根据"工程准备""开工准备""基础工程""主体工程""屋面工程""装饰与节能工程""竣工验收"等工程建设过程各阶段的主要工作，分别列出相应的常见资料，编制工程建设工作与形成资料对照表（表1），作为工程资料管理教学过程中施工、安全、监理资料的收集、填写、整理训练的参考，进行相应的能力训练。

工程建设工作与形成资料对照表　　表1

一	工程准备阶段		
序号	工作项		资料名称
1	决策项	项目建议、可行性研究	①"项目建议书" ②"项目建议书审批意见及前期工作通知书" ③"可行性研究报告及附件" ④"可行性研究报告审批意见"
2		建设项目选址	"选址申请及选址规划意见通知书"
3		用地许可及土地证办理	①"用地申请报告及县级以上人民政府城乡建设用地批准书" ②"拆迁安置意见、协议、方案" ③"建设用地规划许可证及其附件、附图" ④"国有土地使用权出让合同（或国有土地划拨决定书）" ⑤"国有土地使用证"
4	设计招标、初步设计（含项目建设概算）、立项		①"设计方案" ②"设计方案批复（即初步设计的批复）" ③"建设项目列入年度计划的批复文件或难度计划项目表及申报文件"
5	办理规划许可		"建设工程规划许可证及其附件、附图"
6	勘察招标、合同签订、地质勘查		①"勘察设计招标文件" ②"勘察合同" ③"设计合同" ④"地质勘查报告"
7	施工图设计和审查		①"施工图设计文件审查合格书及审查报告" ②"施工图设计变更文件审查合格书及附件"
8	消防、人防设计审批，环境评估、水土保持方案编制		"有关行政主管部门（人防、消防、环保、交通、园林、市政、文物、洞穴、保密、河湖、教育、白蚁防治、卫生、地名办等）批准文件或取得的有关协议"
9	土地勘测定界、工程放线		①"建筑工程放线、验线资料" ②"土地勘测定界成果资料"
10	施工、监理招标（含工程预算），签订合同（含办理"企业进地区""合同备案"等手续）		①"施工招标文件""施工投标文件（商务标、技术标）""施工中标通知书""施工承包合同（备案）" ②"监理招标文件""监理投标文件（商务标、技术标）""监理中标通知书""监理委托合同（备案）" ③"外地企业进地区备案登记"
11	各参建单位组建项目机构、人员进场		①"工程项目建设管理机构（项目经理部）及负责人名单" ②"工程项目监理管理机构（项目监理部）及负责人名单（含总监理工程师授权书）" ③"工程项目施工管理机构（施工项目经理部）及负责人名单"

二	开工准备阶段			
序号	工作项	施工质量资料名称	监理资料名称	施工安全资料名称
1	施工机械设备（包括后期实施的大型机械设备）进场安装、检验、办理准用手续		"主要施工机械设备报审表"	（1）建筑起重机械 ①"建筑起重机械安装拆卸专项施工方案" ②"建筑起重机械基础工程资料" ③"建筑起重机械安全事故应急救援预案" ④"建筑起重机械产权备案表"

二		开工准备阶段		
序号	工作项	施工质量资料名称	监理资料名称	施工安全资料名称
1	施工机械设备（包括后期实施的大型机械设备）进场安装、检验、办理准用手续		"主要施工机械设备报审表"	⑤ "建筑起重机械安装（拆卸）告知表" ⑥ "建筑起重机械使用登记表" ⑦ "塔式起重机安装自检表" ⑧ "塔式起重机安装验收表" ⑨ "塔式起重机安全监控系统安装验收表" ⑩ "塔式起重机顶升加节验收表" ⑪ "塔式起重机每日使用前检查表" ⑫ "塔式起重机月度安全检查表" ⑬ "建筑起重机基础验收表" ⑭ "施工升降机安装自检表" ⑮ "施工升降机安装验收表" ⑯ "施工升降机每日使用前检查表" ⑰ "施工升降机月度安全检查表" ⑱ "施工升降机交接班记录表" ⑲ "物料提升机基础验收表" ⑳ "物料提升机安装自检表" ㉑ "物料提升机安装验收表" ㉒ "物料提升机每日使用前检查表" ㉓ "物料提升机月度安全检查表" （2）打（沉）桩机械 ① "桩基工程安全生产文明施工措施" ② "桩机工程安全技术综合验收表" （3）"起重吊装机械" ① "起重吊装工程安全专项施工方案" ② "起重吊装机械安全技术综合验收表" ③ "起重吊装机械作业试吊记录表" ④ "起重吊装作业安全技术交底记录" ⑤ "起重吊装作业人员上岗证"

续表

二	开工准备阶段			
序号	工作项	施工质量资料名称	监理资料名称	施工安全资料名称
1	施工机械设备（包括后期实施的大型机械设备）进场安装、检验、办理准用手续		"主要施工机械设备报审表"	（4）施工机具 ①"平刨机安全技术验收表" ②"圆盘锯安全技术验收表" ③"钢筋机械安全技术验收表" ④"电焊机安全技术验收表" ⑤"搅拌机安全技术验收表" ⑥"挖土机械安全技术验收表" ⑦"施工机械操作人员上岗证"
2	① 施工策划（施工组织设计、施工方案、制度等）编制、审核、批准；专家论证；安全措施（包括安全分析、方案、制度等）制订 ② 安全培训、教育、交底，签订责任书 ③ 监理规划（含监理大纲）、监理细则（含旁站、见证、安全、通病防治、保温节能等）编制和审核 ④ 组织召开第一次工地会议	①"施工组织设计" ②"专项施工方案""专家论证意见""技术交底记录"	①"监理规划" ②"监理细则" ③"施工组织设计或（专项）施工方案报审表" ④"超过一定规模的危险性较大分部分项工程专项方案报审表" ⑤"第一次工地会议纪要"	①"施工现场建筑工人三级教育登记表" ②"建筑工人三级安全教育登记卡" ③"项目管理人员年度安全培训登记表" ④"安全技术交底记录汇总表" ⑤"安全技术交底记录表" ⑥"职工培训学校有关资料" ⑦"建设工程安全生产法律、法规、规章和规范性文件清单" ⑧"建设工程安全生产技术标准、规范清单" ⑨"建筑施工企业安全生产规章制度清单" ⑩"工程项目施工管理机构安全管理网络图" ⑪"工程项目施工管理机构安全生产责任制" ⑫"工程项目施工管理机构各级安全生产责任书" ⑬"工程项目安全生产事故应急救援预案" ⑭"工程建设安全事故快报表"
3	① 办理工程质量和安全监督报监 ② 办理施工许可	①"工程质量监督书" ②"建设工程施工许可证"		①"建设工程项目安全监督登记表" ②"建设工程项目基本情况表" ③"证书清单"

二			开工准备阶段	
序号	工作项	施工质量资料名称	监理资料名称	施工安全资料名称
3	① 办理工程质量和安全监督报监 ② 办理施工许可	①"工程质量监督书" ②"建设工程施工许可证"		④"危险性较大分部分项工程清单" ⑤"危险源识别与风险评价表" ⑥"重大危险源动态管理控制表" ⑦"施工现场管理人员及资格证书登记表" ⑧"施工现场特种作业人员及操作资格证书登记表" ⑨"施工现场主要机械设备一览表" ⑩"施工现场总平面布置图" ⑪"施工现场安全标志（含消防标志）平面布置图" ⑫"施工现场安全防护用具一览表" ⑬"施工现场安全生产文明施工措施费用预算表" ⑭"施工现场安全生产文明施工措施费用投入统计表"
4	① 总包单位、分包单位、检测单位、试验室、特殊产品生产单位资质报审 ② 相关企业的个人资证报审（含监理单位）	①"分包单位资质" ②"检测单位资质" ③"试验室资质"	①"分包单位资格报审表" ②"检测单位报审、报验表"	
5	图纸会审和设计变更	①"图纸会审纪要" ②"设计会议会审纪要" ③"设计变更记录" ④"工程洽商记录"		
6	① 原材料（含脚手架、起重平台、水电及其他临时设施材料等）进场、检验 ② 临时设施搭设（含临时设施设计、材料检验等）、验收（含架体、临时用电、标准化工地、消防要求等）	"水泥、砂、石子、砖、钢筋、焊条、焊剂等出厂证明文件或检测报告"	"工程材料、设备和构配件报审表"	①"文明施工专项方案" ②"临时设施专项施工方案" ③"文明施工验收表" ④"施工临时用房验收表" ⑤"消防安全管理方案及应急预案" ⑥"消防安全检查记录表" ⑦"三级动火许可证" ⑧"二级动火许可证" ⑨"一级动火许可证"

续表

二	开工准备阶段			
序号	工作项	施工质量资料名称	监理资料名称	施工安全资料名称
6	① 原材料（含脚手架、起重平台、水电及其他临时设施材料等）进场、检验 ② 临时设施搭设（含临时设施设计、材料检验等）、验收（含架体、临时用电、标准化工地、消防要求等）	"水泥、砂、石子、砖、钢筋、焊条、焊剂等出厂证明文件或检测报告"	"工程材料、设备和构配件报审表"	⑩ "施工用电专项施工方案" ⑪ "施工用电安全技术综合验收表" ⑫ "接地电阻测验记录表" ⑬ "绝缘电阻和漏电保护器检测记录表" ⑭ "安全防护设施交接验收记录" ⑮ "安全防护用品发放记录表"
7	进行设计试桩（必要时）	"试桩记录"	"试桩会议纪要"	
8	① 开工报审（四通一平） ② 审核开工	① "施工现场质量管理检查记录表" ② "施工许可证" ③ "规划放样定点记录" ④ "工程测量控制点移交记录"	① "开工报审表" ② "工程开工令"	

三	基础工程阶段			
序号	工作项	施工质量资料名称	监理资料名称	施工安全资料名称
1	① 开始日志记录 ② 各项安全管理开始实施 ③ 防护设施开始设置和验收交接，在此过程中检查验收、整改复查、最后形成台账	"施工日志"（每天）	"监理日志"（每天）	① "工地安全日记"（每天） ② "班组安全活动记录表" ③ "企业负责人施工现场带班检查记录" ④ "项目负责人施工现场带班记录" ⑤ "各类安全专项活动实施情况检查记录表" ⑥ "安全生产检查记录汇总表" ⑦ "项目安全生产检查记录表"
2	① 建筑定位放线，报监理验收 ② 龙门桩设置，报监理验收 ③ 规划验线（灰线验线）	① "工程定位测量资料（含工程验线回单）" ② "测量放线记录" ③ "技术复核"	① "测量放线监理细则" ② "平行检验" ③ "施工控制测量成果报验表"	① "班组安全活动记录表" ② "企业负责人施工现场带班检查记录" ③ "项目负责人施工现场带班记录" ④ "项目安全生产检查记录表"

三		基础工程阶段		
序号	工作项	施工质量资料名称	监理资料名称	施工安全资料名称
3	桩位放线、技术复核	①"桩位轴线控制网" ②"桩位定位测量记录" ③"技术复核"	①"平行检验" ②"施工控制测量成果报验表"	①"班组安全活动记录表" ②"企业负责人施工现场带班检查记录" ③"项目负责人施工现场带班记录" ④"项目安全生产检查记录表"
4	原材料（含安全设施、装备、材料等）进场检查、见证取样试验	①"钢材出厂合格证及试验报告" ②"焊接试验报告及焊接材料合格证" ③"水泥出厂合格证及试验报告" ④"预制构件合格证" ⑤"砂、石等材料合格证及试验报告" ⑥"混凝土配合比试验报告" ⑦"商品混凝土出厂合格证及试块报告"	①"见证取样送检计划" ②"原材料、半成品进场验收登记" ③"原材料、构配件、半成品见证取样登记" ④"工程材料、设备和构配件报审表"	①"三宝"质量证明文件清单 ②"钢管、扣件等材料质量证明清单"
5	①打试验桩，试验桩静载检验 ②打支护桩和工程桩（含基坑支护体系施工） ③支护桩检验批质量验收	①"试打桩记录" ②"静压式预应力管桩（预制桩）/锤击式预应力管桩（预制桩）/振动沉管灌注桩/人工挖孔桩/深层水泥搅拌桩施工记录" ③"预应力管桩隐蔽工程检查验收记录" ④"钻孔灌注桩开孔申请表" ⑤"钻孔灌注桩成孔施工记录" ⑥"隐蔽工程（钢筋笼）检查记录" ⑦"钻孔灌注桩灌注前隐蔽工程验收记录" ⑧"钻孔灌注桩水下混凝土施工记录" ⑨"混凝土施工日记" ⑩"钻孔灌注桩桩底注浆记录" ⑪"排桩墙支护工程检验批质量验收记录"	①"桩基（含排桩支护）监理细则" ②"旁站监理方案" ③"旁站记录" ④"桩基施工过程检验批平行检验记录" ⑤"＿＿报验报审表"	①"班组安全活动记录表" ②"企业负责人施工现场带班检查记录" ③"项目负责人施工现场带班记录" ④"项目安全生产检查记录表"

续表

三		基础工程阶段		
序号	工作项	施工质量资料名称	监理资料名称	施工安全资料名称
6	① 土方开挖测量放线 ② 降水排水 ③ 土方开挖 ④ 基坑监测 ⑤ 测量放线技术复核 ⑥ 地基验槽 ⑦ 土方工程检验批质量验收	① "测量放线记录（灰线）" ② "降水排水专项方案" ③ "降水排水检验批质量验收记录" ④ "土方开挖工程检验批质量验收记录" ⑤ "技术复核" ⑥ "验槽记录和地基处理记录" ⑦ "土方回填工程检验批质量验收记录"	① "土方/边坡工程监理细则" ② "检验批、测量、检测等平行检验记录" ③ "土方回填旁站记录" ④ "＿＿报验报审表"	① "基坑支护设计方案" ② "基坑安全专项施工方案及专家论证报告" ③ "基坑监测方案和监测报告（巡查记录）" ④ "高处作业防护设施安全验收表" ⑤ "班组安全活动记录表" ⑥ "项目安全生产检查记录表"
7	垫层轴线、标高引测和技术复核	① "测量放线记录" ② "技术复核"	"施工控制测量成果报验表"	
8	混凝土垫层模板安装工程	"模板安装工程检验批质量验收记录"	"模板工程监理细则"	
9	① 垫层混凝土原材料检验批质量验收 ② 混凝土配合比设计、混凝土配合比检验批质量验收 ③ 混凝土浇捣审批 ④ 混凝土施工、混凝土试块见证取样 ⑤ 施工记录及旁站 ⑥ 混凝土施工检验批质量验收	① "商品混凝土出厂合格证" ② "自拌混凝土配合比通知单" ③ "混凝土原材料检验批质量验收记录" ④ "混凝土配合比设计检验批质量验收记录" ⑤ "混凝土施工检验批质量验收记录" ⑥ "混凝土浇捣令" ⑦ "混凝土试块强度检测报告"	① "旁站记录" ② "原材料、半成品进场验收登记" ③ "原材料、构配件、半成品见证取样登记" ④ "检验批平行检验记录" ⑤ "工程材料、设备和构配件报审表" ⑥ "＿＿报验报审表"	
10	垫层模板拆除、模板拆除工程检验批质量验收	① "拆模试块强度报告" ② "模板拆除工程检验批质量验收记录"	"＿＿报验报审表"	"模板拆除申请表"
11	现浇结构混凝土外观检查及检验批质量验收	"现浇结构外观质量检验批质量验收记录"	① "检验批平行检验记录" ② "＿＿报验报审表"	
12	①基础轴线标高引测 ② 测量放线技术复核 ③ 桩基检测试验 ④ 桩位偏差检查 ⑤ 桩基工程检验批质量验收 ⑥ 桩基分项工程质量验收	① "测量放线记录" ② "技术复核" ③ "桩基完整性检测报告（动测、声测）" ④ "桩基承载力检验报告（静载）" ⑤ "桩位偏差表" ⑥ "桩位竣工图" ⑦ "桩基工程检验批质量验收记录" ⑧ "桩基工程分项工程质量验收表"	① "基础结构监理细则" ② "施工控制测量成果报验表" ③ "＿＿报验报审表"	

三	基础工程阶段			
序号	工作项	施工质量资料名称	监理资料名称	施工安全资料名称
13	① 地下室防水层原材料（含地下室顶墙结构完成后外侧防水、防护使用）进场 ② 地下室防水层原材料见证取样试验 ③ 地下室防水施工 ④ 监理旁站 ⑤ 地下室防水施工检验批（含节点构造）质量验收	① "防水商品混凝土/防水涂料/防水卷材出厂合格证及检测报告" ② "混凝土原材料检验批质量验收记录" ③ "自拌混凝土配合比通知单" ④ "混凝土配合比设计检验批质量验收记录" ⑤ "混凝土施工检验批质量验收记录" ⑥ "混凝土浇捣令" ⑦ "混凝土试块强度检测报告"	① "旁站记录" ② "原材料、半成品进场验收登记" ③ "原材料、构配件、半成品见证取样登记" ④ "检验批平行检验记录" ⑤ "工程材料、设备和构配件报审表" ⑥ "____报验报审表"	
14	① 模板安装（含预制构件） ② 模板安装检验批质量验收	"模板安装工程检验批质量验收记录"	"____报验报审表"	① "模板支架工程安全专项施工方案及专家论证报告" ② "模板支架验收记录表" ③ "模板支架工程安全技术综合验收表" ④ "模板支架工程安全技术交底记录"
15	① 钢筋原材料进场检验、见证取样试验、检验批质量验收 ② 钢筋加工、检验批质量验收 ③ 钢筋安装、检验批质量验收 ④ 钢筋连接，钢筋连接接头见证取样试验，钢筋连接检验批质量验收 ⑤ 柱梁等接头处隐蔽旁站、检验批质量验收 ⑥ 钢筋隐蔽工程验收	① "钢筋/焊接材料出厂质量证明文件" ② "钢筋原材复试报告" ③ "钢筋接头连接试验报告" ④ "钢筋原材料检验批质量验收记录" ⑤ "钢筋加工检验批质量验收记录" ⑥ "钢筋连接检验批质量验收记录" ⑦ "钢筋安装检验批质量验收记录" ⑧ "柱、梁钢筋隐蔽工程检查记录"	① "旁站记录" ② "原材料、半成品进场验收登记" ③ "原材料、构配件、半成品见证取样登记" ④ "检验批平行检验记录" ⑤ "钢筋工程监理细则" ⑥ "工程材料、设备和构配件报审表" ⑦ "____报验报审表"	① "班组安全活动记录表" ② "企业负责人施工现场带班检查记录" ③ "项目负责人施工现场带班记录" ④ "项目安全生产检查记录表"
16	① 基础混凝土原材料进场检验、检验批质量验收 ② 混凝土配合比设计、检验批质量验收 ③ 混凝土浇捣审批 ④ 混凝土工程施工 ⑤ 混凝土试块见证取样 ⑥ 混凝土工程施工记录、监理旁站 ⑦ 混凝土工程施工检验批质量验收	① "商品混凝土出厂合格证" ② "自拌混凝土配合比通知单" ③ "混凝土原材料检验批质量验收记录" ④ "混凝土配合比设计检验批质量验收记录" ⑤ "混凝土施工检验批质量验收记录"	① "旁站记录" ② "原材料、半成品进场验收登记" ③ "原材料、构配件、半成品见证取样登记" ④ "检验批平行检验记录" ⑤ "混凝土工程监理细则"	

续表

三		基础工程阶段		
序号	工作项	施工质量资料名称	监理资料名称	施工安全资料名称
16	① 基础混凝土原材料进场检验、检验批质量验收 ② 混凝土配合比设计、检验批质量验收 ③ 混凝土浇捣审批 ④ 混凝土工程施工 ⑤ 混凝土试块见证取样 ⑥ 混凝土工程施工记录、监理旁站 ⑦ 混凝土工程检验批质量验收	⑥ "混凝土浇捣令" ⑦ "混凝土试块强度检测报告"	⑥ "工程材料、设备和构配件报审表" ⑦ "___报验报审表"	
17	① 模板拆除 ② 模板拆除检验批质量验收	① "拆模试块强度报告" ② "模板拆除检验批质量验收记录"	"___报验报审表"	"模板拆除申请表"
18	① 现浇结构外观检查、缺陷处理 ② 现浇结构外观质量检验批质量验收	"现浇结构外观质量检验批质量验收记录"	① "检验批平行检验记录" ② "___报验报审表"	
19	① 砖砌体轴线和皮数杆引测 ② 测量放线技术复核 ③ 砌筑施工、试块见证取样 ④ 砖砌体检验批质量验收	① "测量放线记录" ② "技术复核" ③ "砖、砌块出厂合格证及复检报告" ④ "砌体工程检验批质量验收记录"	① "原材料、半成品进场验收登记" ② "原材料、构配件、半成品见证取样登记" ③ "检验批平行检验记录" ④ "施工控制测量成果报验表"	① "班组安全活动记录表" ② "企业负责人施工现场带班检查记录" ③ "项目负责人施工现场带班记录" ④ "项目安全生产检查记录表"
20	① 混凝土、砌筑砂浆试块强度试验、混凝土抗渗试验 ② 试块强度统计评定	① "材料检测试验汇总表" ② "混凝土（砌筑砂浆）试块强度统计评定表"		
21	① 结构实体强度检验（用同条件养护混凝土试块强度评定、或局部破损） ② 结构实体检查钢筋保护层厚度（局部破损/非破损） ③ 构件实体尺寸检查	① "回弹法检测混凝土抗压强度检测报告" ② "混凝土强度钻芯试验报告" ③ "混凝土结构钢筋保护层厚度检测报告" ④ "现浇结构尺寸偏差检验批质量验收记录" ⑤ "混凝土设备基础尺寸偏差检验批质量验收记录"	① "现场检测试验见证登记" ② "___报验报审表"	

续表

三			基础工程阶段	
序号	工作项	施工质量资料名称	监理资料名称	施工安全资料名称
22	① 钢筋分项工程质量验收 ② 模板分项工程质量验收 ③ 混凝土分项工程质量验收	① "钢筋分项工程质量验收记录" ② "模板分项工程质量验收记录" ③ "混凝土分项工程质量验收记录"		
23	基础结构工程（中间）验收	"地基与基础验收总结报告"	"地基与基础分部工程质量评估报告"	
24	① 地下室外防水、防护层施工、监理旁站、检验批质量验收 ② 土方回填、监理旁站、检验批质量验收	① "卷材防水层检验批质量验收记录" ② "涂料防水层检验批质量验收记录" ③ "水泥砂浆防水层检验批质量验收记录" ④ "塑料板防水层检验批质量验收记录" ⑤ "金属板防水层检验批质量验收记录" ⑥ "防水材料质量证明文件及复试报告" ⑦ "土方回填工程检验批质量验收记录" ⑧ "地下室渗漏水检测记录"	① "旁站记录（防水、土方回填）" ② "检验批平行检验记录" ③ "防水工程监理细则" ④ "工程材料、设备和构配件报审表" ⑤ "____报验报审表"	
25	地基基础分部工程质量验收	① "地基与基础分部工程质量验收记录" ② "地基/基础/基坑支护/地下水控制/土方/边坡/地下防水子分部工程质量验收记录" ③ "分项工程验收记录"	"分部工程报验表"	
四			主体工程阶段	
序号	工作项	施工质量资料名称	监理资料名称	施工安全资料名称
1	① 主体结构原材料进场检验、见证取样试验、登记 ② 混凝土、砂浆配合比设计	① "钢材/焊材/砂/石/水泥/混凝土/砂浆/砌块/构配件等出厂合格证及试验报告" ② "预制构件合格证" ③ "混凝土/砂浆配合比试验报告" ④ "混凝土试块报告" ⑤ "混凝土配合比设计检验批质量验收记录"	① "原材料、半成品进场验收登记" ② "原材料、构配件、半成品见证取样登记" ③ "检验批平行检验记录" ④ "工程材料、设备和构配件报审表" ⑤ "____报验报审表"	

续表

四	主体工程阶段			
序号	工作项	施工质量资料名称	监理资料名称	施工安全资料名称
2	① 楼面轴线、标高引测、技术复核 ② 沉降观测点设置	① "测量放线记录" ② "技术复核"	① "主体工程监理细则" ② "施工控制测量成果报验表"	① "班组安全活动记录表" ② "企业负责人施工现场带班检查记录" ③ "项目负责人施工现场带班记录" ④ "项目安全生产检查记录表"
3	① 钢筋原材料进场检验、见证取样试验、检验批质量验收 ② 钢筋加工、检验批质量验收	① "钢筋/焊接材料出厂质量证明文件" ② "钢筋原材料复试报告" ③ "钢筋原材料检验批质量验收记录" ④ "钢筋加工检验批质量验收记录"	① "原材料、半成品进场验收登记" ② "原材料、构配件、半成品见证取样登记" ③ "检验批平行检验记录" ④ "工程材料、设备和构配件报审表" ⑤ "____报验报审表"	
4	① 柱钢筋连接、见证取样试验（绑扎连接除外）、检验批质量验收 ② 钢筋安装、检验批质量验收 ③ 钢筋隐蔽工程验收	① "钢筋接头连接试验报告" ② "钢筋连接检验批质量验收记录" ③ "钢筋安装检验批质量验收记录" ④ "柱钢筋隐蔽工程检查记录"	① "原材料、构配件、半成品见证取样登记" ② "检验批平行检验记录" ③ "工程材料、设备和构配件报审表" ④ "____报验报审表"	① "班组安全活动记录表" ② "企业负责人施工现场带班检查记录" ③ "项目负责人施工现场带班记录" ④ "项目安全生产检查记录表"
5	① 梁板、柱模板安装、检验批质量验收 ② 脚手架搭设	"模板安装工程检验批质量验收记录"	"____报验报审表"	① "脚手架工程安全专项施工方案及专家论证报告" ② "钢管扣件式脚手架安全技术综合验收表" ③ "悬挑式脚手架安全技术综合验收表" ④ "附着式升降脚手架安全技术综合验收表" ⑤ "原材料及有关设备部件的质量证明文件" ⑥ "脚手架工程安全技术交底" ⑦ "脚手架拆除申请表"
6	① 梁板钢筋连接、检验批质量验收 ② 钢筋安装、检验批质量验收 ③ 柱梁等接头处隐蔽工程施工旁站 ④ 钢筋隐蔽工程检查验收	① "钢筋接头连接试验报告" ② "钢筋连接检验批质量验收记录" ③ "钢筋安装检验批质量验收记录" ④ "柱、梁钢筋隐蔽工程检查记录"	① "原材料、构配件、半成品见证取样登记" ② "检验批平行检验记录" ③ "工程材料、设备和构配件报审表" ④ "____报验报审表"	① "班组安全活动记录表" ② "企业负责人施工现场带班检查记录" ③ "项目负责人施工现场带班记录" ④ "项目安全生产检查记录表"

四		主体工程阶段		
序号	工作项	施工质量资料名称	监理资料名称	施工安全资料名称
7	① 混凝土原材料进场检验、检验批质量验收 ② 混凝土配合比设计、检验批质量验收 ③ 混凝土浇捣审批 ④ 混凝土工程施工、试块见证取样 ⑤ 混凝土工程施工记录、监理旁站 ⑥ 混凝土工程施工检验批质量验收	① "商品混凝土出厂合格证" ② "自拌混凝土配合比通知单" ③ "混凝土原材料检验批质量验收记录" ④ "混凝土配合比设计检验批质量验收记录" ⑤ "混凝土施工检验批质量验收记录" ⑥ "混凝土浇捣令" ⑦ "混凝土试块强度检测报告"	① "旁站记录" ② "原材料、半成品进场验收登记" ③ "原材料、构配件、半成品见证取样登记" ④ "检验批平行检验记录" ⑤ "工程材料、设备和构配件报审表" ⑥ "____报验报审表"	① "班组安全活动记录表" ② "企业负责人施工现场带班检查记录" ③ "项目负责人施工现场带班记录" ④ "项目安全生产检查记录表"
8	① 模板拆除 ② 模板拆除检验批质量验收	① "拆模试块强度报告" ② "模板拆除工程检验批质量验收记录"	"____报验报审表"	"模板拆除申请表"
9	① 砌体轴线和标高引测 ② 测量放线技术复核	① "测量放线记录" ② "技术复核"	"施工控制测量成果报验表"	
10	① 砌筑施工 ② 砌体工程检验批质量验收	"砌体工程检验批质量验收记录"	"____报验报审表"	
11	① 混凝土、砌筑砂浆试块强度试验 ② 试块强度统计评定	① "材料检测试验汇总表" ② "混凝土（砌筑砂浆）试块强度统计评定表"		
12	① 结构实体强度检验（用同条件养护混凝土试块强度评定或局部破损/非破损） ② 结构实体检查钢筋保护层厚度（局部破损/非破损） ③ 构件实体尺寸检查	① "回弹法检测混凝土抗压强度检测报告" ② "混凝土强度钻芯试验报告" ③ "混凝土结构钢筋保护层厚度检测报告" ④ "现浇结构尺寸偏差检验批质量验收记录" ⑤ "混凝土设备基础尺寸偏差检验批质量验收记录"	"现场检测试验见证登记"	
13	沉降观测	"沉降观测记录"		
14	① 钢筋工程分项工程质量验收 ② 模板工程分项工程质量验收 ③ 混凝土工程分项工程质量验收 ④ 砌体工程分项工程质量验收	① "钢筋工程分项工程质量验收表" ② "模板工程分项工程质量验收表" ③ "混凝土工程分项工程质量验收表" ④ "砌体工程分项工程质量验收表"	① "主体工程质量评估报告" ② "分部工程报验表"	

续表

四	主体工程阶段			
序号	工作项	施工质量资料名称	监理资料名称	施工安全资料名称
14	⑤ 主体分部（子分部）工程质量验收	⑤“主体分部工程质量验收记录” ⑥“混凝土结构/钢结构/钢管混凝土结构/型钢混凝土/铝合金结构/木结构子分部工程质量验收记录” ⑦“主体工程验收总结报告”	①“主体工程质量评估报告” ②“分部工程报验表”	

五	屋面工程阶段			
序号	工作项	施工质量资料名称	监理资料名称	施工安全资料名称
1	① 屋面原材料（含水泥、卷材、嵌缝、保温材料）进场检验及登记 ② 原材料见证取样试验及登记	“防水材料、保温材料、屋面瓦、水泥、砂、石等出厂证明文件及复检报告”	①“原材料、半成品进场验收登记” ②“原材料、构配件、半成品见证取样登记” ③“工程材料、设备和构配件报审表”	
2	① 屋面找平层施工 ② 屋面找平层施工检验批质量验收	“屋面找平层检验批质量验收记录”	①“屋面工程监理细则” ②“____报验报审表”	
3	① 屋面防水层（卷材、涂膜等）施工、监理旁站、检验批质量验收 ② 防水层和细部构造隐蔽工程检查验收 ③ 屋面保温层施工、检验批质量验收、隐蔽工程检查验收 ④ 屋面节能工程质量验收 ⑤ 建筑节能隐蔽工程验收	①“屋面卷材防水层检验批质量验收记录” ②“屋面涂膜防水层检验批质量验收记录” ③“屋面细石混凝土防水层检验批质量验收记录” ④“屋面工程细部构造检验批质量验收记录” ⑤“屋面保温层检验批质量验收记录” ⑥“保温、防水层隐蔽验收记录”	①“旁站记录” ②“检验批平行检验记录” ③“____报验报审表”	①“班组安全活动记录表” ②“企业负责人施工现场带班检查记录” ③“项目负责人施工现场带班记录” ④“项目安全生产检查记录表”
4	① 钢筋原材料进场检验、见证取样试验、检验批质量验收 ② 钢筋安装检验批质量验收	①“钢筋/焊接材料出厂质量证明文件” ②“钢筋原材料复试报告” ③“钢筋接头连接试验报告” ④“钢筋原材料检验批质量验收记录” ⑤“钢筋加工检验批质量验收记录” ⑥“钢筋连接检验批质量验收记录” ⑦“钢筋安装检验批质量验收记录”	①“旁站记录” ②“原材料、半成品进场验收登记” ③“原材料、构配件、半成品见证取样登记” ④“检验批平行检验记录” ⑤“工程材料、设备和构配件报审表” ⑥“____报验报审表”	

续表

五		屋面工程阶段		
序号	工作项	施工质量资料名称	监理资料名称	施工安全资料名称
5	① 混凝土原材料进厂检验、检验批质量验收 ② 混凝土配合比设计、检验批质量验收 ③ 混凝土浇捣审批 ④ 混凝土工程施工 ⑤ 混凝土工程施工记录、试块见证取样 ⑥ 混凝土施工检验批质量验收	① "商品混凝土出厂合格证" ② "自拌混凝土配合比通知单" ③ "混凝土原材料检验批质量验收记录" ④ "混凝土配合比设计检验批质量验收记录" ⑤ "混凝土工程施工检验批质量验收记录" ⑥ "混凝土浇捣令" ⑦ "混凝土试块强度检测报告"	① "旁站记录" ② "原材料、半成品进场验收登记" ③ "原材料、构配件、半成品见证取样登记" ④ "检验批平行检验记录" ⑤ "____报验报审表"	
6	屋面蓄水、淋水检验	"屋面淋水/蓄水试验记录"	"____报验报审表"	
7	① 混凝土试块强度试验 ② 混凝土试块强度统计评定	① "材料检测试验汇总表" ② "混凝土（砂浆）试块强度统计评定表"		
8	屋面分部工程质量验收	"屋面分部工程质量验收记录"	"分部工程报验表"	
六		装饰和节能工程阶段		
序号	工作项	施工质量资料名称	监理资料名称	施工安全资料名称
1	① 装饰材料、保温隔热材料进场检验、登记 ② 装饰材料、保温隔热材料见证取样试验	"装饰材料、保温隔热材料质量证明文件及试验报告（保温板、保温砂浆、保温砌块、专用胶粘剂、保温砂浆、抗裂砂浆、抹面砂浆、界面剂、增强网、幕墙保温板材、保温棉、玻璃、隔热型材、成品门窗、玻璃等）"	① "原材料、半成品进场验收登记" ② "原材料、构配件、半成品见证取样登记"	
2	① 各项装饰工程施工、检验批验收 ② 门窗、幕墙与墙连接，保温、吊顶和各保温构造等隐蔽工程验收	① "找平层检验批质量验收记录" ② "隔离层检验批质量验收记录" ③ "填充层检验批质量验收记录"	① "装饰装修工程监理细则" ② "检验批平行检验记录" ③ "____报验报审表"	

六		装饰和节能工程阶段		
序号	工作项	施工质量资料名称	监理资料名称	施工安全资料名称
2	① 各项装饰工程施工、检验批验收 ② 门窗、幕墙与墙连接，保温、吊顶和各保温构造等隐蔽工程验收	④ "水泥混凝土整体面层/水泥砂浆面层/水磨石面层/水泥钢（铁）屑面层/防油渗面层/不发火（防爆）面层/砖面层/大理石面层和花岗石面层/预制板块面层/塑料板面层/活动地板面层/地毯面层/实木地板面层/工程检验批质量验收记录" ⑤ "一般抹灰/装饰抹灰工程检验批质量验收记录" ⑥ 清水砌体勾缝工程检验批质量验收记录" ⑦ "木门窗/金属门窗/塑料门窗/特种门/门窗玻璃安装分项工程检验批质量验收记录" ⑧ "暗龙骨/明龙骨吊顶工程检验批质量验收记录" ⑨ "板材/骨架/活动玻璃隔墙工程检验批质量验收记录" ⑩ "饰面板安装工程检验批质量验收记录" ⑪ "饰面砖粘贴工程检验批质量验收记录" ⑫ "玻璃幕墙/金属幕墙/石材幕墙工程检验批质量验收记录" ⑬ "水性/溶剂型/美术涂料涂饰工程检验批质量验收记录" ⑭ "裱糊工程检验批质量验收记录" ⑮ "软包工程检验批质量验收记录" ⑯ "门窗套制作与安装工程检验批质量验收记录" ⑰ "护栏和扶手制作与安装工程检验批质量验收记录"	① "装饰装修工程监理细则" ② "检验批平行检验记录" ③ "____报验报审表"	① "高处作业吊篮安装拆卸方案" ② "高处作业吊篮安全技术综合验收表" ③ "高处作业吊篮安装及使用人员安全技术交底" ④ "高处作业吊篮合格证及检验报告" ⑤ "高处作业防护设施安全验收表" ⑥ "班组安全活动记录表" ⑦ "企业负责人施工现场带班检查记录" ⑧ "项目负责人施工现场带班记录" ⑨ "项目安全生产检查记录表"
3	① 外窗、幕墙抗风压性能、空气渗透性能、雨水渗漏性能的检测试验 ② 节能保温试验 ③ 室内空气检测 ④ 土壤氡气等安全和功能检验	① "外窗、幕墙气密、水密、耐风压现场物理性能检验记录" ② "保温材料厚度取芯试验、节能保温测试记录"	① "现场检测试验见证登记" ② "____报验报审表"	

六	装饰和节能工程阶段			
序号	工作项	施工质量资料名称	监理资料名称	施工安全资料名称
3	① 外窗、幕墙抗风压性能、空气渗透性能、雨水渗漏性能的检测试验 ② 节能保温试验 ③ 室内空气检测 ④ 土壤氡气等安全和功能检验	③ "室内空气检测报告" ④ "土壤氡气浓度检测报告"	① "现场检测试验见证登记" ② "＿＿＿报验报审表"	
4	① 装饰装修分项工程验收 ② 装饰装修分部工程验收（含节能、幕墙等专项验收）	① "建筑装饰装修分部工程验收记录" ② "建筑地面/抹灰/外墙防水/门窗/吊顶/轻质隔墙/饰面板/饰面砖/幕墙/涂饰/裱糊与软包/细部等子分部工程验收记录" ③ "分项工程验收记录"	"分部工程报验表"	

七	竣工验收阶段	
序号	工作项	资料名称
1	建筑物垂直度、全高测量检验	① "外墙大角倾斜记录" ② "建筑物垂直度、标高、全高测量记录"
2	竣工图编制	① "土建工程竣工图" ② "安装工程竣工图" ③ "智能建筑竣工图" ④ "燃气工程竣工图" ⑤ "电梯工程竣工图" ⑥ "其他"
3	① 单位（子单位）工程质量控制资料核查 ② 工程安全和功能检验 ③ 观感质量检查	① "单位（子单位）工程质量验收记录" ② "质量控制资料核查记录" ③ "安全和功能检验资料核查及主要功能抽查记录" ④ "观感质量检查记录"
4	① 施工单位编制施工总结 ② 监理单位编制监理评估报告 ③ 设计和勘察单位编制质量意见书 ④ 建设单位编制质量验收报告	① "施工单位总结报告" ② "监理单位评估报告" ③ "建设单位竣工验收报告" ④ "竣工验收报告（勘察、设计、建设、施工、监理）" ……
5	① 规划、土地、消防、人防、环保、防雷、白蚁、水利、交警、城建档案、市政绿化、质监等各专项验收（或预验收） ② 根据各专项验收（或预验收）意见进行整改	① "规划核实意见书" ② "工程竣工测量" ③ "地下管线竣工测量" ④ "房屋建筑面积测绘成果书" ⑤ "计入容积率建筑工程面积测绘成果" ⑥ "绿地面积及绿地率测算成果" ⑦ "宗地测绘成果" ⑧ "建筑电气设施检测报告"

续表

七		竣工验收阶段
序号	工作项	资料名称
5	① 规划、土地、消防、人防、环保、防雷、白蚁、水利、交警、城建档案、市政绿化、质监等各专项验收（或预验收） ② 根据各专项验收（或预验收）意见进行整改	⑨ "建筑消防设施检测报告" ⑩ "消防竣工验收意见" ⑪ "人防工程竣工验收意见" ⑫ "人防地下室平时使用证" ⑬ "环保验收意见" ⑭ "防雷检测报告" ⑮ "气象验收合格证" ⑯ "白蚁防治工程竣工意见书" ⑰ "城建档案竣工验收意见书" ⑱ "市政/园林/建筑质量监督意见" ……
6	① 组织竣工验收 ② 根据竣工验收过程中提出的意见进行整改 ③ 对整改内容进行复查 ④ 竣工验收通过后，将建设工程竣工验收报告和规划、公安消防、环保等部门出具的认可文件或者准许使用文件报建设行政主管部门审核备案 ⑤ 工程交付给建设单位投入使用	① "竣工验收意见表" ② "工程质量保修书" ③ "住宅工程质量分户验收汇总表" ④ "住宅工程质量分户验收符合情况表" ⑤ "住宅工程质量分户验收合格证" ⑥ "住宅工程质量分户验收记录表" ⑦ "建设工程竣工验收备案表" ……

项目 1

施工资料管理

知识目标：

1. 了解施工资料的分类和内容。
2. 熟悉施工资料的管理要求。
3. 掌握施工资料的收集、填写、整理的方法。

能力目标：

1. 会鉴别施工过程中各类试验和检测报告的结论。
2. 会鉴别有效的质量证明资料。
3. 能适时收集对应的资料，并将其分类整理。
4. 能正确选用对应表式，完成相关资料表式的记录和编写。

学习重点、难点与关键点：

重点：施工资料的分类内容和要求。

难点：鉴别试验报告结论和质量证明文件的有效性。

关键点：施工资料的收集、填写和整理。

工程项目从开工到竣工的整个过程中，会产生大量有保存价值的资料，如何及时收集、登记，对施工技术档案的整理、归类和统一集中保管，以及查阅都有着十分重要的意义和作用。

施工资料的填写、编制

施工阶段所需填写和编制的资料是对施工过程和检查结果的真实记录，记载着工程过程，也是质量形成的过程。随着施工的进展，要求资料的填写编制做到及时、完整、准确、真实，贯穿建设工程整个施工阶段。

1.1.1 任务描述

（1）工程概况表：按照设计、招标投标文件摘录相关数据，供施工参考。

（2）施工现场质量管理检查记录：按照要求逐条核对开工条件基础管理工作准备情况并报送监理单位。

（3）企业资质证书及相关专业人员岗位证书：按照合同要求上报企业资质证书、营业执照、安全生产许可证、项目经理、项目技术负责人、质检员、施工员、材料员岗位证书等。

（4）建设工程质量事故调查、勘查记录：第一时间记录事故发生的情况。

（5）建设工程质量事故报告书：真实地记录事故的发生、处理。

（6）施工检测计划：根据工程特点编制施工检查计划，指导工程实施，保证工程质量。

（7）见证试验检测汇总表：对用于本工程的所有原材料、半成品、实体检测等进行统计。

（8）施工日志：如实记录施工现场每天的进展、质量、安全等情况。

（9）监理工程师通知回复单：按照监理单位签发的监理通知单逐条整改并以书面形式报监理部复查。

（10）工程技术文件报审表：报审、报验表，详见单元2.1监理资料填写、编制。

（11）施工组织设计及施工方案：按照规范要求编制施工组织设计，危险性较大或监理单位认为有必要的工程需编制专项施工方案。

（12）危险性较大分部分项工程施工方案专家论证表：对超过一定规模的分部分项工程施工方案组织专家论证，并形成书面意见。

（13）技术交底记录：对新工艺、新技术或其他较复杂需注意的施工工序进行交底，以保证工程质量。

（14）图纸会审记录：按照图纸会审会议各方意见记录和填写图纸会审记录。

（15）设计变更通知单：对施工单位提出的工程变更申请，提出审查意见。

（16）工程洽商记录：将各方关于工程质量、费用等问题达成的一致意见以书面形式确认。

（17）工程开工报审表：按照规范要求审核施工单位报送的"工程开工报审表"及相关资料。

（18）工程复工报审表：按照规范要求审核施工单位报送的"工程复工报审表"及相关资料。

（19）施工进度计划：按照合同、招标投标文件等相关文件对施工单位上报的总进度计划、阶段性施工进度计划进行审查和审核，并在"施工进度计划报审表"中签署意见。

（20）人员、机械、材料动态表：根据工程实际动态需求编制。

（21）工程延期申请表：发生工程延期时，根据合同、规范等要求审核施工单位报送的"工程临时/最终延期报审表"，若工期事件为持续性的，应对施工单位提交的阶段性工程临时报审表进行审查，当工期事件结束后，对施工单位提交的工程最终延期报审表进行审核并报建设单位。

（22）工程款支付申请表：按照合同、投标文件等结合现场实际完成情况对施工单位提交的工程量和支付金额进行复核，确定实际完成的工程量，提出到期应付给施工单位的金额，签认后报建设单位。

（23）费用索赔申请：与建设、施工单位协商一致后，在施工合司约定的期限内签发"费用索赔报审表"，并报建设单位。

（24）工程材料、构配件、设备报审表：根据规范要求，将用于工程的材料、构配件、设备用本表上报监理单位。

（25）施工记录：包括隐蔽工程验收记录、施工检查记录、交接检查记录、工程定位测量记录、基槽验线记录、楼层平面放线、标高抄测记录、沉降观测记录、基坑监测记录等。

（26）施工质量验收记录：包括检验批、分项、分部等验收记录。

（27）竣工验收资料：包括单位工程竣工验收记录表、竣工报告、施工决算书、施工资料移交书、房屋建筑工程质量保修书等。

1.1.2 基础知识

1. 工程概况表

工程概况表是用于反映工程基本建设、相关功能、设计构造及实施条件等概要情况的资料，用以方便了解和开展工作，应在认真阅读和理解设计文件等的基础上进行认真编制，见表 1-1。

（1）工程名称

工程名称应采用全称，与施工许可证、合同、施工图、立项文件等资料相对应并保持一致。

（2）资料编号

施工资料编号应符合工程资料统一编号标准要求。施工资料编号通常由分部、子分部、分类、顺序号 4 组代号组成，组与组之间应用横线隔开，如图 1-1 所示。

单位工程整体管理内容的资料，编号中的分部、子分部工程代号用"00"代替；同一厂家、同一品种、同一批次的施工物资用在两个分部、子分部工程中时，资料编号中的分部、子分部工程代号可按主要使用部位填写；工程资料的编号应及时填写，专用表格的编号应填写在表格右上角的编号栏中；非专用表格应在资料右上角的适当位置注明资料编号。本书所有施工用表编号填写均同此要求，不再赘述。

工程概况表 表 1-1

工程名称		××学生公寓	编号	000000001
一般情况	建设单位	××××学院		
	建设用途	居住	设计单位	××设计院
	建设地点	××高教园区	勘察单位	××勘察院
	建筑面积	4250.5m²	监理单位	××监理有限公司
	工期	400天	施工单位	××建设有限公司
	计划开工日期	2019年3月1日	计划竣工日期	2020年5月18日
	结构类型	框架结构	基础类型	筏板基础
	楼层数	地上6层	建筑檐高	22.2m
	地上面积	4250.5m²	地下面积	无
	人防等级	无	抗震等级	四级
构造特征	地基与基础	筏板基础，持力层为粉质黏土夹粉土		
	柱、内外墙	钢筋混凝土框架柱、加气砌块填充内墙、页岩多孔砖外墙		
	梁、板、楼盖	现浇钢筋混凝土梁、板		
	外墙装饰	涂料或真石漆墙面		
	内墙装饰	釉面砖或乳胶漆墙面		
	楼地面装饰	防滑抛光砖、防滑彩色釉面砖或细石混凝土面层		
	屋面构造	防水、保温刚性屋面		
	防火设备	消火栓		
	机电系统名称	电力照明、消防报警系统、自动喷淋系统、给水排水系统等		
	其他			

```
××-××-××-×××
(a)  (b)  (c)  (d)
```

(a) 为分部工程代号；

(b) 为子分部工程代号；

(c) 为资料的类别编号；

(d) 为顺序号，可根据相同表格、相同检查项目，按形成时间顺序编号。

图 1-1　施工资料编号示意图

（3）一般情况

一般情况包括"参建单位情况""建设用途""建设地点""建筑面积""工期""计划开工日期和计划竣工日期""结构类型""基础类型""层次""建筑檐高""地上面积""地下面积""人防等级"和"抗震等级"等，其中：

参建单位主要指建设、勘察、设计、监理、施工 5 方主体单位，应采用全称，需与合同相对应一致。

建设用途主要有民用建筑（住宅、宿舍、宾馆、招待所、学校、图书馆、影剧院等）和工业建筑（车间、变电站、锅炉房、仓库等），具体按照工程设计实际情况填写。

建设地点指工程所在具体地址，可参照合同等文件的工程地址填写。

建筑面积指合同中工程的总建筑面积，填写应与立项、规划、设计等相关文件的数据保持一致。

工期指工程从开工起到完成承包合同规定的全部内容，达到竣工验收标准所经历的时间，以天数表示，具体可参照施工承包合同约定条款填写。

计划开工日期和计划竣工日期应按照合同约定条款填写。

结构类型主要有钢筋混凝土框架结构、剪力墙结构、框架-剪力墙结构、框架筒体结构和筒体结构。

基础类型按基础受力特点及材料性能可分为刚性基础和柔性基础，按构造的方式可分为条形基础、独立基础、片筏基础、箱形基础等。

楼层数指单体建筑层数。

建筑檐高是指设计室外地坪到屋檐底的高度。

地上面积指自然地面以上各楼层的建筑面积总和，具体参照工程设计图纸填写。

地下面积指自然地面以下的（如地下室）建筑面积总和，参照设计图纸的数据填写。

人防等级按抗力等级划分，可分为 1、2、2b、3、4、4b、5、6 共 8 个等级，按战时用途划分，可分为指挥通信、人员掩蔽、医院、救护站、仓库、车库等；按平时用途可分为商场、游乐场、游馆、影剧院（会堂）等；按防化等级可分为甲、乙、丙、丁 4 个等级。具体按照工程设计图纸内容填写。

抗震等级是设计部门依据国家有关规定，按"建筑物重要性分类与设防标准"，根据烈度、结构类型和房屋高度等，而采用不同抗震等级进行的具体设计。以钢筋混凝土框架结构为例，抗震等级划分为一级至四级，以表示其很严重、严重、较严重及一般的四个级别，具体按照工程设计图纸内容填写。

（4）构造特征

建筑物都是由基础、柱、墙、梁、楼板、屋盖等结构构件组成，不同的建筑其构造特征不同。表中"地基与基础""柱、内外墙""梁、板、楼盖""外墙装饰""内墙装饰""楼地面装饰""屋面构造""防火设备"等构造特征具体参照工程设计图纸填写。

（5）机电系统名称

机电系统名称主要指强电系统、智能化系统、给水排水系统、供暖系统、空调通风系统等，具体可参照设计图纸按照工程实际施工内容填写，并描述主要设备参数、容量、电压等级等。

（6）其他

可填写工程的特殊特征，或采用的新技术、新产品、新工艺等。

2. 施工现场质量管理检查记录

施工现场质量管理检查记录是用来检查施工现场质量管理体系是否健全的。施工现场质量管理体系是施工质量行为的基础平台，也是施工质量检查验收标准得以有效、准确实施的前提，只有建立并健全质量管理体系，质量控制措施才能产生质量管理效果，施工质量的随机性、离散性才能被控制在较低的水平，质量的抽样检测结果才能具有代表性。施工现场质量管理检查一般按照一个标段或一个单位（子单位）工程检查一次，在工程开工前，由施工单位填写，报总监理工程师（建设单位项目负责人）检查确认，见表1-2。

（1）填写要求

1）检查项目

填写各项检查项目文件的名称或编号，并将文件（复印件或原件）附在表的后面供检查，检查后应将文件归还。

项目部质量管理体系主要有项目部组建、质量例会制度、三检制度、质量奖惩制度等。

现场质量责任制主要是质量负责人的分工，各项质量责任的落实规定，定期检查及有关人员奖罚制度等。

分包单位管理制度是指在有分包的情况下，总承包单位对分包单位的管理制度，主要是质量、技术的管理制度等。专业承包单位的资质应在其承包业务范围内承建工程，超出范围的应办理特许证书，否则不能承包工程。

图纸会审记录重点检查是否进行了图纸会审。

地质勘查资料为由具有勘察资质的单位出具的正式地质勘查报告，供地下部分施工方案制定和施工组织总平面图编制时参考等。

施工技术标准是操作的依据和保证工程质量的基础，承建企业应编制不低于国家质量验收规范的操作规程等企业标准。企业标准的颁布由企业的总工程师、技术负责人审查，企业法人批准，有批准日期、执行日期、企业标准编号及标准名称。企业应建立技术标准档案。施工现场应有的施工技术标准都有，可作为培训工人、技术交底和施工操作的主要依据，也是质量检查评定的标准。

施工现场质量管理检查记录 表 1-2

工程名称	××学生公寓		施工许可证号	×市施×××
建设单位	××××学院		项目负责人	×××
设计单位	××设计院		项目负责人	×××
监理单位	××监理有限公司		总监理工程师	×××
施工单位	××建设有限公司	项目负责人 ×××	项目技术负责人	×××

序号	项目	主要内容
1	项目部质量管理体系	项目部组建、质量例会制、三检及交接检制、质量奖惩制等
2	现场质量责任制	岗位责任制、设计交底会制、技术交底制
3	主要专业工种操作岗位证书	电工、测量放线工、钢筋工、起重工、电焊工、架子工等专业工种持证上岗
4	分包单位管理制度	无专业分包
5	图纸会审记录	图纸会审会议纪要，编号：×××
6	地质勘查资料	地质勘查报告
7	施工技术标准	模板、钢筋、混凝土浇筑等20多种
8	施工组织设计、施工方案编制及审批	施工组织设计等编制、审核、批准手续齐全
9	物资采购管理制度	采购人员职责、物资管理制度
10	施工设施和机械设备管理制度	管理制度
11	计量设备配备	水准仪、经纬仪、全站仪等
12	检测试验管理制度	钢材、砂、石、水泥及玻璃、地面砖检测试验管理办法
13	工程质量检查验收制度	原材料及施工检验制度、抽测项目检验计划

自检结果：完整
施工单位项目负责人：×××
2020年3月1日

检查结论：现场质量管理制度完整，符合要求
总监理工程师：×××
2020年3月1日

施工组织设计、施工方案审查编写内容、有针对性的具体措施，编制程序、内容，有编制单位、批准单位，并有贯彻执行的措施。

物资采购管理主要审查保证材料、设备质量必须有的措施，根据材料、设备性能制定的管理制度，并建立相应的库房等。

施工设施和机械设备管理制度主要审查是否设置管理部门，是否建立设施、设备台账和清单，对设施、设备的养护和保养制度。

计量设备配置主要是说明设置在工地搅拌站的计量设施精确度、管理制度等内容。预拌混凝土或安装专业没有这项内容。

检测试验管理制度主要是针对工程的材料、设备检测及现场实体检测的管理，应检查是否有相关检测计划、落实相关人员。

工程质量检查验收制度包括三方面的检验制度，一是原材料、设备进场检验制度；二是施工过程的试验报告制度；三是竣工后的抽查检测制度。应专门制定抽测项目、抽测时间、抽测单位等计划，使监理、建设单位等做到心中有数，可以单独制订一个计划，也可在施工组织设计中一并列入。

2）检查结论

应明确是符合还是不符合要求。

（2）说明

1）直接将有关资料的名称写上，资料较多时也可对有关资料进行编号，将编号填写上，注明份数。

2）填表时间是在开工之前，监理单位的总监理工程师（建设单位负责人）应对施工现场进行检查，这是保证开工后施工顺利和保证工程质量的基础，目的是做好施工前的准备。

3）由施工单位负责人填写，填写之后，并将有关文件的原件或复印件附在后边，请总监理工程师（或建设项目负责人）验收核查，验收核查后，返还施工单位，并签字认可。

4）通常情况下，一个工程的一个标段或一个单位工程只查一次，如分段施工、人工更换或管理工作不到位，可再次检查。

5）如总监理工程师（或建设项目负责人）检查验收不合格，施工单位必须限期改正，否则不得开工。

3. 企业资质证书及相关专业人员岗位证书

企业资质证书实际上就是指企业有能力完成一项工程的证明书。根据《建筑业企业资质管理规定》，建筑业企业应当按照其拥有的注册资本、净资产、专业技术人员、技术装备和已完成的建筑工程业绩等资质条件申请资质，经审查合格，取得相应等级的资质证书后，在其资质等级许可的范围内从事建筑活动。

相关专业人员岗位证书是指从事某种行业或岗位所具有的资格证明。这种资格表现为能力、条件等客观存在或具有的资质，需要建设行政主管部门经审查达到部门或行业协会合格要求后颁发。

工程开工前，监理单位应收集施工单位按照合同要求上报的企业资质证书、营业执照、安全生产许可证、项目经理、项目技术负责人、质检员、施工员、材料员岗位证书等，开工条件的审查内容是审查与投标文件是否一致，是否满足工程施工要求，证书是否在有效期内等。

4. 建设工程质量事故调查、勘查记录

凡出现一般及其以上工程质量事故的，均应填写质量事故处理记录，对事故情况、原因及处理作简要说明。

1.1 质量事故记录

（1）填写要求

调查时间、地点、人员、被调查人、陪同调查人员等按实际发生情况填写；调查笔记应明确质量问题的范围、程度、性质、影响和原因，为问题处理提供依据。调查应力求全面、详细、客观、准确，具体要求如下：

1）与质量问题相关的工程情况；

2）质量问题发生的时间、地点、部位、性质、现状及发展变化等详细情况；

3）调查中的有关数据和资料；

4）原因分析与判断；

5）必须采取临时防护措施；

6）质量问题处理补救的建议方案；

7）涉及的有关人员和责任及预防该质量问题重复出现的措施。

（2）说明

填写本记录应实事求是，严禁弄虚作假。

5. 建设工程质量事故报告书

凡出现一般及其以上工程质量事故的应附详细书面报告。未发生一般及其以上工程质量事故的，应予以注明。见证人为项目总监理工程师。填报人员为项目经理，签字有效。

工程质量事故调查报告主要内容：

① 事故发生的单位名称，工程（产品）名称、部位、时间、地点；

② 事故概况和初步估计的直接损失；

③ 事故发生原因的初步分析；

④ 事故发生后采取的措施；

⑤ 相关各种资料（有条件时）。

工程质量事故处理报告主要内容：

① 工程质量事故情况、调查情况、原因分析；

② 质量事故处理的依据；

③ 质量事故技术处理方案；

④ 实施技术处理施工中有关问题和资料；

⑤ 对处理结果的检查鉴定和验收；

⑥ 质量事故处理结论。

6. 施工检测计划

在工程施工前，施工单位项目技术负责人应组织有关人员编制施工检测试验计划，并报送监理单位进行审查和监督实施。监理单位根据施工检测试验计划，制订相应的见证取样和送检计划。施工检测试验计划应按检测试验项目分别编制，并应包括以下内容：

① 检测试验项目名称；

② 检测试验参数；

③ 试验规格；

④ 代表批量；

⑤ 施工部位；

⑥ 计划检测试验时间。

7. 见证试验检测汇总表

见证试验检测汇总表是对本工程计划送检的试块、试件和材料送检后的真实记录，通过对试验的汇总反映工程的质量状态，见表1-3。

见证试验检测汇总表　　　　　　　　　　表 1-3

工程名称	××学生公寓		编号	001
建设单位	××××学院		填表日期	2019年5月1日
监理单位	××监理有限公司		检测单位	××检测公司
施工单位	××建设有限公司		见证人员	×××
试验项目	应试验组/次数	见证试验组/次数	不合格次数	备注
钢筋	50	50	0	
钢筋电弧焊	20	20	0	
水泥	3	3	0	
混凝土	8	8	0	
防水卷材	1	1	0	
保温砂浆	2	2	0	
……	……	……	……	

续表

制表人（签字）	×××		

填写要求：

本表主要是对工程施工过程中所使用的材料、半成品、构配件等的检测情况统计汇总。对每一次见证的试验项目要及时记录，以便后续跟踪相关报告的出具及检测结论的验证。见证试验组/次数：见证试验的比例按要求执行，并符合施工检测计划要求，保证取样的连续性和均匀性，能够反映重要部位工程质量。"试验项目"指规范规定必须进行见证取样的某一项目，"应试验组/次数"指该项目按照设计、规范、相关标准要求及试验计划应送检的数量，"见证试验组/次数"指该项目按要求需要见证试验的实际试验数量。

8. 施工日志

施工日志是在建筑工程整个施工阶段的施工组织管理、施工技术等有关施工活动和现场情况变化的真实的综合性记录，也是处理施工问题的备忘录和总结施工管理经验的基本素材，是工程提交竣工验收资料的重要组成部分。施工日志可按单位、分部工程或施工工区（班组）建立，由专人负责收集、填写记录、保管。总之，施工日志是产品可追溯性的重要根据，是竣工资料、决算、成本核算的第一手资料，见表1-4。

施工日志　　　　　　　　　　　　　　　　　　　　　　表 1-4

工程名称	××学生公寓	编号	001
		日期	2019 年 3 月 1 日
施工单位	××建设有限公司		
天气状况：晴	风力：2 级		最低/最高温度：15℃/20℃
施工情况记录：（施工部位、施工内容、机械使用情况、劳动力情况、施工中存在问题等） 　项目开工进行土方开挖，现场 3 台挖机、5 台运土车施工，质量、安全管理人员各 1 人，施工员 2 人，进行放线和标高控制。			

技术、质量、安全工作记录：（技术、质量安全活动、检查验收、技术质量安全问题等） 无质量、安全问题。
记录人（签字）   ×××

（1）填写要求

1）日期、天气情况（含阴、雨、晴、风力、温度及潮汐情况等）。

2）有关图纸、施工技术、工艺要求的变更情况及现场的实际落实情况，现场施工中发生变更情况应及时做好工程签证，并经有关人员签字。

3）材料、构件的进场时间、数量、质量情况、有无合格证及合格证的张数，按监理要求报验。

4）工地的停水、停电、待料及因天气原因停工情况，现场的人员、机械设备调入和调出情况。

5）调入现场的操作人员、机械设备（包括内部、外租机械设备）的使用情况（包括起止时间等），为成本核算提供依据。

6）现场重要的施工会议、有关单位（如甲方、监理等）对施工提出的技术要求，安全、质量、环境、文明管理要求及实施情况。

7）工程施工的部位、内容、进度及重要部位的质量要求，实际施工方法及实施情况、自检记录以及技术交底和安全技术交底等记录。

8）工前会工作布置及工程节点的质量、进度、成本控制情况。

9）各种原材料、半成品取样送检的时间、数量，试块的制作时间、制作人、试验结果及其所用部位。

10）混凝土现场拌制或浇筑过程中的原材料计量抽检，混凝土拌合物抽检及现场支模、拆模及养护情况等。

11）隐蔽工程验收的部位、内容、存在的问题、处理方法、简图和特殊施工过程的质量控制情况。

12）工地上的安全、质量、环境事故发生的时间、原因及整改措施等。

（2）说明

施工日志是工程施工中对有关施工过程、技术、管理工作的原始记录，是施工活动各方面综合的真实反映。填写施工日志应从工程开始至工程竣工（包括最终养护），由施工单位/单位工程负责人逐日进行填写。在填写时必须按照实事求是的原则，除要求记载的内容需要连续和完整外，应字迹清晰，记录用语规范。

9. 监理工程师通知回复单

对监理单位签发的有关质量、安全的"监理通知单"，施工单位整改完成后应以"监理工程师通知回复单"的形式报审监理单位复查，具体填写要求详见单元 2.1 监理资料填写、编制。

10. 工程技术文件报审表

工程技术文件报审表是工程技术资料报审的通用表，具体填写要求详见单元 2.1 监理资料填写、编制。

11. 施工组织设计及施工方案

工程开工前，施工单位用"施工组织设计/（专项）施工方案报审表"将施工组织设计及相关专项施工方案报项目监理部，由总监理工程师组织专业监理工程师进行审查，提出意见，调整并经总监理工程师审核签认后作为施工依据并报建设单位，"施工组织设计/（专项）施工方案报审表"具体填写要求详见单元 2.1 监理资料填写、编制。

（1）施工组织设计编制基本原则

1）重视工程的组织对施工的作用；

2）提高施工的工业化程度；

3）重视管理创新和技术创新；

4）重视工程施工的目标控制；

5）积极采用国内外先进的施工技术；

6）充分利用时间和空间，合理安排施工顺序，提高施工的连续性和均衡性；

7）合理部署施工现场，实现文明施工。

（2）施工组织设计编制依据

1）建设单位的意图和要求；

2）工程的施工图纸及标准图；

3）施工组织总设计对本单位工程的工期、质量和成本控制要求；

4）资源配置情况；

5）建筑环境、场地条件及地质、气象资料，如工程地质勘查报告、地形图和测量控制资料等；

6）有关的标准、规范和法律；

7）有关技术新成果和类似建设工程项目的资料和经验。

（3）施工组织设计编制内容

施工组织设计包括八项内容：编制依据、工程概况、施工部署、施工准备、主要项目施工方法、主要施工管理措施、技术经济指标和施工平面图。

（4）编制程序

1）收集和熟悉编制施工组织总设计所需的有关资料和图纸，进行项目特点的施工条件的调查研究；

  2）计算主要工种工程的工程量；

  3）确定施工的总体部署；

  4）拟定施工方案；

  5）编制施工总进度计划；

  6）编制资源需求量计划；

  7）编制施工准备工作计划；

  8）施工总平面图设计；

  9）计算主要技术经济指标。

应该指出以上顺序中有些顺序必须固定，不可逆转，如拟定施工方案后才可编制施工总进度计划（因为进度的安排取决于施工的方案）；编制施工总进度计划后才可编制资源需求量计划（因为资源需求量计划要反映各种资源在时间上的需求）。

（5）专项施工方案

专项方案应当包括以下内容：

  1）工程概况：危险性较大的分部分项工程概况、施工平面布置、施工要求和技术保证条件。

  2）编制依据：相关法律、法规、规范性文件、标准、规范及图纸（国标图集）、施工组织设计等。

  3）施工计划：包括施工进度计划、材料与设备计划。

  4）施工工艺技术：技术参数、工艺流程、施工方法、检查验收等。

  5）施工安全保证措施：组织保障、技术措施、应急预案、监测监控等。

  6）劳动力计划：专职安全生产管理人员、特种作业人员等。

  7）计算书及相关图纸。

12. 危险性较大分部分项工程施工方案专家论证表

危险性较大分部分项工程包含：基坑支护与降水工程、土方开挖工程、模板工程、起重吊装工程、脚手架工程、拆除爆破工程、国务院建设行政主管部门或者其他有关部门规定的其他危险性较大的工程。《建设工程安全生产管理条例》规定，达到一定规模的危险性较大的分部分项工程均需单独编制安全专项方案。

根据住房和城乡建设部《关于印发〈危险性较大的分部分项工程安全管理办法〉的通知》（建质〔2009〕87号文）要求，专家组对专项施工方案的可行性、完整性做出评述，包括：方案的计算正误、采用的方法步骤和数据指标是否符合规范要求；对危险源的分析是否正确、防范措施是否全面具体；应急预案和预防监控措施是否到位等。论证报告就是专家组对专项施工方案的结论明确表态，是否不予通过或补充完善或可行通过及原因。表1-5为危险性较大分部分项工程施工方案专家论证表。

危险性较大分部分项工程施工方案专家论证表 表 1-5

工程名称	××学生公寓	编号	001
施工总承包单位	××建设有限公司	项目负责人	×××
专业承包单位		项目负责人	
分项工程名称	模板高支撑专项施工方案		

专家一览表

姓名	性别	年龄	工作单位	职务	职称	专业
×××	男	52	×××	×××	教授级高工	建筑
×××	男	47	×××	×××	高工	结构
×××	男	45	×××	×××	高工	结构
×××	男	36	×××	×××	工程师	建筑
×××	男	33	×××	×××	工程师	建筑

专家论证意见:

通过/修改后通过/不通过

2020 年 3 月 26 日

| 签字栏 | 组长:×××
专家:××× ××× ×××
　　　×××|

（1）填写要求

对于一定规模的危险性较大的分部分项工程专项施工方案进行专家论证后填写该表，各参加会审专家签字并填写会审意见。应对专家一览表内容逐一填写；会审后，由专家对该方案论证可行性作出结论或整改意见，经专家组签字后生效。

（2）说明

专家一览表工作单位栏中所列专家指除 5 方主体以外的其他单位专家。

13. 技术交底记录

技术交底是施工企业进行技术、质量管理的一项重要环节，是把设计要求、施工措施贯彻到基层的有效方法。技术交底应根据工程性质、类别和技术复杂程度分级进行。重点工程、大型工程、技术复杂的工程，应由企业技术负责人组织有关科室、工区和有关施工单位交底；项目技术负责人负责向施工管理人员进行技术交底；施工员负责向工长（或班组长）进行技术交底；工长负责向班组长进行分部、分项技术交底；一般工程可由项目技术负责人（或施工员）向班组长进行技术交底。交底时应注意关键项目、重点部位、重要工序、新技术或新材料应用、工程变更等方面。表1-6为技术交底记录。

技术交底记录

表 1-6

工程名称	××学生公寓	编号	001
		交底日期	2019 年 4 月 4 日
施工单位	××建设有限公司	分项工程名称	模板工程
交底摘要	规范模板工程施工	页数	共 1 页，第 1 页

交底内容：

　　针对目前模板施工的部分问题，在按照方案、规范要求的前提下，提出如下预防措施：

　　1. 柱头模板（与梁板相连的柱模板）和梁模板必须同时完成（即柱头在梁板做完支柱模前，与梁一起全部封好），确保柱梁拼角的角度和尺寸正确、模板间的接缝严密，不符合要求的拆除重做；

　　2. 梁高大于 800mm 的梁，必须设对拉螺杆，小于 800mm 的梁，可用通长方木夹档加斜撑加固，夹档间距不超过 300mm；

　　3. 外墙板内侧模板必须加斜撑，且墙板斜撑和剪刀撑要求落到地，不得只撑到立柱上；

　　4. 梁、板模板支设完毕后必须做拉通线，并报监理，由施工、监理共同检查、验收，方可进行柱、墙模板施工，待柱、墙模板施工完成，拉好通线进行校正检查；

　　5. 立柱间距严格按照方案设置，尤其是梁底必须加立柱或用剪刀撑撑到梁底；

　　6. 保证模板的接缝不漏浆，接缝过大处要采取相应措施进行封闭；

　　7. 墙板模板三分之二范围内加对拉螺杆且要设双螺帽；

　　8. 浇筑混凝土前要对梁、板底的扣件进行紧固检查，并加设扫地杆

签字栏	交底人	×××	审核人	×××
	接受交底人	××× ×××		

项目技术负责人向施工管理人员进行技术交底的主要内容有：施工组织设计、施工作业指导书、图纸会审、设计变更、施工质量标准及验收规范。

施工员向施工班组进行技术交底主要是分部、分项工程质量技术交底，内容有：作业条件、施工准备、施工方法、工艺操作流程、技术要求、质量标准、安全环保措施、成品保护以及需要交底的其他事项（如：工程中关键性施工技术问题、施工图中必须注意的尺寸、标高、轴线及预埋件、预埋孔位置、图纸变更洽商，新工艺新材料的施工方法、操作要点、质量通病防治、

环境保护措施等）。技术交底要结合工作特点和班组具体情况在施工前进行，应重点突出，结合实际，切忌照抄照搬。

技术交底应在该部位施工前进行，并作好交底记录，参加交接人员（交底人一般为项目技术负责人，接受人一般为专业施工班组长）必须本人签字，交接日期不得滞后。技术交底记录签字齐全为有效。施工中应认真检查交底内容的落实工作，确保工程质量。

14. 图纸会审记录

图纸会审是指施工单位、监理单位以及建设单位等相关单位，在收到审查合格的施工图后，根据各自工作内容的特点、要求和出发点，进行的全面细致的熟悉和施工图纸的审查，并由设计单位结合各方意见对施工图进行必要的修正。

图纸会审一方面是使施工单位和各参建单位熟悉设计图纸，了解工程特点和设计意图，找出需要解决的技术难题，并制定解决方案；另一方面是为了解决图纸中存在的问题，减少图纸的差错，将图纸中的质量隐患消灭在萌芽之中；同时设计单位通常在图纸会审时对各参建单位进行设计交底。表 1-7 为图纸会审记录。

图纸会审记录 表 1-7

工程名称	×× 学生公寓		编号	001
			日期	2019 年 2 月 20 日
设计单位	××××设计院		专业名称	土建
地点	建设单位会议室		页数	共 1 页，第 1 页
序号	图号	图纸问题	答复意见	
01……	结施 06……	KZ1 平面标注尺寸与详图尺	以详图为准……	
签字栏				
	×××	×××	×××	×××

（1）会审各方提出图纸具体文字内容应包括：

1）建设单位、施工单位和有关单位对设计单位提出的要求及需修改的内容；

2）为便于施工，施工单位要求修改的施工图纸，其商讨结果与解决办法；

3）会审中尚未解决或需进一步商讨的问题；

4）其他需要在纪要中说明的问题等。

（2）会审记录完成后，下列人员应签字确认：

1）建设单位：现场负责人员及其他技术人员；

2）设计单位：设计院总工程师、项目负责人及各个专业设计负责人；

3）监理单位：项目总监理工程师及各个专业监理工程师；

4）施工单位：项目经理、项目副经理、项目总工程师及各个专业技术负责人。

（3）说明：图纸会审纪要应根据专业（建筑、结构、给水排水及采暖、电气、通风、空调、智能等）汇总、整理；由设计单位专业设计负责人、其他相关单位负责人签字后作为工程技术和合同依据之一。

15. 设计变更通知单

1.2 设计变更通知单

设计变更是工程变更的一部分内容。设计变更是指设计部门对原施工图纸和设计文件中所表达的设计标准状态的改变和修改。设计变更包含由于设计工作本身的漏项、错误或其他原因而修改、补充原设计的技术资料。

（1）填写要求

设计单位对发生变更的图纸应及时下达设计变更通知单，涉及图纸修改的必须注明修改图纸的图号，必要时附施工图；设计变更通知单由建设（监理）单位和施工单位的有关负责人及设计专业的负责人签字后方可生效，其效力等同于施工图。

（2）说明

要求设计变更通知单是由设计单位填写，发至建设单位下达参建各方作为合同依据文件之一。

16. 工程洽商记录

1.3 工程洽商记录

洽商记录是建筑工程施工过程中一种协调建设单位和施工单位、施工单位和设计单位的记录。工程洽商分为技术洽商和经济洽商两种，一般由施工单位提出，是工程施工、验收及其改扩建和维修的基本而且重要的资料，也是竣工图的依据。

（1）填写要求

工程洽商记录的内容必须明确具体，对于原设计变更处，应标明详细图纸的编号、轴线和修改内容。洽商一旦被建设单位、施工单位、设计单位和监理单位签字认可则作为工程施工结算的依据，保存在施工资料中。经济洽商是施工单位与建设单位在工程建设过程中纯粹的经济协商条款。

施工中应先洽商后施工，不允许先施工后洽商。工程洽商记录若文字条款不能表达清楚时应附图，并逐条注明修改图纸的编号，各方单位要齐全。分包单位的有关设计变更的洽商记录，应通过工程总承包单位确认后办理。

（2）说明

涉及图纸修改的，必须注明修改图纸的图号；不可将不同专业的工程洽商办理在一份洽商表上；专业名称栏应按专业名称填写，如建筑、结构、电气、给水排水、电气、通风等。

17. 工程开工报审表

工程开工前，施工单位应填写"工程开工报审表"报项目监理机构申请开工，总监理工程师接到开工申请后组织专业监理工程师审查施工单位报送的工程开二报审表及相关资料，同时具备相关条件的，由总监理工程师签署审查意见，报建设单位批准后，总监理工程师签发"工程开工令"，工程开工报审表及开工令详见监理资料填写、编制专篇。

18. 工程复工报审表

暂停施工事件发生时，项目监理机构应如实记录所发生的情况。当暂停施工原因消失，具备复工条件，施工单位提出复工申请的，项目监理机构应审查施工单位报送的"复工报审表"及有关材料，符合要求后，总监理工程师应及时签署审查意见，报建设单位批准后，签发"工程复工令"；施工单位未提出复工申请的，总监理工程师应根据工程实际情况指令施工单位恢复施工。详见单元2.1监理资料填写、编制。

19. 施工进度计划

总体进度计划受合同工程施工工期的制约，满足总工期目标。年进度计划受总体进度计划的制约；分部工程和关键工程进度计划必须服从项目总体进度计划和年进度计划。进度计划均应配备形象图；总体进度计划需配备网络图，标注关键线路和时间参数。

（1）总体进度计划、年进度计划内容应包含：

1）资金流量S曲线和每月流动资金计划；

2）主要骨干人员及施工队伍的进退场时间；

3）主要材料和设备的进退场时间；

4）自产材料的储备量及分布平面位置；

5）施工用水、用电计划以及驻地建设的安排计划；

6）施工机具和周转材料计划安排情况；

7）施工安全、环境及文明施工计划安排情况；

8）用工计划和工资的发放计划安排；

9）劳动力每月的使用计划（应绘制劳动力安排示意图）；

10）施工队伍的数量，各施工队伍的人员数量，各队伍所负责的工程内容以及各施工队伍的主要技术负责人；

11）不利季节的施工计划、预防和保证计划不受影响的措施计划；

12）农忙季节的劳动力安排计划和措施计划等。

总体进度计划、年进度计划适宜按分项工程列项，根据工程的实际情况，充分考虑计划、资源的均衡，以满足合同工期、质量的需要为前提，结合项目自身情况充分、周到、全面、具体编排适合本项目管理目标的组织计划。

（2）总体进度计划的编制内容

1）编制说明

① 编制依据和基本资料（文字）；

② 本合同段工程概况（文字）；

③ 沿线气象、水文、地质、交通运输及材料条件，对施工的有利和不利因素等（文字）；

④ 本施工单位的人员及设备情况（文字和图表）；

⑤ 主要工程施工方案（文字、示意图）；

⑥ 施工部署和施工方法说明（文字、图表）；

⑦ 施工组织机构和质量保证体系（以框图表示加简要说明）。

2）施工进度计划（文字、横道图、网络图）

3）资金流动计划（图表）

（3）年（季）进度计划编制的内容

1）本合同段工程概况（文字）；

2）上年度完成工程数量、投资及工程进度滞后或提前的说明，对工程进度滞后采取的措施（图表、文字）；

3）本年度计划完成工程项目内容、工程数量和投资指标（文字、图表）；

4）现有施工力量、施工设备数量和拟增减人员、设备（文字、图表）；

5）施工部署和施工方案（文字、图表）；

6）本年度施工进度计划（图表、文字）；

7）在总体进度计划下本年度对各分部工程进行局部调整和修改的说明（文字）。

（4）月进度计划编制内容

1）进度安排应符合工程项目建设总进度计划中总目标和阶段性目标的要求，符合施工合同中开工、竣工日期的规定；

2）施工顺序的安排应符合施工工艺的要求；

3）劳动力、材料、构配件、设备及施工机具、水、电等生产要素的供应计划能保证施工进度计划的实现，供应均衡，需求高峰期有足够能力实现计划供应；

4）总承包、分包单位分别编制的各项单位工程施工进度计划之间应协调，专业分工与计划衔接应明确合理；

5）对于建设单位负责提供的施工条件（包含资金、施工图纸、施工场地、供应的物资等），在施工进度计划中安排得是否明确、合理，是否有造成因建设单位违约而导致工程延期和费用索赔的可能存在。

20. 人员、机械、材料动态表

施工单位应对本月人员、机械、材料的投入情况进行汇总，同时根据施工进度计划对下月的资源投入做计划，见表1-8。

人员、机械、材料动态表　　　　　　　　　　表 1-8

工程名称	××学生公寓			编号	001
				日期	2019 年 4 月 1 日

致××监理有限公司：
　　根据2019 年3 月施工进度情况，我方现报上2019 年3 月人员、机械、材料统计表

劳动力	工种	普工	钢筋工	砌筑工	木工	电焊工		合计
	人数	30	6	7	7	2		52
	持证人数	12	4	4	3	2		25

主要机械	机械设备	生产厂家	规格、型号	数量
	塔式起重机	××市建筑工程机械厂	23B	1

主要材料	名称	单位	上月库存量	本月进场量	本月消耗量	本月库存量
	钢筋	t	32	102	120	14
	防水卷材	m²	15	0	0	15
	水泥	t	2	20	19	

附件：

施工单位
项目经理：×××

　　填写要求：劳动力栏按施工现场实际工种情况填写并进行统计；主要机械栏按施工现场使用的主要机械设备填写，核准其生产厂家、规格、型号、数量；主要材料栏应填写工程使用的主要材料，并填写相应材料的上月库存量、本月进场量、本月消耗量、得出的本月库存量。

21. 工程延期申请表

　　本表为非承包单位原因造成的工期拖延，承包单位提出延长工期的申请表。具体填写要求详见单元 2.1 监理资料填写、编制中的工程临时/最终延期报审表。

22. 工程款支付申请表

　　本表是施工单位完成工程量后按照合同要求用于申报工程款的，具体填写详见单元 2.1 监理资料填写、编制。

23. 费用索赔申请表

费用索赔分为施工单位向业主的索赔和建设单位向施工单位的索赔，本表主要用于施工单位向建设单位的索赔。

项目监理单位受理施工单位提出的费用索赔的条件：

（1）索赔事件造成了施工单位的直接经济损失；

（2）索赔事件是由于非施工单位的责任发生的；

（3）施工单位已按照施工合同规定的期限和程序提交《费用索赔申请表》，并附有索赔凭证材料。

24. 工程材料、构配件、设备报审表

本表是施工单位向项目监理单位提请工程项目用材料、构配件、设备进行的审查、确认和批复的，具体填写详见单元 2.1 监理资料填写、编制。

25. 施工记录

（1）隐蔽工程验收记录

《建筑工程施工质量验收统一标准》GB 50300 规定：隐蔽工程在隐蔽前应由施工单位通知有关单位进行验收，并应形成验收文件。另外，在各专业验收规范中，分项工程、分部（子分部）工程质量验收时应提供"施工记录及隐蔽工程验收文件"。

隐蔽工程是指在施工过程中，上一道工序的工作成果，将被下一道工序的工作成果所覆盖，完工以后无法检查的那一部分工程。

隐蔽工程检查的内容非常广泛，凡是在施工过程中被下道工序所覆盖、隐蔽的部位或工艺，而且该部位、工艺对建筑工程的质量、安全、使用的影响又较大，都应该进行隐蔽工程检查。

隐蔽工程验收记录是指参加隐蔽工程验收的有关人员，对被验工程同意验收而办理的记录，它是工程交工验收所必需的技术资料的重要内容之一。

隐蔽工程检查是在自检合格基础上由技术队长、施工员、质检员组织由设计单位、监理单位（建设单位）代表参加的共同对隐蔽工程的检查，同时还请勘探部门的有关人员参加。表 1-9 为钢筋隐蔽工程检查验收记录。

填写要求：

隐蔽工程验收时，应详细填写被验收的分部分项工程名称，被验收部位的轴线、规格和数量。如有必要，应画出简图或作说明。

每次检查验收的隐蔽工程项目，如符合设计要求，参加检查验收人员应及时签字，并由主验单位（建设单位或设计单位）在检查意见栏内填上"符合设计要求"。检查意见栏内不得使用"基本符合"或"大部分符合"等不肯定用语，也不能无检查意见。如果在检查验收中，发现有不符合设计要求之处，应立即进行纠正，并在纠正后，再进行验收。对验收仍不合格者，不得进行下道工序的施工。

（2）施工检查记录

施工检查记录是施工单位项目管理人员对工程进行自检的记录，主要包括工程质量、进度、安全等方面的检查，详见表 1-10。

表 1-9

钢筋隐蔽工程检查验收记录

工程名称	××学生公寓	项目经理	×××
施工单位	××建设有限公司	施工图号	结施 24、结施-17
施工执行标准 名称及编号	混凝土结构工程 施工规范GB50666	联系单号 或日期	
分部（子分部） 工程名称	混凝土结构		
验收部位	二层柱三层梁板钢筋		
分项工程名称/ 检验批编号	钢筋分项		

说明或简图：

KL9(3) 300×820
Φ8-100/150 (2)
2Φ20;4Φ22
N6Φ10
2Φ20+2Φ25
2Φ20+2Φ25
2Φ20+2Φ25
3Φ22

KZ1
4Φ20
Φ12-100/200 (2)
2Φ20
2Φ20

检查项目	检查记录
纵向钢筋的品种、规格、数量、位置等	符合要求
钢筋的连续方式、接头位置、接头数量、接头面积百分率等	符合要求
箍筋和横向钢筋的品种、规格、数量、间距等	符合要求
预埋件的规格、数量、位置等	符合要求
主筋锚固长度、节点构造等	符合要求
钢筋代换情况等	符合要求

检查验收意见	专业监理工程师（建设单位项目专业技术负责人）（签字）：合 格　×××　　2020年3月2日
	施工单位项目专业质量检查员（签名）：合 格　×××　　2020年3月2日 施工单位项目专业技术负责人（签名）：合 格　×××

施工检查记录   表 1-10

工程名称	××学生公寓	编号	001
		检查日期	2019 年 7 月 30 日
检查部位	基础底板防水	检查项目	卷材防水

检查依据： 施工图及有关现行标准。 主要材料名称及规格：××牌 SBS 改性沥青防水卷材

检查内容：（1）基层清理干净，冷底子油一道，涂刷均匀；（2）SBS 改性沥青防水卷材两层，阴阳角细部做 500mm 宽附加层，底板基层与一层之间满粘，一层与二层满粘；（3）卷材长边搭接缝宽 100mm，短边搭接缝宽 150mm；（4）上下两层卷材长向搭接缝错开 1/3～1/2 幅宽，短边接缝互相错开大于 500mm；（5）平面与立面的转角处，卷材的接缝留在距平面不小于 600mm 处

检查结论： 经检查，卷材铺设、搭接、细部处理等均符合规范规定及设计要求，同意进行下一道工序施工

复查结论：无		
复查人：		复查日期：

签字栏	施工单位		
	专业技术负责人	专业质检员××学生公寓 项目部	专业工长
	×××	×××	×××

填写要求：

1）检查部位：按照设计图纸可用轴线号、部位名称等；

2）检查依据：相关法律法规、图集、设计文件等；

3）检查内容：根据验收规范的主控、一般项目；

4）检查结论：是否符合规范、设计的要求，不符合的作不合格说明；

5）复查结论：对检查结论中存在的问题整改情况进行复查，符合要求的填写整改完成，不符的说明原因要求继续整改。

（3）交接检查记录

不同施工单位、工序或工种之间工程交接，应进行交接检查，填写"交接检查记录"（表 1-11），移交单位、接收单位和见证单位共同对移交工程进行验收，并对质量情况、遗留问题、工序要求、注意事项、成品保护等进行记录。

交接检查记录　　　　　　　　表 1-11

工程名称	××学生公寓	编号	001
		检查日期	2019 年 4 月 20 日
移交单位	钢筋班组	见证单位	××建设有限公司
交接部位	一层梁顶楼梯	接收单位	混凝土班组

交接内容：
一层梁顶楼梯钢筋安装工程

检查结论：
一层梁顶楼梯钢筋安装位置正确，连接方式合理，受力钢筋的品种、级别、数量、规格符合图纸及规范要求，绑扎接头的搭接长度符合规范要求，同意交接

复查结论（有接收单位填写）：无

复查人：　　　　　　　　　　　　　　　　　复查日期：

签字栏	移交单位	接收单位	见证单位
	×××	×××	×××

（4）工程测量定位记录

工程定位包括两个内容：一是平面位置定位，二是工程标高定位。工程平面位置定位的方法主要有：依据控制点定位，依据建筑方格网和建筑基线定位，依据与原有建筑物的关系定位；工程标高定位，可以采用绝对标高或者相对标高表示±0.000 进行定位。工程定位结束后，及时整理定位资料，形成工程测量定位记录，见表 1-12。

内容及要求：

工程定位测量记录的内容主要有：工程名称、建设单位、定位依据、工程平面位置定位和标高定位示意图、建设（或设计）单位复核意见、测量人员和复核人员签名、测量和复核日期等。

1）建设单位：与合同文件中名称相一致。

2）工程名称：与图纸标签栏内名称相一致，图纸编号填写施工蓝图编号。

3）定位依据：经规划部门审批认可的总平面图或定位图或测绘单位的测绘成果图等以及城市方格网和水准控制点坐标和高程参数。在填写时要写明点位编号，且与交桩资料中的点位编号一致。

工程测量定位记录   表 1-12

工程名称	××学生公寓	编号	001
		图纸编号	建施 02
委托单位	×××学院	施测日期	2020 年 2 月 25 日
复测日期	2020 年 2 月 27 日	平面坐标依据	已审核的一级控制网
高程依据	根据甲方提供高程点	使用仪器	全站仪
允许误差	依据《工程测量标准》GB 50026确定	仪器校验日期	2019 年 12 月 10 日

定位抄测示意图：

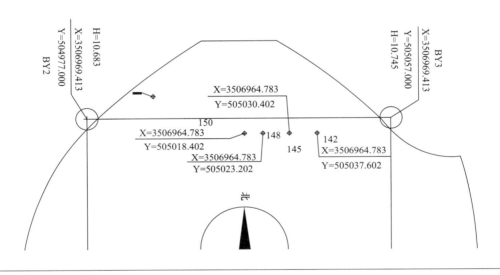

复测结果：
　　复测结果符合《工程测量标准》GB 50026 及施工测量方案要求。

签字栏	施工单位		测量人员岗位证书号	Cl20110203	专业技术负责人	×××
	施工测量负责人	×××	复测人	×××	施测人	×××
	监理或建设单位				专业工程师	×××

需要特别注意的是,工程定位桩作为重要的工程定位依据应该进行复核,这也是建设(设计)单位复核的主要内容。

4)定位抄测示意图:根据该工程定位轴线、标高、控制点,与其他建筑物的距离,说明该楼位置、绝对标高并附图,标注准确。

示意图要标注指北针;建筑物轮廓要用轴线示意并标注尺寸;坐标、高程依据要标注引出位置,并标出它与建筑物的关系。若坐标高程依据按比例画出表格范围,可将其控制点用虚线相连,只标出相对位置即可;特殊情况下可不按比例只画示意图,但要标出主轴线尺寸。

5)复核意见:填写的主要内容是对定位依据的复核意见。其他各坐标点坐标参数的复核,填写具体数值,不能只填"合格"或"不合格"。

(5)技术复核记录

技术复核是施工单位在施工前或施工过程中,对工程的施工质量和管理人员的工作质量进行自行检查复核的一项工作,包括平面放线和标高抄测,见表1-13。

技术复核记录   表1-13

工程名称:××学生公寓   施工单位:××建设有限公司   施工图纸编号:

复核项目	复核部位	单位	数量	自复日期	自复记录
龙门板轴线、尺寸、标高	①~⑧/Ⓐ~Ⓔ	个	全数	2020年2月27日	经检查符合设计规范要求、满足施工需要
复核意见: 符合设计规范要求,同意进入下道工序施工 专业监理工程师:(建设单位项目专业技术负责人)×× 2020年3月1日				项目专业质量(技术)负责人:×× 项目专业质量检查员:×× 2020年3月1日	

填写要求:

1)建筑物龙门板的轴线、尺寸和标高

其复核内容包括龙门板上的轴线尺寸是否与工程测量定位的轴线尺寸一致以及龙门板的标高是否与现场的水准点标高一致或存在一定的数值关系。

2)基础灰线

基础灰线即是基槽上口开挖线。其技术复核首先应复核龙门桩上的墙身中心线是否垂直引到地面上,或龙门板上算出的基槽宽的钉间距离是否正确,然后复核灰线的距离是否与基础宽度(或经放坡后的基槽宽度)一致。

3)桩基定位

桩基定位的技术复核,就是根据龙门桩的轴线或控制网的控制点,对所定桩位点进行复核。

4)模板的轴线、断面尺寸和标高

模板支设好后,应及时对模板的轴线、断面尺寸和标高进行技术复核,不符合要求的要进行纠偏或返工。

注意，不得以模板检验批的质量评定来代替技术复核。

5）钢筋混凝土预制构件安装的型号、位置、搁置长度和标高

主要复核各类构件的型号是否正确，是否按设计位置安放，构件搁置长度是否符合要求，构件安装后的标高是否正确。

6）砌体的轴线尺寸和皮数杆

砌完基础或者每一层楼后，应对砌体的轴线进行技术复核，偏差值应在基础顶面或楼层面进行纠正。

皮数杆的技术复核，一方面是检查皮数杆的数量能否保证墙的大角处、内外墙交接处、楼梯间及洞口多的地方均能设置；另一方面应对皮数杆上的竖向尺寸标志进行复核。

7）屋架、楼梯、钢结构的大样图

应预先画出屋架、楼梯、钢结构的大样图，并经相关人员对其进行技术复核，经复核无误后，方可支模或下料。

8）主要管道、沟的标高和坡度

对建筑物的管道、沟的标高和坡度进行技术复核，要依据其使用要求，按照设计逐层、逐段进行测量。

9）设备基础的位置和标高

主要是依据设备的基础图，对设备基础的位置和标高进行复核。

技术复核后，应立即填写复核记录和复核意见，相关人员均应签字；属于技术复核的项目而未经技术复核的，不得进行下一道工序施工；如在技术复核中发现有不符合要求之处，应立即纠正，并进行再复核，未经技术复核合格的，不得进行下一道工序施工。

（6）楼层平面放线记录

楼层平面放线记录包括轴线竖向投测控制线、各层墙柱轴线、墙柱边线、门窗洞口平面位置线等，见表1-14。

填写要求：

1）放线部位：按照设计文件本次放线的具体位置；

2）放线内容：主要指平面高程或平面位置；

3）放线依据：根据设计图纸实施；

4）检查意见和签字：经复核符合设计要求的签署合格意见并在签字栏签字确认。

（7）地基验槽记录

《建筑地基基础设计规范》GB 50007 规定：建筑物地基均应进行施工验槽，如地基条件与原勘探报告不符合时，应进行施工勘察。

《建筑地基基础工程施工质量验收标准》GB 50202 规定：所有建（构）筑物均应进行施工验槽；基槽检验应填写验槽记录或检验报告。

楼层平面放线记录 　　　　　　　　　　　　　　　　　　表 1-14

工程名称	××学生公寓	日期	2019 年 9 月 2 日
放线部位	首层①～⑧/Ⓐ～Ⓔ	放线内容	平面位置线
放线依据	1. 高程 BM2、BM3；2. 首层建筑平面图		

放线依据：

检查意见：符合要求，同意放线			
签字	监理单位 ××学生公寓 项目监理部 ×××	建设单位 专业技术负责人 ××学生公寓 项目部 ×××	施工单位 测量人：××× 质检员：×××

　　地基验槽关系到地基承载力、建筑物下沉倾斜等一系列结构安全问题；地基验槽应由勘查、设计、建设、施工等单位共同进行验收，质量监督机构依法进行核验。详见表 1-15 "基槽验线记录"。

基槽验线记录　　　　　　　　　　　表 1-15

工程名称	××学生公寓	建设单位	××××学院
勘查单位	××××勘察院	监理单位	××监理有限公司
设计单位	××××设计院	施工单位	××建设有限公司
验槽部位	地基基础		
施工执行标准 名称及编号	《建筑地基基础工程施工质量验收标准》GB 50202		
地基验槽内容及简图	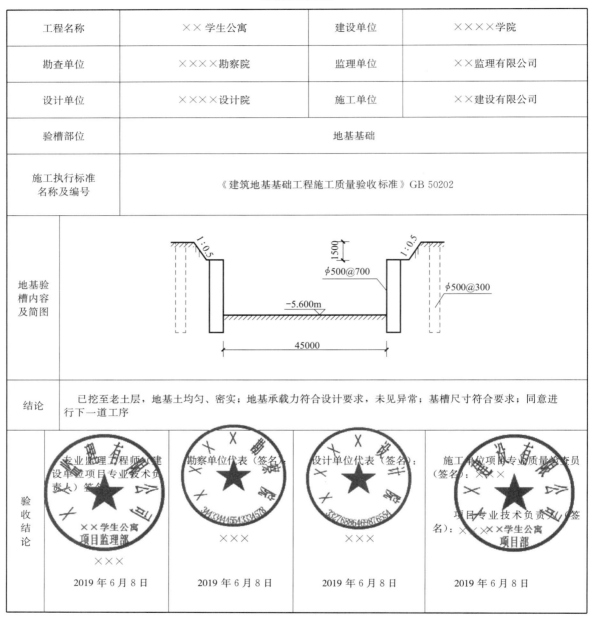		
结论	已挖至老土层，地基土均匀、密实；地基承载力符合设计要求，未见异常；基槽尺寸符合要求；同意进行下一道工序		
验收结论	专业监理工程师（建设单位项目专业技术负责人）签名： ××学生公寓 项目监理部 ××× 2019 年 6 月 8 日	勘察单位代表（签名）： 3443444544332676 ××× 2019 年 6 月 8 日	设计单位代表（签名）： 3527633846675554 ××× 2019 年 6 月 8 日	施工单位项目专业质量检查员（签名：×××） 项目专业技术负责人（签名：×××）××学生公寓 项目部 2019 年 6 月 8 日

填写要求：

地基验槽记录须有设计、建设、施工单位三方签字。

1）工程名称：与施工图纸中图签一致。

2）验槽日期：按照实际检查日期填写。

3）验槽部位：按照实际检查部位填写，若分段则要按轴线标注清楚。

4）检查依据：施工图纸、设计变更、工程洽商及相关的施工质量验收规范、规程；本工程的施工组织设计、施工方案技术交底。

5）验槽内容：注明地质勘查报告，基槽标高、断面尺寸，必要时可附断面简图示意。

注明土质情况，附上钎探记录和钎探点平面布置图，在钎探点上标注软弱土、硬土情况；若采用桩基还应说明桩的类型、数量等，附上桩基施工记录、桩基检测报告。

依据《建筑地基基础工程施工质量验收标准》GB 50202 规定，天然地基基础基槽开挖后，应检验下列内容：

① 核对基坑的位置、平面尺寸、坑底标高；

② 核对基坑土质和地下水情况；

③ 空穴、古墓、古井、防空掩体及地下埋设物的位置、深度、性状。

如果地基土与地质勘查报告不符，要设计单位、勘查单位、施工单位洽商地基处理方案，须进行地基处理者，应有地基处理记录及平面图，注明处理部位、深度及其方法，并经复验签证。

有打钎要求者应有打钎记录及平面图，审查钎探报告，备注栏中应表明钎探异常情况。

6）检查意见：验槽的内容是否符合要求要描述清楚，然后给出检查结论。在检查中一次验收未通过的要注明质量问题，并提出具体地基处理意见。

7）对进行地基处理的基槽，还需再办理一次地基验槽记录，在内容栏，要注明地基处理的编号、处理方法。

8）本表由施工单位填报，其中检查意见、检查结论由勘查单位、监理单位填写。

（8）建筑物垂直度、标高全高测量记录

为了保证结构工程质量，控制建筑物的垂直度，施工单位应在施工期间、结构工程完工、单位工程竣工后分别对建筑物的垂直度和全高进行测量并记录。对超出允许偏差且影响结构性能的部位，要有技术处理方案和具体补救措施。其方案或措施要经建设单位或监理单位认可后进行处理。

针对不同结构形式的建筑，各专业施工质量验收规范都有关于其垂直度、标高、全高的测量的相关条文。如《混凝土结构工程施工质量验收规范》GB 50204 规定了现浇结构的允许偏差；《砌体结构工程施工质量验收规范》GB 50203 规定了垂直度（每层、全高）的允许偏差；《钢结构工程施工质量验收标准》GB 50205 规定了主体结构总高度的允许偏差。

施工过程中：垂直度、标高测量在验收批中应及时进行检查验收，在基础、主体完成后进行阶段性抽查，并可以根据情况适当增加抽查次数。

竣工后的测量：垂直度、全高测量选定在建筑物四周转角处和建筑物的凹凸部位或女儿墙处，单位工程每项选定不应少于 10 点，其中前、背沿各 4 点，两侧各 1 点。表 1-16 为建筑物垂直度、全高测量记录。

建筑物垂直度、全高测量记录 表 1-16

编号：001

工程名称		××学生公寓						项目经理		×××				
施工图号		结施-27						检验日期		2020 年 3 月 10 日				
《混凝土结构工程施工质量验收规范》GB 50204														
项目		允许偏差 (mm)	实测结构											
			1	2	3	4	5	6	7	8	9	10		
垂直度	设计全高 (__m)	$H/1000$ 且≤30	16	10	17	14	11	10	12	13	15	18		
标高	设计全高 (__m)	±30	+6	−4	−6	+8	+8	+1	−4	−3	+5	−9		
垂直度	全高≤10m	10												
	全高＞10m	20												
全高	用相对标高控制安装	$\pm\sum(\Delta_h+\Delta_z+\Delta_w)$												
	用设计标高控制安装	$+H/1000$ 且不应大于 30.0 $-H/1000$ 且不应小于 −30.0												
施工单位项目专业质量检查员（签名）：××× 项目专业技术负责人（签名） ××× 2020 年 3 月 10 日							专业监理工程师（建设单位项目专业技术负责人）签名： 符合规范要求 2020 年 3 月 10 日							

填写要求：

1）垂直度测量：填写垂直度测量的实测值，并应说明垂直度测量平均值是否满足设计要求。

2）全高测量：填写全高测量的实测值，并应说明全高测量平均值是否满足设计要求。

3）结论：施工、监理单位依据实测结果，与标准对照后作出结论。

（9）沉降观测记录

沉降观测资料应及时整理和妥善保存，作为工程技术档案的一部分。

对设计要求进行沉降观测的建筑物和构筑物，应按规范规定及时整理沉降观测资料，主要内容为：

1）根据水准点测量得出的每个观测点高程及其逐次沉降量；

2）根据建筑物和构筑物的平面图绘制的沉降量、地基荷载与延续时间三者的关系曲线图及沉降量分布曲线图；

3）计算出的建筑物和构筑物的平均沉降量，相对弯曲和相对倾斜值；

4）水准点的平面布置图和构造图，测量沉降的全部原始资料；

5）施工时建筑物和构筑物标高的水准测量记录及晴雨气象资料；

6）根据上述内容编写的沉降观测报告；

7）对施工单位在施工期间自行决定进行的沉降观测，一般只整理沉降观测记录。

表 1-17 为沉降观测情况表，表 1-18 为沉降观测记录。

沉降观测情况表   表 1-17

工程名称：××学生公寓

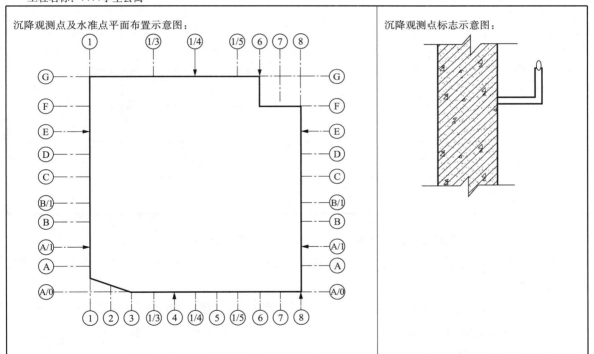

1）沉降观测情况表填写要求

沉降观测点及水准点平面布置示意图和沉降观测点标志示意图，应按照实际布置位置和做法用简图描述。

2）沉降观测记录填写要求

不同观测日期，不同工作状态下，根据水准点测量得出的每个观测点高程及其逐步沉降量。

沉降观测记录　　　　　　　　　　　　　　　　　　　　　　　　　　　表 1-18

工程名称：××学生公寓　　　　　　　　　　　　　　　　　　　　　　　　　编号：

	观测点编号	第一次			第二次			第三次			第四次		
		2019 年 5 月 31 日			2019 年 6 月 20 日			2019 年 7 月 1 日			2019 年 7 月 10 日		
		标高 (m)	沉降量（mm）		标高 (m)	沉降量（mm）		标高 (m)	沉降量（mm）		标高 (m)	沉降量（mm）	
			本次	累计		本次	累计		本次	累计		本次	累计
沉降观测结果	1	3.797	0	0	3.797	0	0	3.797	0	0	3.796	1	1
	2	3.803	0	0	3.802	1	1	3.802	0	1	3.801	1	2
	3	3.795	0	0	3.795	0	0	3.794	1	1	3.794	0	1
	4	3.808	0	0	3.807	1	1	3.807	0	1	3.805	2	3
	5	3.800	0	0	3.799	1	1	3.799	0	1	3.798	1	2
	6	3.797	0	0	3.797	0	0	3.796	1	1	3.796	0	1
工程状态		一层柱二层梁板完			二层柱三层梁板完			三层柱四层梁板完			四层柱五层梁板完		
观测者		×××；×××			×××；×××			×××；×××			×××；×××		
记录者		×××			×××			×××			×××		
见证人		×××			×××			×××			×××		
项目专业技术负责人		×××			×××			×××			×××		

① 观测点编号一栏内各观测点应与沉降观测示意图中的编号一致；

② 工程状态，对于一般民用建筑以某层楼面（或标高）为状态标志，对工业建筑以不同荷载阶段为状态标志；

③ 将每一次的测量标高记录清楚，并计算前后两次的沉降差及累计沉降量填入相应位置。

④ 每次沉降观测后，应检查每一观测点及相邻观测点间的沉降量及累积沉降量。如果沉降过大或沉降不均，应该及时采取措施。

（10）基坑支护水平位移监测记录

在基坑开挖的施工过程中，基坑内外的土体将由原来的静止土压力状态向被动和主动土压力状态转变，应力状态的改变引起土体的变形，对基坑支护结构和周围结构与管线造成危害。因此，在基坑施工过程中，只有对基坑支护结构、基坑周围的土体和相邻建筑物进行综合、系统的监测，才能对工程情况有全面的了解，确保工程顺利进行。表 1-19 为基坑支护水平位移监测记录表。

基坑支护水平位移监测记录表

表 1-19

工程名称：××学生公寓　　　　　　　　　　　　　　　　　　　　监测项目：<u>支护桩位移观测</u>
监测仪器及编号：<u>××全站仪 NTS-342</u>　　　仪器号 42031　　　　　　　　　　　单位：mm

日期 测点	初始记录 2014.4.20	第一次 (2020 年 4 月 30 日) 数据记录	本次 位移	第二次 (2020 年 5 月 9 日) 数据记录	本次 位移	第三次 (2020 年 5 月 20 日) 数据记录	本次 位移	第四次 (2020 年 5 月 31 日) 数据记录	本次 位移
S1	X=9412.164	X=9412.162	2	X=9412.161	3	X=9412.161	3	X=9412.160	4
	Y=12009.658	Y=12009.658		Y=12009.658		Y=12009.658		Y=12009.658	
S2	X=9414.154	X=9414.153	1	X=9414.153	1	X=9414.152	2	X=9414.152	2
	Y=12022.791	Y=12022.791		Y=12022.791		Y=12022.791		Y=12022.791	
S3	X=9416.184	X=9416.182	2	X=9416.182	2	X=9416.181	3	X=9416.181	3
	Y=12035.610	Y=12035.610		Y=12035.610		Y=12035.610		Y=12035.610	
S4	X=9403.232	X=9403.232	1	X=9403.232	3	X=9403.232	3	X=9403.232	3
	Y=12038.355	Y=12038.354		Y=12038.352		Y=12038.352		Y=12038.352	
S5	X=9393.527	X=9393.529	2	X=9393.530	3	X=9393.530	3	X=9393.531	4
	Y=12034.678	Y=12034.678		Y=12034.678		Y=12034.678		Y=12034.678	
S6	X=9389.793	X=9389.794	1	X=9389.796	3	X=9389.796	3	X=9389.796	3
	Y=12010.686	Y=12010.686		Y=12010.686		Y=12010.686		Y=12010.686	
S7	X=9402.764	X=9402.764	2	X=9402.764	3	X=9402.764	3	X=9402.764	4
	Y=12007.954	Y=12007.956		Y=12007.957		Y=12007.957		Y=12007.958	

填写要求：将每一次的测量坐标记录清楚，并计算前后两次的位移量填入相应位置。

（11）工程试打桩记录

1）工程试桩记录

《建筑地基基础设计规范》GB 50007 规定：单桩竖向承载力特征值应通过单桩竖向静载荷试验确定。在同一条件下的试桩数量，不宜少于总桩数的 1%，且不应少于 3 根。

试桩时应具备的资料为：工程名称及设计、施工、建设单位名称；试桩区域内建筑场地的工程地质勘查报告；桩基础施工图；试桩施工记录；试桩桩顶处理前、后的标高。

试桩应选择具有代表性的桩。由建设、设计、监理、施工单位，依据地质勘查报告和设计要求，选定位置，试打一定数量的桩，并做试打桩记录；由设计单位根据试打桩的情况，确定工程桩的控制标准，一般包括桩型、桩长、桩尖标高、贯入度、混凝土坍落度、充盈系数等，见表 1-20。

2）工程打桩记录

桩基施工记录包括各种预制桩、现制桩等的施工记录，如混凝土预制桩、板桩、钢管桩、灌注桩（泥浆护壁成孔、干作业成孔、套管成孔、爆扩成孔）等。

① 预制桩

对预制桩基，要检查试桩记录和预制桩质量检验报告，每根预制桩都应有完整的贯入度记录、锤击数、桩位图及桩的编号、截面尺寸、长度、入土深度、桩位编号等；在沉桩过程中，还应对土体侧移和隆起、超孔隙水压力、桩身应力与变形、沉桩对相邻建筑物和设施的影响有无异常进行检测，并记录。

预制桩施工记录填写要求如下：

工程名称：填写单位工程的名称。

施工机械：按采用机械的型号填写。

自然地面标高和桩顶设计标高：一般按相对 ±0.000 标高填写；例如自然地面标高为 −0.500m，桩顶设计标高为 −2.500m。

桩规格及类型：按实填写。例如 PTC-A400（75），0.40m×0.40m×11.5m。

接桩类型：有焊接接桩、法兰接桩和硫磺胶泥锚接桩等。

总锤击数：桩入土每米锤击次数与桩最后入土每 10cm 锤击数之和。

桩入土每米锤击数：按实分别填写，一般记录至最后 3 阵（以 10 击作为一阵）以前。

桩最后入土每 10cm 锤击次数：一般记录最后 3 阵每入土 10cm 的锤击次数。

平均落距：一般按最后 3 阵的实际落距取平均值。

最后贯入度：最后 3 阵每 10cm 的平均沉入量。

② 灌注桩

对灌注桩要检查：成孔过程中有无缩颈和塌孔，成孔垂直度、沉渣或虚土、孔底扰动以及持力层是否符合设计要求；检查钢筋规格和钢筋笼是否符合要求；混凝土强度等级报告是否符合设计要求；对桩进行竖向和水平承载力检测报告。

灌注桩施工记录包括：工程定位测量记录；桩位放线技术复核；开孔通知单；钻孔原始记录；清孔记录；终孔验收单；钢筋原材料检验批；灌注桩（钢筋笼）检验批；钻孔灌注桩隐蔽验收记录；混凝土浇筑申请书；混凝土浇捣令；钻孔桩水下混凝土灌注原始记录；灌注桩检验批。

工程试打桩记录 表 1-20

工程名称	××学生公寓	建设单位	××××学院
施工单位	××建设有限公司	监理单位	××监理有限公司
勘察单位	××××勘察院	设计单位	××××设计院

施工执行标准名称及编号	《建筑桩基础技术规范》JGJ 94			

设计桩型	PC-A500 (100) -11	设计桩长	33	设计承载力特征值(kN)	3000
配筋情况		混凝土强度设计等级	C35	施工机械	G2Y-500T

试打桩桩号及情况：
(1) 试桩位于图纸③轴与Ⓐ轴交叉处，自编桩号18号；
(2) 采用 PC-A500（100）-11，设计桩顶标高－5.650m；
(3) 开始时间为 11:10:00，结束时间为 13:57:00

确定的工程桩施工控制标准：
采用 PC-A500（100）－11；12m、9m、12m，桩长按 33m（桩顶标高－5.650m）；
出现异常情况及时与设计单位联系

设计单位代表（签名）	专业监理工程师（建设单位项目专业技术负责人）签名	勘察单位代表（签名）	施工单位项目专业技术负责人（签名）
 ××× 2020 年 3 月 5 日	 ××× 2020 年 3 月 5 日	 ××× 2020 年 3 月 5 日	 ××× 2020 年 3 月 5 日

填写要求：终孔深度和浇筑前孔深一般用测绳进行测量；沉渣厚度＝终孔深度－浇筑前孔深；若沉渣厚度大于规定值，需重新清孔；实际桩长＝设计桩顶标高－（钻台标高－浇筑前孔深）；坍落度应该是一个具体的数值，而不应写范围，应写实测值；充盈系数＝实际浇筑量/理论浇筑量；施工问题记录应如实填写，若没有，则划"＼"。

（12）混凝土施工记录

根据《混凝土结构工程施工规范》GB 50666 规定，混凝土结构子分部工程验收时，应提供"混凝土工程施工记录"。混凝土工程施工记录是混凝土工程在施工时施工活动情况和技术交底的综合记录，是反映混凝土工程施工全过程的原始资料之一，详见表 1-21。

混凝土施工记录 表 1-21

工程名称：××学生公寓 编号：

施工单位	××建设有限公司	浇捣日期		2020 年 4 月 6 日			
浇捣部位	①～㉙/ⓕ～Ⓚ轴三层结构	天气	晴	气温		最高：22℃	
						最低：9℃	
施工活动情况记载		2020 年 4 月 6 日 6：00 开始浇捣混凝土，19：00 浇捣完毕，搅拌站混凝土供应及时，施工过程机械运转一切正常					
混凝土设计强度等级	C35＋C25	混凝土浇捣数量	70＋300m³	设计坍落度		120±30mm	

混凝土配合比	C35	水	水泥	砂	（5～25）石	F/K
		185	368	716	1074	50
	C25	水	水泥	砂	（5～25）石	F/K
		185	291	777	1074	68

水泥品种、强度等级	××公司 P.O 42.5 级	水泥出厂日期	2020 年 3 月 31 日
石子品种、规格	碎石 5～16mm	砂品种、规格	中砂
混凝土拌合方法	商品混凝土	混凝土振捣方法	插入式振动棒振捣

混凝土试块组数	标养：4（组） 同养：2（组） 抗渗：0（组） 拆模：1（组）

混凝土浇捣班组及岗位负责人	班组长：××× 带班：×××
	振捣手：×××，×××等 操作台：×××，×××等
	平铲工：×××，×××等 机电工：×××

混凝土坍落度测试记录	测试时间	测试值（mm）	见证人	测试时间	测试值（mm）	见证人
	2020 年 4 月 6 日	120	×××	2020 年 4 月 6 日	120	×××
	2020 年 4 月 6 日	119		2020 年 4 月 6 日	118	
	2020 年 4 月 6 日	122		2020 年 4 月 6 日	119	

掺外加剂及高低温养护措施	1. C35＋C25 混凝土按设计配合比要求掺入外加剂 2. 混凝土采用麻袋覆盖，并洒水养护

参加人员	监理（建设）单位	施工单位		
	×××	专业技术负责人	质检员	材料员
		×××	×××	×××

1）填写内容

施工记录包括：日期、天气、气温；分部、分项工程施工部位；常用技术交底内容；施工班组及岗位分工；施工活动情况应记载：①重要工程部位的技术交底；②质量、安全、设备情况；③变更施工方法或遇雨雪等情况采取措施的记录；④其他（掺附加剂，高、低温措施，养护方法等）。

2）填写要求

① 混凝土工程施工记录，应由单位工程施工负责人在混凝土工程施工期内逐日记载（每天填写 1 份），要求记载的内容必须连续和完整；

② 混凝土的浇捣数量和部位，应按每天实际施工的结果如实填写；

③ 混凝土试块编号应与混凝土实验报告送样单的编号一致。

26. 施工质量验收记录

（1）检验批、现场验收检查原始记录

检验批是工程验收的最小单位，由专业监理工程师组织施工单位专业工长、质量员进行验收，同时配套现场检查原始记录对主控、一般项目进行检查并记录检查情况，见表 1-22 及表 1-23。

（2）分项工程验收记录

分项工程由专业监理工程师组织施工单位项目技术负责人进行验收，对属于该分项工程的检验批的质量及质量验收记录进行核查，见表 1-24。

（3）分部工程验收记录

地基与基础分部工程的验收由施工、勘查、设计单位项目负责人和总监理工程师参加并签字；主体结构、节能分部工程的验收应由施工、设计单位项目负责人和总监理工程师参加并签字，主要对属于该分部工程的分项质量、质量控制资料及有关安全、节能、环保及主要使用功能进行验收，见表 1-25。

27. 竣工验收资料

（1）单位工程竣工验收记录表

主要对分部质量、质量控制资料及有关安全、节能、环保、主要使用功能及观感进行验收，由建设单位主持，五方主体负责人参加，见表 1-26～表 1-29。

（2）竣工报告

竣工报告是指工程项目竣工之后，经过五方主体进行质量评估验收以后形成的书面报告。一般应包含以下内容：

1）建设依据；

2）工程概况；

3）初验与试运行情况；

4）工程技术档案的整理情况；

5）验收结论。

钢筋连接检验批质量验收记录   表 1-22

02010203 001

单位（子单位）工程名称	××学生公寓	分部（子部）工程名称	主体结构/混凝土结构	分项工程名称	钢筋
施工单位	××建设有限公司	项目负责人	×××	检验批容量	100m²
分包单位		分包单位项目负责人		检验批部位	二层剪力墙
施工依据	《混凝土结构工程施工规范》GB 50666		验收依据	《混凝土结构工程施工质量验收规范》GB 50204	

		验收项目	设计要求及规范规定	最小/实际抽样数量	检查记录	检查结果
主控项目	1	纵向受力钢筋的连接方式	第5.4.1条	全/全	柱筋采用电渣压力焊，墙筋采用搭接连接，接头率为50%，符合设计要求	√
	2	机械连接和焊接接头的力学性能	第5.4.2条		试验合格，报告编号××××	√
一般项目	1	接头位置和数量	第5.4.3条	全/全	接头位置正确	100%
	2	机械连接和焊接的外观质量	第5.4.4条	全/全	电渣压力焊焊接接头饱满，无偏差	100%
	3	机械连接和焊接的接头面积百分率	第5.4.5条	全/全	接头率为50%，符合设计要求	100%
	4	绑扎搭接接头面积百分率和搭接长度	第5.4.6条、附录B	全/全	接头率为50%，符合设计要求	100%
	5	搭接长度范围内的箍筋	第5.4.7条			

施工单位检查结果	符合要求 专业工长：××× 项目专业质量检查员：××× 2019 年 8 月 3 日
监理单位验收结论	合格 专业监理工程师：××× 2019 年 8 月 3 日

现场检查原始记录 表 1-23

单位（子单位）工程名称		××学生公寓		
检验批名称	钢筋连接检验批质量验收记录		检验批编号	02010203001
编号	验收项目	验收部位	验收情况记录	备注
1	纵向受力钢筋的连接方式	二层剪力墙	全数检查，柱筋采用电渣压力焊，墙筋采用搭接连接，接头率为50%，符合设计要求	
2	机械连接和焊接接头的力学性能	二层剪力墙	现场随机截取试样一组进行接头力学试验，结果合格，试验报告编号××××	
3	接头位置和数量	二层剪力墙	接头数139个，接头位置正确，符合设计和规范要求	
4	机械连接和焊接的外观质量	二层剪力墙	全数检查，电渣压力焊接头率为50%，符合设计要求	
5	机械连接和焊接的接头面积百分率	二层剪力墙	电渣压力焊焊接接头饱满，无偏差	
6	绑扎搭接接头面积百分率和搭接长度	二层剪力墙	全数检查，绑扎搭接接头率为50%，符合设计要求	
7				

监理校核：×××　　检查：×××　　记录：×××　　验收日期：2019年8月3日

钢筋分项工程质量验收记录   表 1-24

单位（子单位）工程名称	××学生公寓		分部（子分部）工程名称	主体结构/混凝土结构		
分项工程数量	6		检验批数量	8		
施工单位	××建设有限公司		项目负责人	×××	项目技术负责人	×××
分包单位			分包单位项目负责人		分包内容	

序号	检验批名称	检验批容量	部位/区段	施工单位检查结果	监理单位验收结论
1	一层钢筋	100 m²	一层	符合要求	合格
2	二层钢筋	100 m²	二层	符合要求	合格
3	三层钢筋	100 m²	三层	符合要求	合格
4	四层钢筋	100 m²	四层	符合要求	合格
5	五层钢筋	100 m²	五层	符合要求	合格
6	六层钢筋	100 m²	六层	符合要求	合格

说明：

施工单位检查结果	符合要求 项目专业技术负责人：××× 2020 年 1 月 30 日
监理单位验收结论	合格 专业监理工程师：××× 2020 年 1 月 30 日

主体结构分部工程质量验收记录   表 1-25

单位（子单位）工程名称		××学生公寓		子分部工程数量	混凝土结构	分项工程数量	3
施工单位		××建设有限公司		项目负责人	×××	项目（技术）负责人	×××
分包单位				分包单位负责人		分包内容	

序号	子分部工程名称	分项工程名称	检验批数量	施工单位检查结果	监理单位验收结论
1	混凝土结构	模板	6	符合要求	合格
2		钢筋	6	符合要求	合格
3		混凝土	6	符合要求	合格
4					
质量控制资料				齐全	齐全
安全和功能检验结果				符合要求	合格
观感质量检验结果				一般	一般

综合验收结论	合格

施工单位 项目负责人：×××	勘察单位 项目负责人： 年 月 日	设计单位 项目负责人：×××	监理单位 总监理工程师：×××
 2020 年 2 月 30 日		 2020 年 2 月 30 日	 2020 年 2 月 30 日

单位工程质量竣工验收记录　　　　　　　　　　　　表 1-26

工程名称	××学生公寓	结构类型	框架-剪力墙	层数/建筑面积	6/1289m²
施工单位	××建设有限公司	技术负责人	×××	开工日期	2020 年 3 月 1 日
项目负责人	×××	项目技术负责人	×××	完工日期	2021 年 7 月 30 日

序号	项目	验收记录	验收结论
1	分部工程验收	共 8 分部，经查符合设计及标准规定 8 分部	符合要求
2	质量控制资料核查	共 49 项，经核查符合规定 49 项	符合要求
3	安全和使用功能核查及抽查结果	共核查 34 项，符合规定 34 项，共抽查 34 项，符合规定 34 项，经返工处理符合规定\项	符合要求
4	观感质量验收	共抽查 18 项，达到"好"和"一般"的 18 项，经返修处理符合要求的\项	一般
5	综合验收结论	合格	

参加验收单位	建设单位	监理单位	施工单位	设计单位	勘查单位
	(公章) ××× 2020 年 2 月 30 日	(公章) ××× 2020 年 2 月 30 日	(公章) ××× 2020 年 2 月 30 日	(公章) ××× 2020 年 2 月 30 日	(公章) ××× 2020 年 2 月 30 日

注：单位工程验收时，验收签字人员应由相应单位的法人代表书面授权。

单位工程质量控制资料核查记录 表 1-27

工程名称		××学生公寓		施工单位		××建设有限公司		
序号	项目	资 料 名 称	份数	施工单位		监理单位		
				核查意见	核查人	核查意见	核查人	
1	建筑与结构	图纸会审记录、设计变更通知单、工程洽商记录	6	符合要求	×××	合格	×××	
2		工程定位测量、放线记录	245	符合要求	×××	合格	×××	
3		原材料出厂合格证书及进场检验、试验报告	289	符合要求	×××	合格	×××	
4		施工试验报告及见证检测报告	321	符合要求	×××	合格	×××	
5		隐蔽工程验收记录	226	符合要求	×××	合格	×××	
6		施工记录	226	符合要求	×××	合格	×××	
7		地基、基础、主体结构检验及抽样检测资料	6	符合要求	×××	合格	×××	
8		分项、分部工程质量验收记录	10	符合要求	×××	合格	×××	
9		工程质量事故调查处理资料						
10		新技术论证、备案及施工记录						
1	给水排水与供暖	图纸会审记录、设计变更通知单、工程洽商记录	3	符合要求	×××	合格	×××	
2		原材料出厂合格证书及进场检验、试验报告	7	符合要求	×××	合格	×××	
3		管道、设备强度试验、严密性试验记录	6	符合要求	×××	合格	×××	
4		隐蔽工程验收记录	18	符合要求	×××	合格	×××	
5		系统清洗、灌水、通水、通球试验记录	6	符合要求	×××	合格	×××	
6		施工记录	18	符合要求	×××	合格	×××	
7		分项、分部工程质量验收记录	18	符合要求	×××	合格	×××	
8		新技术论证、备案及施工记录						
1	通风与空调	图纸会审记录、设计变更通知单、工程洽商记录						
2		原材料出厂合格证书及进场检验、试验报告	2	符合要求	×××	合格	×××	
3		制冷、空调、水管道强度试验、严密性试验记录						
4		隐蔽工程验收记录	6	符合要求	×××	合格	×××	
5		制冷设备运行调试记录						
6		通风、空调系统调试记录	6	符合要求	×××	合格	×××	
7		施工记录	6	符合要求	×××	合格	×××	
8		分项、分部工程质量验收记录	3	符合要求	×××	合格	×××	
9		新技术论证、备案及施工记录						
1	建筑电气	图纸会审记录、设计变更通知单、工程洽商记录						
2		原材料出厂合格证书及进场检验、试验报告	3	符合要求	×××	合格	×××	
3		设备调试记录						
4		接地、绝缘电阻测试记录	1	符合要求	×××	合格	×××	
5		隐蔽工程验收记录	6	符合要求	×××	合格	×××	
6		施工记录	18	符合要求	×××	合格	×××	
7		分项、分部工程质量验收记录	3	符合要求	×××	合格	×××	
8		新技术论证、备案及施工记录						

续表

工程名称		××学生公寓		施工单位		××建设有限公司		
序号	项目	资 料 名 称	份数	施工单位		监理单位		
				核查意见	核查人	核查意见	核查人	
1	智能建筑	图纸会审记录、设计变更通知单、工程洽商记录						
2		原材料出厂合格证书及进场检验、试验报告						
3		隐蔽工程验收记录						
4		施工记录						
5		系统功能测定及设备调试记录						
6		系统技术、操作和维护手册						
7		系统管理、操作人员培训记录						
8		系统检测报告						
9		分项、分部工程质量验收记录						
10		新技术论证、备案及施工记录						
1	建筑节能	图纸会审记录、设计变更通知单、工程洽商记录						
2		原材料出厂合格证书及进场检验、试验报告	2	符合要求	×××	合格	×××	
3		隐蔽工程验收记录	5	符合要求	×××	合格	×××	
4		施工记录	6	符合要求	×××	合格	×××	
5		外墙、外窗节能检验报告	2	符合要求	×××	合格	×××	
6		设备系统节能检测报告						
7		分项、分部工程质量验收记录	2	符合要求	×××	合格	×××	
8		新技术论证、备案及施工记录						
1	电梯	图纸会审记录、设计变更通知单、工程洽商记录						
2		设备出厂合格证书及开箱检验记录						
3		隐蔽工程验收记录						
4		施工记录						
5		接地、绝缘电阻测试记录						
6		负荷试验、安全装置检查记录						
7		分项、分部工程质量验收记录						
8		新技术论证、备案及施工记录						

结论：合格

施工单位项目负责人：×××
2021 年 7 月 30 日

总监理工程师：×××
2021 年 7 月 30 日

单位（子单位）工程安全和功能检验资料核查及主要功能抽查记录   表 1-28

工程名称		××学生公寓		施工单位		××建设有限公司		
序号	项目	安全和功能检查项目	份数	施工单位		监理单位		
				核查意见	核查人	核查意见	核查人	
1	建筑与结构	地基承载力检验报告						
2		桩基承载力检验报告	1	符合要求	×××	合格	×××	
3		混凝土强度试验报告	2	符合要求	×××	合格	×××	
4		砂浆强度试验报告	1	符合要求	×××	合格	×××	
5		主体结构尺寸、位置抽查记录	1	符合要求	×××	合格	×××	
6		建筑物垂直度、标高、全高测量记录	1	符合要求	×××	合格	×××	
7		屋面淋水或蓄水试验记录	1	符合要求	×××	合格	×××	
8		地下室渗漏水检测记录						
9		有防水要求的地面蓄水试验记录						
10		抽气（风）道检查记录	1	符合要求	×××	合格	×××	
11		外窗气密性、水密性、耐风压检测报告	1	符合要求	×××	合格	×××	
12		幕墙气密性、水密性、耐风压检测报告						
13		建筑物沉降观测测量记录	15	符合要求	×××	合格	×××	
14		节能、保温测试记录	1	符合要求	×××	合格	×××	
15		室内环境检测报告	1	符合要求	×××	合格	×××	
16		土壤氡气浓度检测报告						
1	给水排水与供暖	给水管道通水试验记录	1	符合要求	×××	合格	×××	
2		暖气管道、散热器压力试验记录						
3		卫生器具满水试验记录	1	符合要求	×××	合格	×××	
4		消防管道、燃气管压力试验记录						
5		排水干管通球试验记录	1	符合要求	×××	合格	×××	
6		锅炉试运行、安全阀及报警联动测试记录						
1	通风与空调	通风、空调系统试运行记录						
2		风量、温度测试记录						
3		空气能量回收装置测试记录						
4		洁净室洁净度测试记录						
5		制冷机组试运行调试记录						
1	建筑电气	建筑照明通电试运行记录	1	符合要求	×××	合格	×××	
2		灯具固定装置及悬吊装置的载荷强度试验记录	1	符合要求	×××	合格	×××	
3		绝缘电阻测试记录	1	符合要求	×××	合格	×××	
4		剩余电流动作保护器测试记录						
5		应急电源装置应急持续供电记录						
6		接地电阻测试记录	1	符合要求	×××	合格	×××	
7		接地故障回路阻抗测试记录						
1	智能建筑	系统试运行记录						
2		系统电源及接地检测报告						
3		系统接地检测报告						

续表

工程名称		××学生公寓		施工单位		××建设有限公司	
序号	项目	安全和功能检查项目	份数	施工单位		监理单位	
				核查意见	核查人	核查意见	核查人
1	建筑节能	外墙节能构造检查记录或热工性能检验报告	1	符合要求	×××	合格	×××
2		设备系统节能性能检验记录					
1	电梯	运行记录					
2		安装装置检测报告					

结论 合格

施工单位项目负责人：×××　　2021年7月30日　　总监理工程师：×××

注：抽查项目由验收组协商确定。

单位工程观感质量检查记录 　　　　　　　　表 1-29

工程名称		××学生公寓	施工单位	××建设有限公司	
序号		项目	抽查质量状况		质量评价
1	建筑与结构	主体结构外观	共检查4点，好1点，一般3点，差 点		一般
2		室外墙面	共检查4点，好2点，一般2点，差 点		一般
3		变形缝、雨水管	共检查6点，好6点，一般 点，差 点		好
4		屋面	共检查3点，好1点，一般2点，差 点		一般
5		室内墙面	共检查6点，好1点，一般5点，差 点		一般
6		室内顶棚	共检查6点，好2点，一般4点，差 点		一般
7		室内地面	共检查6点，好2点，一般4点，差 点		一般
8		楼梯、踏步、护栏	共检查18点，好6点，一般12点，差 点		一般
9		门窗	共检查10点，好6点，一般4点，差 点		一般
10		雨罩、台阶、坡道、散水	共检查6点，好3点，一般3点，差 点		一般
1	给水排水与供暖	管道接口、坡度、支架	共检查6点，好4点，一般2点，差 点		好
2		卫生器具、支架、阀门	共检查 点，好 点，一般 点，差 点		
3		检查口、扫除口、地漏	共检查6点，好2点，一般4点，差 点		一般
4		散热器、支架	共检查 点，好 点，一般 点，差 点		
1	通风与空调	风管、支架	共检查6点，好4点，一般2点，差 点		好
2		风口、风阀	共检查6点，好6点，一般 点，差 点		好
3		风机、空调设备	共检查 点，好 点，一般 点，差 点		一般
4		管道、阀门、支架	共检查6点，好3点，一般3点，差 点		一般
5		水泵、冷却塔	共检查 点，好 点，一般 点，差 点		
6		绝热	共检查 点，好 点，一般 点，差 点		

工程名称		××学生公寓		施工单位	××建设有限公司
序号		项目	抽查质量状况		质量评价
1	建筑电气	配电箱、盘、板、接线盒	共检查6点，好4点，一般2点，差　点		好
2		设备器具、开关、插座	共检查6点，好2点，一般4点，差　点		一般
3		防雷、接地、防火	共检查6点，好6点，一般　点，差　点		好
1	智能建筑	机房设备安装及布局	共检查　点，好　点，一般　点，差　点		
2		现场设备安装	共检查　点，好　点，一般　点，差　点		
1	电梯	运行、平层、开门	共检查　点，好　点，一般　点，差　点		
2		层门、信号系统	共检查　点，好　点，一般　点，差　点		
3		机房	共检查　点，好　点，一般　点，差　点		
观感质量综合评价			一般		
结论： 施工单位（项目）负责人：××× 2021年7月30日			合格 总监理工程师：××× 2021年7月30日		

注：1. 对质量评价为差的项目应进行返修。
　　2. 观感质量检查的原始记录应作为本表附件。

（3）施工决算书

施工决算书是由建设单位编制的反映工程项目实际造价和投资效果的文件，是竣工验收文件的重要组成部分，核心内容体现为从筹划到竣工交付使用全过程的全部实际费用。

（4）施工资料移交书

根据竣工归档规范要求，施工资料移交书可使用移交资料目录的形式。

（5）房屋建筑工程质量保修书

为保护建设单位、施工单位、房屋建筑所有人和使用人的合法权益，由建设单位、施工单位签署的承诺书。

施工资料的收集、登记

施工资料是对建筑施工质量情况的直接反映之一，要求资料必须根据工程施工的进度及时收集、整理。如建筑工程所用钢材、水泥、防水材料、门窗、节能、装饰等原材料与构配件的质量应从检查出厂合格证和材料取样试验情况加以确认，在承建工程开工之时，对质量保证资料逐项跟踪收集。

1.2.1 任务描述

（1）分包单位资质资料：按分包合同收集相关具有资质的分包单位资料。

（2）施工物资资料：主要包含砂、石、砖、水泥、钢筋、隔热保温、防水、防腐材料、结构、装饰等原材料的"出厂质量证明文件"及"检测报告"，半成品、成品、设备的相关"检验报告""3C强制认证合格证书或3C标志""主要设备、器具的安装使用说明书"，进口材料设备的"报关单""商检证明文件"，涉及消防、安全、卫生、环保、节能的材料和设备的"检测报告"或"法定机构出具的有效证明文件""进场检验和进场复试报告"等。

（3）施工试验记录及检测报告：包括桩基检测报告、土工击实试验报告、钢筋焊接报告等。

1.2.2 基础知识

1. 分包单位资质

分包工程开工前，施工单位应将分包单位资质及相关资料上报项目监理部，经专业监理工程师审查符合有关规定后，由总监理工程师予以签认，施工单位应提供分包单位的营业执照、企业资质等级证书、安全生产许可证，分包单位的业绩，拟分包工程的内容和范围，专职管理人员和特种作业人员的资格证、上岗证等资料。"分包单位资质报审表"的填写详见单元2.1监理资料的填写、编制。

2. 施工物资资料

（1）钢筋

1）基本规定

依据《混凝土结构工程施工规范》GB 50666规定，钢筋进场时，施工单位在使用前应按规定抽取试件做力学性能试验，将合格的进场复试报告连同产品合格证、出厂检验报告作为钢筋原材料进场检验资料，见表1-30和表1-31。

2）质量证明文件内容和要求

钢筋生产厂家必须取得生产许可证才具有生产该产品的资格。每批交货的钢筋应有出厂质量证明书。钢筋产品质量证明书由钢筋生产厂质量检验部门提供，内容包括：钢号、规格、数量、机械性能（屈服点、抗拉强度、延伸率、冷弯）、化学成分的数据及结论、出厂日期、检验

表 1-30

××××集团有限公司产品质量证明书

产品名称:钢筋混凝土用钢:热轧带肋钢筋 YG/QR8.2.4-9

技术标准:GB/T 1499.2　　No. 11802388

需方:×××××

提货日期:2019年1月5日

发货单号:CK3416675

产品规格 (mm)	轧制批号	牌号	生产日期	长度(m)	件数	重量(t)	化学成分(%)					机械性能			
							C	Si	Mn	P	S	Ceq	抗拉强度 Rm(MPa)	屈服强度 Rel(MPa)	伸长率 A(%)	冷弯性能 d=3a=180°
8	X21906004022	HRB400E	2019年1月5日		26	51.74	0.22	0.42	1.16	0.027	0.019	0.454	545;540	410;405	26;26	合格
合计:					26	51.74										

备注:生产许可证号:XK05-001-00074
测量管理体系认证证书:CMS[2007]262号
质量管理体系认证证书:00207Q12615R3L
请按原定技术协议,自货到现场起一月内查询 过期自理!

质量检验章:

厂址:×××××

制　单:×××

检查:×××

验 ×××

销售电话:××××××××

质检电话:××××××××

签证日期:2019年1月5日

邮政编码:××××××××

集团有限公司

××建筑材料检测有限公司
钢筋原材料物理性能检测报告

表 1-31

委托单位：××
工程名称：××学生公寓
见证单位：××××工程管理有限公司
施工单位：××××集团有限公司

××学院

委托人：×××　　　　报告编号：GY1900826
工程编号：18067　　　收样日期：2019年3月25日
见证人：×××　　　　检测日期：2019年3月25日
检测类型：见证取样检测　报告日期：2019年3月25日

[印章] ××××建筑材料检测有限公司　建设工程材料见证检测专用章　建检字（17）01015—C

[检测项目]

样品编号	钢筋种类及牌号	工程部位	质保单号/批号	生产厂家/代表数量(t)	公称直径(mm)	重量偏差标准要求(%)	重量偏差实测结果(%)	屈服强度标准要求(MPa)	屈服强度实测荷载(kN)	屈服强度实测强度(MPa)	抗拉强度标准要求(MPa)	抗拉强度实测荷载(kN)	抗拉强度实测强度(MPa)	断后伸长率标准要求(%)	断后伸长率实测结果(%)	拉实/屈实	屈实/屈标	最大力总伸长率标准要求(%)	最大力总伸长率实测结果(%)	反向弯曲弯心压头直径(mm)	反向弯曲实测结果	弯曲性能标准要求	弯曲性能实测结果	判定
GY190082604	热轧带肋钢筋 HRB400E	主体	C1901 015010	×× 17.01T	20	±5.0	−1.3	≥400	143.03	455	≥540	184.72	590	≥16	22.0	1.30	1.14	≥9.0	12.3	100	受弯曲部位无裂纹	弯曲压头直径 D=4a 弯曲180°后受弯处无裂纹	无裂纹	合格
									139.88	455		180.72	575		23.0	1.29	1.11		12.5				无裂纹	
GY190082605	热轧带肋钢筋 HRB400E	主体	C1901 017009	×× 33.318T	22	±4.0	−1.4	≥400	171.62	450	≥540	222.53	585	≥16	23.0	1.30	1.12	≥9.0	12.5	110	受弯曲部位无裂纹	弯曲压头直径 D=4a 弯曲180°后受弯处无裂纹	无裂纹	合格
									174.26	460		224.80	590		22.5	1.28	1.15		12.4				无裂纹	
GY190082606	热轧带肋钢筋 HRB400E	主体	L1901 035036	×× 32.927T	25	±4.0	−1.0	≥400	223.94	455	≥540	293.62	600	≥16	22.0	1.32	1.14	≥9.0	12.3	125	受弯曲部位无裂纹	弯曲压头直径 D=4a 弯曲180°后受弯处无裂纹	无裂纹	合格
									222.03	450		293.52	600		22.0	1.33	1.12		12.4				无裂纹	

检测依据：《金属材料 拉伸试验 第1部分：室温试验方法》GB/T 228.1、《金属材料 弯曲试验方法》GB/T 232

[MA 标志　171011110787]

续表

主要检测设备	WE-100 液压式万能试验机 (FP01-03) WA-1000 电液式万能试验机 (FP01-55) WES-600B 液晶显示万能试验机 (FP01-63) WES-600B 电液式万能试验机 (FP01-77)	
检测结论	试样 GY19008 2604 经检测，所检项目符合《钢筋混凝土用钢 第 2 部分：热轧带肋钢筋》GB/T 1499.2 规程中 HRB400E 的技术要求 试样 GY19008 2605 经检测，所检项目符合《钢筋混凝土用钢 第 2 部分：热轧带肋钢筋》GB/T 1499.2 规程中 HRB400E 的技术要求 试样 GY19008 2606 经检测，所检项目符合《钢筋混凝土用钢 第 2 部分：热轧带肋钢筋》GB/T 1499.2 规程中 HRB400E 的技术要求	
备注	—	
检测说明	1. 检测环境：符合标准要求； 2. 样品状态：有效； 3. 报告涂改无效，部分复制无效；	4. 报告无检测人、审核人和批准人签名无效； 5. 报告无"检验检测专用章"无效； 6. 对检测报告若有异议，请于报告签发之日起十五日内向本单位提出。
联系方式	地址：×××市×××区×××街道×××路×号 批准：×××	电话：×××××××—×××××××× 邮编：××××× 审核：××× 检测：××× 签发日期：2019 年 3 月 25 日

部门印章、合格证的编号。钢筋合格证应填写齐全，数据真实，符合标准要求。

施工单位在使用钢筋之前应见证取样，抽取试件做力学性能试验。试验报告的内容包括：委托单位、工程名称、使用部位、钢号、规格、代表数量、来样日期、试验日期、机械性能试验及化学成分的数据、结论。要求各试验项目填写齐全，试验数据达到规范规定的标准值，各规格的钢筋均应做复试，有见证取样证明，必须先试验后使用。

（2）型钢

1）基本规定

依据《钢结构工程施工质量验收标准》GB 50205 规定：钢材必须有质量证明书，并应符合现行国家产品标准和设计要求。对于国外进口钢材、钢材混批、板厚等于或大于 40mm，且设计有 Z 向性能要求的厚板、建筑结构安全等级为一级，大跨度钢结构中主要受力构件所采用的钢材、设计有复验要求的钢材以及对质量有疑义的钢材必须进行抽样复验（表 1-32）。

2）质量证明文件内容和要求

钢材质量证明书的内容包括：钢号、规格、数量、机械性能（屈服点、抗拉强度、延伸率、冷弯）、化学成分的数据及结论、出厂日期、检验部门印章、合格证的编号。合格证要填写齐全，数据真实，符合标准要求。

施工单位在使用之前应见证取样，抽样进行力学性能试验。试验报告的内容包括：委托单位、工程名称、使用部位、钢号、规格、代表数量、来样日期、试验日期、机械性能试验及化学成分的数据、结论。各复试项目应齐全，试验结果必须达到规范规定的标准值。复试钢材的品种规格应与产品合格证和设计图纸相对应。试验室签字盖章要求齐全。

（3）水泥

1）基本规定

1.4 水泥质量
检验报告

依据《混凝土结构工程施工质量验收规范》GB 50204 规定，水泥进场时应对其品种、级别、包装或散装仓号、出厂日期等进行检查，检查其产品合格证及出厂检验报告；施工单位在使用前应对其强度、安定性及其他必要的性能指标进行取样复验，并以试验室出具的试验报告作为质量证明文件。

2）质量证明文件内容和要求

1.5 水泥性能
检测报告

水泥的生产厂应具有产品生产许可证。水泥出厂合格证应包括以下主要内容：厂别、品种、强度等级、出厂日期、抗压强度、抗折强度、安定性、凝结时间和试验编号。要求各个项目填写完整，并由使用单位注明其代表数量。

施工单位在使用前，应对水泥的强度等性能做见证取样复验，其各项性能指标必须达到规范、标准要求，并且要求复试批量与实际用量相符。

（4）砌块

1）基本规定

1.6 混凝土
砖合格证

依据《砌体结构工程施工质量验收规范》GB 50203 规定，砌体工程所用的砌块应有产品合格证、产品性能检测报告。施工单位尚应有材料主要性能的进场复验报告，严禁使用国家明令

型钢原材料进场资料

表 1-32

××特钢有限公司
产品质量证明书
产品名称：普碳钢热轧型钢

规格：等边角钢　700896-1
合同编号：tcsy
车号：EB8768

收表单位：××建设有限公司
技术标准：GB/T 700 ，GB/T 706
证明书号：zm2012001

| 牌号 | 用途 | 产品数量 | | 化学成分（%） | | | | | 屈服点（MPa） | 抗拉强度（MPa） | V型冲击试验 | | 弯曲试验 | 延伸率（%） | 判定结果 |
		捆数（件）	重量（t）	C	Si	Mn	P	S			数值（J）				
Q235B	4241	12	56.98	0.12	0.15	0.33	0.03	0.025	315	400	95	100	90	合格	36	合格
Q235B	4236	12	58.788	0.16	0.21	0.45	0.03	0.025	318	435	95	100	90	合格	31	合格

说明：质量异议，需方提供产品牌号、批号、证明书编号、发货合同、车号、合同编号（无质检章无效，10日内提出异议）
备注：Cr，Nn，Cu，N含量保证　××牌　定尺：m

此证明书编号以双B16D系
附汇报单。
×××
2019.7.1

同意进物

电话：××××××

地址：×××××××

填表人：×××

日期：2020 年 4 月 1 日

1.7 混凝土砖
检测报告

淘汰的材料。

2）质量证明文件内容和要求

砖的质量证明书内容包括：品种、强度等级、批量及抗压强度平均值、抗压强度标准值、试验日期，并有厂家检验部门印章，项目应齐全，数据真实，结论正确，符合标准要求。

砌块出厂时，必须提供产品质量合格证。内容包括：厂名、品种、批量编号、证书编号、发证日期和强度等级等，并由检验单位签字盖章。

施工单位对进场的砌块进行主要性能复试，试验报告单的试验项目应齐全，试验数据必须达到规范规定的标准值，试验批量与工程总量相符，实验室签字盖章要求齐全。

（5）商品混凝土

1）基本规定

商品混凝土的生产和使用应符合《预拌混凝土》GB/T 14902 的规定，预拌混凝土搅拌单位应于 32 天内向施工单位提供预拌混凝土出厂合格证。

2）质量证明文件内容

预拌混凝土出厂合格证包括以下内容：订货单位、合格证编号、工程名称与浇筑部位、混凝土强度等级、抗渗等级、供应数量、供应日期、原材料品种与规格和试验编号、配合比编号、混凝土 28 天抗压强度值、抗渗等级性能试验、抗压强度统计结果及结论；技术负责人签字、填表人签字、供货单位盖章（表 1-33、表 1-34）。

预拌混凝土出厂合格证   表 1-33

预拌混凝土出厂合格证

订货单位：××混凝土公司　　　　　　　　　　　编号：5310
工程名称：××学生公寓　　　　　　　　　　　　施工部位：基础
混凝土强度等级：C15　　　　　　　　　　　　　配合比编号：A155310
混凝土设计坍落度：140±30mm　　　　　　　　浇筑方式：泵送
供应数量：180.00m³　　　　　　　　　　　　　供应时间：2020 年 4 月 16 日 8：00

水泥厂别	××水泥公司	品种及强度等级	P.S32.5						试验编号	05C704
砂产地及品种	中砂	细度模数	2.5	含泥量	2.4	泥块含量	0.3		检验编号	05S467
石产地及品种	碎石	最大粒径（mm）	31.5	含泥量	0.6	泥块含量	0.1		检验编号	05G392
外加剂厂别	××混凝土高效减水剂厂	名称	MN-1	掺量（%）	2.0	重量（kg）	3.36		试验编号	05A068
		名称		掺量（%）		重量（kg）			试验编号	
掺合料厂别	××材料厂	名称	粉煤灰	掺量（%）	14.6	重量（kg）	49		试验编号	05F034
		名称		掺量（%）		重量（kg）			试验编号	
		名称		掺量（%）		重量（kg）			试验编号	
混凝土性能	该批混凝土 C15 合格									
执行标准	《预拌混凝土》GB/T 14902									
备注										

负责人：×××　　　　　审核：×××　　　　　　填表人：×××

生产单位：（签章）

2020 年 4 月 16 日

××建设市政工程检测中心有限公司
混凝土立方体抗压强度检测报告

表 1-34

委托单位：×××××公司
工程名称：×××学生公寓
见证单位：××建设咨询有限公司

检测类别：见证委托
送样人：×××
见证人：×××

取样单编号：01211691 3
报告编号：20201691 3
委托日期：2020 年 6 月 11 日

××市政工程检测中心有限公司
市政(S)建(19)检(江×环)检基(混)材
建检字(19)10083-S

MA
1711010060892

样品编号	设计等级	工程结构部位	制作日期	检测日	龄期(d)	试件尺寸(mm)	重量配合比	坍落度(mm)	水泥品种及强度等级	石子规格(mm)	砂粗细程度	养护条件	破坏荷载(kN)	抗压强度(MPa)	换算系数	该组试件抗压强度代表值(MPa)	达到设计强度(%)
01211691 3-1	C30	35#、36#、37#、43#基础	2020年5月14日	2020年6月11日	28	150×150×150	(水泥:水:砂:石)=1:0.55:2.22:3.62	30~50	上峰 普通 42.5	5-31.5	中	标准养护	717 / 756 / 683	31.9 / 33.6 / 30.4	1.00	32.0	106.7

检测依据 GB/T 50081《混凝土物理力学性能试验方法标准》

检测设备 YAW-2000伺服压力试验机(S1)

备注

检测说明
1、检测数据：
2、样品状态：
（盖章）

声明
1. 本检测结果仅对所检样品有效。
2. 报告无检测、审核、批准人员签字无效，涂改无效。
3. 报告及复印件未加盖"检验检测专用章"无效。
4. 对检测报告若有异议应及时向本中心提出。

检测：×××
审核：×××
批准：××手
检测单位：××××××××××
联系电话：×××-××××××××
邮编：×××××
检测单位地址：××××大道×号

报告日期：2020 年 6 月 11 日

（6）混凝土预制构件

1）基本规定

依据《混凝土结构工程施工质量验收规范》GB 50204 规定，进入现场的预制构件，应具有由预制厂提供的预制构件出厂合格证，其外观质量、尺寸偏差及结构性能应符合标准图或设计的要求。

现场生产混凝土预制构件必须申报生产许可手续，并具备完整的材质证明和有关的施工记录、试验报告（表 1-35）。

混凝土预制构件出厂合格证　　　　　　　表 1-35

预制混凝土构件出厂合格证			编号		×××
工程名称及使用部位	×××		合格证编号		063
构件名称	预应力圆孔板	型号规格	YKB-3	供应数量	80
制造厂家	××厂		企业等级证		三级
标准图号或设计图纸号	B2003Y		混凝土设计强度等级		C30
混凝土浇筑日期	2019年5月4日	至 2019年5月4日		构件出厂日期	2019年5月8日
性能检验评定结果	混凝土抗压强度		主筋		
	达到设计强度（%）	试验编号	力学性能		工艺性能
	115	2019-016			
	外观				
	质量状况		规格尺寸		
	合格		3580mm×1180mm×120mm		
	结构性能				
	承载力	挠度	抗裂检验		裂缝宽度
	1.7	1.34	1.40		
备注：生产厂家质检部门提供的合格证真实有效			结论：试件结构各项性能指标经检验均达到有关规范规定，质量合格		
供应单位技术负责人		填表人			
×××		×××			
填表日期		2019年5月8日			
本表由预制混凝土构件供应单位提供，建设单位、施工单位各保存一份					

2）质量证明文件内容和要求

混凝土预制构件出厂合格证应由构件生产厂家质检部门提供，包括以下内容：构件名称、合格证编号、构件型号及规格、供应数量、制造厂名称、企业资质等级证书编号、标准图号及设计图纸号、混凝土设计强度等级及浇筑日期、构件出厂日期、构件性能检验评定结果及结论、技术负责人签字、填表人签字、单位盖章。生产厂家应具有相应资质，合格证中构件品种、型号规格、批量应齐全，并与设计图纸上提供的数据一致。

（7）钢构件

1）基本规定

钢构件出厂时，其质量必须符合《钢结构工程施工质量验收标准》GB 50205 的规定，并应向施工单位提供钢构件出厂合格证以及所用材质的质量证明书，包括钢材、焊条、焊剂、连接紧固件、涂料。

2）质量证明文件内容和要求

钢构件出厂合格证应包括以下主要内容：工程名称、委托单位、合格证编号、钢材材质报告及复试报告编号、焊条或焊丝型号、供货总量、加工及出厂日期、构件名称及编号、构件数量、防腐状况及使用部位、技术负责人签字、填表人签字、单位盖章。合格证应填写齐全，数据真实，结论正确且符合标准要求。

1.8 钢构件合格证

（8）防水材料

1）防水卷材

① 基本规定

防水材料应检查其出厂合格证、质量检验报告；在施工前应现场见证取样，抽样进行复验，并以试验室出具的试验报告作为质量证明文件。

② 质量证明文件内容

防水卷材的产品合格证及质量检验报告的主要内容包括：品种规格、各项试验指标（强度、伸长率、柔韧性、不透水性等）、合格证编号、出厂日期、质检部门印章等，要求各项试验指标达到规范要求。

材料复试报告中各试验项目应齐全，各项防水技术性能指标应符合检验标准的规定，必须先试验后使用，材料复试批量应能代表实际工程用量，并有见证取样证明表 1-36、表 1-37。

防水卷材产品合格证   表 1-36

合格证	品名		1.2厚高分子自粘胶膜防水卷材		
	执行标准		GB/T 23457		
单位名称	××防水材料有限公司				
产品型号	P □		PY □		
规格	□ $\delta 1.2mm \times 20m^2/r$			□ $\delta 3.0mm \times 10m^2/r$	
	□ $\delta 1.5mm \times 20m^2/r$			□ $\delta 4.0mm \times 10m^2/r$	
	□ $\delta 2.0mm \times 15m^2/r$			□ δ mm $\times$ m²	
覆面膜料	聚乙烯膜	铝箔	砂	隔离膜	
	HDPE□	AL□	S□	N□	

生产日期： 2020年3月20日   检验员 质检专用章

××工程质量检测有限公司
防水卷材检测报告
表 1-37

工程名称	××学生公寓		
施工单位	××建设有限公司		
委托单位	××××建设有限公司	使用部位	地下室
见证单位	浙江××工程咨询有限公司	产品名称	高分子自粘胶膜防水卷材
见证人	×××	检测类型	委托
生产单位	××防水材料有限公司	型号规格	YP1.2mm
接样日期	2020年11月10日	样品等级	合格品
检测依据	《预铺防水卷材》GB/T 23457	样品状态	有效
主要检测设备	拉力试验机 LDS-W50A C08 不透水仪 DTS-IV C18 电动数显低温柔度试验仪 ZSY-1 C19 低温箱 DW-40 C20 电热恒温箱 101-2 C60			
检验结论	所检项目指标符合《预铺防水卷材》GB/T 23457标准中该型号的要求		
检测说明	1. 本报告无本单位"检测报告专用章"无效； 2. 报告无批准人、审核、检测人签字无效； 3. 本报告涂改无效； 4. 见对检测结果有异议，请在收到检测报告之日起15天内向本单位书面提出； 5. 委托检测的检测结果仅对该来样负责		

检测单位盖章   批准人：×××   审核：×××   检测：×××

序号	检验项目	技术要求	实测值	结论
1	低温弯折性/℃	−25℃，无裂纹	无裂纹	合格
2	耐热性	70℃，2h无位移，无流淌，无滴落	无位多，无流淌，无滴落	合格
3	拉力 N/50mm	纵向≥500	563	合格
		横向≥500	551	
4	膜断裂伸长率（%）	纵向≥400	438	合格
		横向≥400	425	
备注				

2）防水涂料

① 基本规定

防水涂料包括水溶性涂料和溶剂型涂料，使用前应提供出厂合格证、质量检验报告，施工单位应进行现场见证取样，抽样进行复验并提供复验报告。

1.9 防水涂料合格证

② 质量证明文件内容和要求

产品合格证及质量检验报告的主要内容包括：品种规格、各项试验指标（延伸性、拉伸强度、断裂伸长率、连接性、耐热度、不透水性、柔韧性、固体含量等）、合格证编号、出厂日期、质检部门印章等，要求各项试验指标达到规范要求。

材料复试报告要求各试验项目填写齐全，各项防水技术性能指标达到检验标准的规定，材料必须先试验后使用，复试的批量应能够代表实际工程用量，有见证取样证明。

1.10 防水涂料检测报告

（9）装饰材料

1）门窗

① 基本规定

钢门窗、铝合金门窗、塑钢门窗应有出厂合格证、生产许可证及性能检测报告。新建、扩建和改建的节能住宅的外窗应进行复试，即对进入现场的外窗的抗风压性、气密性和雨水渗透性进行抽样检测（表1-38）。

② 质量证明文件内容和要求

门窗生产厂家应具有相应的资质，提供相应门窗的生产许可证，其出厂合格证及性能检测报告中，各项检测指标应达到国家标准的要求。外窗进场复试由建设（监理）单位进行抽样并委托有资质的检测单位进行试验，复试批量应能代表实际工程用量。

2）石材

① 基本规定

建筑装饰装修工程所用石材，其品种、规格、颜色和性能应符合设计要求，主要检查产品合格证书、进场验收记录和性能检测报告。对室内花岗石的放射性、外墙陶瓷面砖的吸水率、寒冷地区外墙陶瓷面砖的抗冻性还需现场抽样复验（表1-39）。

② 质量证明文件内容和要求

产品合格证及性能检测报告内容应齐全，各项指标达到国家标准要求，加盖质检部门印章。

材料复试报告中各试验项目应齐全，且各项试验指标应达到检验标准的规定，必须先试验后使用，复试批量能代表实际工程用量，有见证取样证明。

3）玻璃幕墙

① 基本规定

依据《建筑装饰装修工程质量验收标准》GB 50210规定，玻璃幕墙工程所使用的各种材料、构件和组件的质量，应符合设计要求及国家现行产品标准和工程技术规范的规定。主要检查材料、构件、组件的产品合格证、进场验收记录、性能检测报告和材料的复验报告（图1-2、表1-40）。

施工资料管理 项目

断桥铝合金门窗合格证

表 1-38

编号：20151025

工程名称：××学生公寓断桥铝合金门窗

制作单位：××铝业有限公司　　生产许可证编号　XK21-002-00232

名称（型号）	规格（宽×高）设计尺寸（mm）	实际尺寸（mm）	数量	生产日期	出厂日期	采用图集	型材厂家	铝合金规格 设计系列	实际系列	外观颜色	质量评定等级	备注
C3022	3000×2200	3000×2200	6			02J603-1	首铝铝材	55系列	55系列		合格	
C3614	3600×1400	3600×1400	4			02J603-1	首铝铝材	55系列	55系列		合格	
C3020	3000×2000	3000×2000	54			02J603-1	首铝铝材	55系列	55系列		合格	
C3620	3600×2000	3600×2000	56			02J603-1	首铝铝材	55系列	55系列		合格	
C2520	2500×2000	2500×2000	57			02J603-1	首铝铝材	55系列	55系列		合格	
C3622	3600×2200	3600×2200	6			02J603-1	首铝铝材	55系列	55系列		合格	
C1614	1600×1400	1600×1400	2			02J603-1	首铝铝材	55系列	55系列		合格	
小计						1123.96m²						

生产单位（公章）：　　　技术负责人：×××　　　质检员：×××　　　填表日期：2020年10月25日

85

② 质量证明文件内容和要求

产品合格证及性能检测报告主要检查其内容是否齐全，各项指标是否达到国家标准要求，有无质检部门印章。

材料复试报告主要检查试验项目是否齐全，各项试验指标是否符合检验标准的规定，必须先试验后使用，复试批量能够代表实际工程用量，有无见证取样证明。

花岗岩出厂合格证   表 1-39
检测报告

编号：(2012) 字检机字 604 号

产品名称	花岗岩	商标		规格型号	
生产日期/编号	202008				
受检单位名称地址及电话	××石材加工集中区				
生产单位名称及联系电话	××石材有限公司				
任务来源	浙质监监检（2020）第××号				
抽样日期	2020年8月15日	抽样人员	×××	样品到达日期	2020年8月22日
样品数量	1kg	抽样基数	50m²	检查封样人员	×××
样品等级	合格品	样品/抽样单编号	121204	封样状态	完好
检验依据	《建筑材料放射性核素限量》GB 6566				
检验结论	该批产品所检项目合格 签发日期：2020年10月10日				
备注	该批产品放射性核素符合 A 类装修材料的限量要求，产销和使用范围不受限制				

批准：×××   审核：×××   主检：×××

图 1-2　玻璃幕墙材料合格证

玻璃幕墙材料检验报告　　　　　　　　　　　　　表 1-40

国家建筑装修材料质量监督检验中心

National building decoration materials quality supervision and inspection center

检 验 报 告

Inspection Reper

产品名称 Sample	铝合金建筑型材-隔热型材		商标 Brand	××
委托单位 Entrust	××铝业股份有限公司		联系电话 Telephone	×××　××××××××
生产单位 Production unit	××铝业股份有限公司		联系电话 Telephone	×××　××××××××
受检单位 Inspected	××铝业股份有限公司		联系电话 Telephone	×××　××××××××
任务来源 Talk Source			检验类别 Inspection Sort	送样检验
生产日期 Produced Date	2019年9月	抽样地点	产品批号 S/N	
抽/送样日期 Date Of samcing	2019年9月19日	送样人 ×××	样品 抽样单编号	

抽样基数 Cardincl Number		样品数量	30 段×100cm	样品到达日期	2019年9月19日
规格型号 Model	JLB023	样品等级	合格	检查封样人员	×××
检验项目 Hems	外观质量、尺寸偏差、室温纵向抗剪特征值、高温纵向抗剪特征值、室温横向抗拉特征值				
检验依据 Catena	GB/T 5237.6				
样品描述 Sample State	样品外观完好				
检验结论 Conclusion	所检项目符合 GB/T 5237.6 标准要求 签发日期：2019 年 10 月 20 日				
检验说明 Femarks	合金牌号：6063；状态：T5；附合方式：浇筑式；表面处理方式：电枢涂料；级别：高精级				

批准：×××   审核：×××   编制：×××

4）胶粘剂

① 基本规定

建筑装饰用胶粘剂除了满足使用要求外，还应考虑对室内空气的污染程度。主要检查产品合格证书、性能检测报告和进场验收记录。对于民用建筑工程室内用水性胶粘剂，应测定其总挥发性有机化合物（TVOC）和游离甲醛的含量。溶剂型胶粘剂应测定总挥发有机化合物（TVOC）和苯的含量。聚氨酯胶粘剂应测定游离甲苯二异氰酸酯（TDI）的含量，并不应大于 $10g/kg$。

② 质量证明文件内容和要求

产品合格证及性能检测报告中检验项目应完全，有害物质含量应低于相关的产品标准要求。检测报告由具有相关资质的检测单位出具，并加盖质检部门印章。

5）涂料

① 基本规定

水性涂料涂饰工程、溶剂型涂料涂饰工程所选用涂料的品种、型号和性能应符合设计要求。对于民用建筑工程室内用水性涂料，应测定总挥发性有机化合物（TVOC）和游离甲醛的含量。溶剂型涂料应按规定的最大稀释比例混合后，测定总挥发有机化合物（TVOC）和苯的含量。

聚氨酯漆测定固化剂中游离甲苯二异氰酸酯（TDI）的含量，并不应大于 7g/kg。主要检查产品合格证书、性能检测报告和进场验收记录。

② 质量证明文件内容和要求

产品合格证及性能检测报告主要检查其内容是否齐全，各项指标是否达到国家标准要求，有无质检部门印章。

（10）节能保温材料

1）基本规定

保温材料的堆积密度或表观密度、导热，以及板材的强度、吸水率，必须符合设计要求。主要检查其出厂合格证、质量检验报告，并现场抽样进行复验，提供复验报告（图1-3、表1-41）。

合格证

产品名称：**界面处理剂**
规 格：**40kg/袋**
执行标准：**DB33/T1054**
检 验 员：
出厂日期：

合格

检01

XXX 保温材料有限公司

图1-3 保温材料合格证

保温材料检验报告 表 1-41

聚苯乙烯保温板检验报告

检第 090622 号 报告日期 2019 年 6 月 22 日 共 1 页

用户单位	××建设有限公司			
产品名称	聚苯乙烯保温板	规格型号(mm)	8000×1000×40或4000×1000×40	
生产日期	2019 年 6 月	数量	4500m³	检验类别	厂检
检验项目	单位	标准指标	检验结果	单项判定
密度	kg/m³	25	25.1	合格
压缩强度（相对变形 2%）	kPa	80	82	合格
导热系数	W/(m·K)	≤0.041	0.038	合格
吸水率	%	≤2	1.7	合格
检验结果	经检验，所检项目检验结果符合标准要求			

检验报告专用章
签发日期：2019 年 6 月 22 日

批准：××× 审核：××× 主检：×××

2）质量证明文件内容和要求

屋面保温材料应有出厂合格证，质检报告中：厚度、密度及热工性能指标、吸水率等应符合设计要求。外墙保温材料出厂合格证应标明生产厂家以及各项物理力学性能指标，如面密度、含水率、当量热阻、抗冲击性能等。

材料复试报告中各项试验指标应齐全并符合检验标准的规定，必须先试验后使用，复试批量能代表实际工程用量，有见证取样证明。

3. 施工试验记录及检测报告

（1）原材料试验报告

原材料是构成工程实体的重要部分，是决定工程实体质量的重要环节，并且种类多，质量控制的程序、标准要求高。

关于原材料试验报告的相关内容详见 1.2.2 中施工物资资料，这里不再赘述。

（2）土工试验报告

根据《建筑地基基础施工质量验收标准》GB 50202 的相关条文规定：对回填土方还应检查回填土料、含水率、分层厚度、压实度；填方工程的施工参数如每层填筑厚度、压实遍数及压实系数对重要工程均应做现场试验后确定，或者设计单位提供（表 1-42）。

土工试验报告主要包括回填土试验报告、土工击实试验报告以及地基承载力检测报告。

1）回填土试验报告

填方工程包括大型土方、室内填方及柱基、基坑、基槽和管沟的回填土等。填方工程应按设计要求和施工规范规定，对土壤分层取样试验，提供分层取点平面示意图、编号及试验报告单。试验记录编号应与平面图对应。

2）土工击实试验报告

大型土方、室内填方及柱基、基坑、基槽和管沟的回填土，应按设计要求和施工规范规定，在施工前对填料做击实试验，测定土的最大干密度和最优含水率，从而确定填土施工干密度控制值。土工击实试验由具有相应资质的试验室出具土工击实试验报告。

土工击实试验报告以及地基承载力检测报告由具有相应资质的试验（检测）单位作出（表 1-43）。

（3）支护工程施工试验记录

支护工程的锚杆、土钉应按规定进行抗拔力试验，并具有抗拔力试验报告。

（4）桩基工程施工试验记录

地基应按设计要求进行承载力检验，有承载力检验报告；桩基应按设计要求和相关规范、标准规定进行承载力和桩体质量检测，由具有相应资质等级的检测单位出具检测报告。

（5）砂浆配合比通知单、砂浆抗压强度试验报告

有关砂浆配合比、砂浆抗压强度试验报告的具体规定，要符合《砌体结构工程施工质量验收规范》GB 50203、《砌筑砂浆配合比设计规程》JGJ/T 98、《建筑砂浆基本性能试验方法标准》JGJ/T 70 等相关规范要求。

回填土试验报告

表 1-42

委托编号：2020-027

试验编号：2020060

工程名称及部位						××学生公寓					
委托单位	××建设公司				试验委托人		×××				
要求压实系数（λ_c）：	0.95				回填土种类		2：8灰土				
控制干密度	1.60g/cm³				试验日期		2020 年 7 月 10 日				
	1 点	2 点	3 点	4 点	5 点						
	实测干密度（g/cm³）										
	实测压实系数										
1	1.61	1.60	1.64	1.63	1.61						
2	1.62	1.61	1.62	1.62	1.63						
3	1.60	1.60	1.63	1.61	1.62						
4	1.58	1.60	1.61	1.62	1.60						
5	1.60	1.62	1.62	1.63	1.60						
6	1.63	1.63	1.64	1.65	1.65						
7	1.62	1.61	1.63	1.66	1.64						
8	1.64	1.63	1.65	1.67	1.64						
9	1.63	1.65	1.66	1.65	1.67						
10	1.63	1.64	1.62	1.63	1.62						
11	1.61	1.62	1.62	1.62	1.60						
12	1.61	1.63	1.64	1.63	1.62						
13	1.62	1.64	1.65	1.64	1.63						
14	1.60	1.62	1.66	1.65	1.62						
15	1.60	1.63	1.64	1.64	1.61						
16	1.61	1.61	1.62	1.61	1.60						

取样位置草图：（附图）

结论：灰土干密度符合要求

批 准	×××	审 核	×××	证 验	×××
试验单位	×××试验中心		（盖章）		2020 年 7 月 15 日

土工击实试验报告 表 1-43

委托编号：2020-026 试验编号：2020059

工程名称及部位	××学生公寓	试编号样	1号
委托单位	×××建设有限公司	试验委托人	×××
结构类型	框架-剪力墙	填土部位	基坑回填
要求压实系数（λ_c）	0.95	土样种类	2：8灰土
来样日期	2020年7月10日	试验日期	2020年7月15日
试验结果	最优含水率（w_{CP}）＝16.3％ 最大干密度（ρd_{max}）＝1.68g/cm³ 控制指标（控制干密度） 最大干密度×要求压实系数＝1.60g/cm³		
结论：依据国标 GB/T 50123 最优含水率为 16.3％，最大干密度为 1.68g/cm³			
批准	×××	审核	×××	试验	×××
试验单位	××工程质量检测有限公司		（盖章）
报告日期	2020年7月20日		

例如，在《砌体结构工程施工质量验收规范》GB 50203 关于砌体子分部验收应提供的文件和记录中明确包括混凝土及砂浆配合比通知单、混凝土及砂浆抗压强度试验报告单。其他规范的相关规定这里不再赘述，这里仅介绍资料的填写与核查，对应知识可参考对应规范。

1）砂浆配合比通知单

凡是要求强度等级的各种砂浆均应出具配合比，并按配合比拌制砂浆，严禁使用经验配合比。配合比采用的原材料必须与施工采用的材料一致。当原材料中的水泥、砂子、外加剂出现较大变更时，如水泥的厂家、等级、砂子粒径变更等，应另行出具配合比。

施工单位要配置出设计要求强度等级的砌筑砂浆，应向具有资质的试验室申请，由试验室签发砂浆配合比通知单。施工单位采用经试验室确定的重量配合比，施工中严格按此配合比计量施工。

1.11 砂浆配合比通知单

对"砂浆配合比通知单"以下内容应进行核查：

① 委托单位及工程名称：要写具体，名称应与合同工程名称一致。

② 施工部位：应填写具体（如层数、轴号等）。

③ 砂浆种类：应填写清楚（水泥砂浆、混合砂浆）。

④ 强度等级：按设计要求填写。

⑤ 所有原材料：据实填写，应复试合格后再做试配。注意填好试验编号。

⑥ 配合比通知单应字迹清楚，无涂改，签字齐全。

⑦ 试验内容齐全，配合比签字签章齐全，配合比按种类、强度等级、报告日期依次排序归档。

砂浆配合比设计报告中的砂浆种类、强度等级及其日期应与施工图纸、砂浆抗压强度检验报告及其施工记录中相关内容一致。

2）砂浆抗压强度试验报告

砂浆抗压强度试验由施工单位委托有资质的试验室进行，并填写砂浆试块强度试验报告单，加盖试验室印章。用于强度评定的砂浆试块，应以标准养护龄期28d的试块试压结果为准。对砂浆进行强度评定时，按单位工程同品种、同强度等级砂浆作为同一验收批，留置试块应不少于3组，承重结构的砌筑砂浆试块应按规定实行见证取样和送检，砂浆试块的强度评定应遵循下列原则：同一检验批砂浆试块抗压强度平均值大于等于立方体抗压设计强度；同一检验批砂浆试块抗压强度的最小值大于等于立方体抗压设计强度的0.75倍。

砂浆试块试验报告单上半部分项目应由施工单位试验人员填写。其中：工程名称及施工部位要详细具体，配合比要依据配合比通知单填写，包括：水泥品种、强度等级；砂产地、细度模数，掺合料及外加剂要具实填写，并应与原材料试验单、配合比通知单相吻合。

核查砂浆抗压强度试验报告汇总表要点：

① 砂浆试件的抗压强度值应达到规范的要求。

② 试验报告各项内容填写标准、结论明确且不得随意涂改，签名、盖章齐全。

③ 试验报告中工程名称及施工部位均填写齐全。

1.12 砂浆强度汇总表

④ 砂浆试件的强度等级、成型日期与施工图纸、砂浆配合比和施工记录中的相关内容相符。

⑤ 作为强度评定的试块，必须是龄期为28d标养试块；砂浆试件抗压强度检验报告应以28d抗压强度为准。

1.13 砂浆试块试验报告

⑥ 按照设计施工图要求，检查砂浆配合比及试块强度报告中砂浆的品种、强度等级、试块制作日期、实际龄期、养护方法、组数、试块强度是否符合设计要求及施工规范规定。

⑦ 水泥品种、强度等级、厂家、试验编号应与原材复试报告和配合比通知单及试块试验报告单中相应项目相吻合。

（6）混凝土配合比通知单、混凝土抗压强度试验报告

1）混凝土配合比通知单

根据《混凝土结构工程施工质量验收规范》GB 50204规定，配制混凝土时，应根据混凝土强度等级、耐久性和工作性等要求进行配合比设计。此配合比由试验室计算试配确定，施工单位进行配合比申请，由试验室签发混凝土配合比通知单（表1-44）。施工单位严格按试验室确定的重量配合比计量施工。

工程施工用混凝土不论工程量大小，强度等级高低，施工前均应进行试配，并按配合比通知单拌制混凝土，严禁使用经验配合比，也不得采用体积比。

配合比采用的原材料必须与施工采用的材料一致。当原材料中的水泥、粗细骨料、外加剂出现较大变更时，如：水泥的生产厂家、等级变更、砂粒径变更等，应另行出具配合比。

混凝土配合比通知单　　　　　　　　　　　　　　　　表 1-44

委托编号：××××　　　　　　　　　　　　　　　　　　　　　　　　　试验编号：××××

工程名称	×× 学生公寓		
委托单位	×××建设有限公司	试验委托人	×××
使用部位	基础	要求坍落度（mm）	50～70
混凝土种类	普通	设计等级	C25
水泥品种	P·S32.5　　厂家	×××　　试验编号	×××
砂规格	×区中砂	试验编号	×××
石子规格	20～40mm碎石	试验编号	×××
外加剂种类及掺量		试验编号	
报告日期	2020年8月30日		

配合比

材料名称	水泥	砂子	石子	水	外加剂	掺合料
用量（kg/m³）	270	1450				
质量配合比	1.00	5.37				
搅拌方法	机械搅拌	捣固方法	机械振捣	养护条件		标准养护
砂率	33.0%	水灰比	0.49	实测坍落度（mm）		65
依据标准	JGJ 52，JGJ/T 53，JGJ 55，GB/T 50080，GB/T 50081，GB 50204					
批准	×××	审核	×××	试验		×××
试验单位	××工程质量检测有限公司　　　　　（盖章）　　2020年8月30日					

2) 混凝土抗压强度试验报告

为了检验混凝土的强度是否达到设计要求,在施工现场混凝土的浇筑地点应随机取样制作试块。试块分成三种:第一种是标养试块,用于混凝土强度评定和质量控制;第二种是结构实体用同条件养护试块,用于检查工程实体质量;第三种是拆模用同条件试块,用于控制拆模时间,不进行强度评定,也不作为档案资料入档。

作为强度评定的试块,在标准条件下养护 28d 后交试验室进行抗压强度试验,由试验室提供混凝土抗压强度试验报告(表 1-45,表 1-46)。

作为检查工程实体质量的结构实体用同条件养护试块,其所对应的结构构件或结构部位,应由监理(建设)、施工单位等各方共同选定。同条件养护试块拆模后,应放置在靠近相应结构构件或结构部位的适当位置,并应采取相同的养护方法。当试块达到等效养护龄期时,交试验室进行抗压强度试验,提供混凝土抗压强度试验报告。

作为控制拆模时间的拆模用同条件试块,其拆模时所需混凝土强度应符合《混凝土结构工程施工质量验收规范》GB 50204 规定。

混凝土的强度评定应符合《混凝土强度检验评定标准》GB/T 50107 及《混凝土结构工程施工质量验收规范》GB 50204 的规定。由施工单位填写混凝土试块强度统计、评定记录。

① 混凝土抗压强度试验报告填写要点

混凝土试件的抗压强度值应达到《混凝土强度检验评定标准》GB/T 50107 的要求。

试验报告各项内容应填写准确、结论明确、不得随意涂改,签名、盖章齐全。

混凝土试块试验报告汇总表 表 1-45

序号	代表部位	留置组数	设计强度等级	试块成型日期	龄期(d)	试块强度代表值(MPa)	备注
1	十层①~③	1	C25	×××	28	30.5	标养
2	十层③~⑤	1	C25	×××	28	29.6	标养
3	十层⑤~⑧	1	C25	×××	28	31.5	标养
4							

××建设市政工程检测中心有限公司
混凝土立方体抗压强度检测报告

表 1-46

委托单位：××××学院
工程名称：××学生公寓
见证单位：××建设咨询有限公司

检测类别：见证委托
送样人：×××
见证人：×××

取样单编号：012116913
报告单编号：20201916913
委托日期：2020 年 9 月 11 日

样品编号	设计等级	工程结构部位	制作日期	检测日期	龄期 (d)	试件尺寸 (mm)	重量配合比	坍落度 (mm)	水泥品种及强度等级	石子规格 (mm)	砂粗细程度	养护条件	破坏荷载 (kN)	抗压强度 (MPa)	换算系数	该组试件抗压强度代表值 (MPa)	达到设计强度 (%)
012116913-1	C30	35号土层梁板	2020年8月14日	2020年9月11日	28	150×150×150	(水泥：水：砂：石)=1：0.55：2.22：3.62	30～50	上峰普通42.5	5～31.5	中	标准养护	717	31.9	1.00	32.0	106.7
													756	33.6			
													683	30.4			

检测依据	GB/T 50081《混凝土物理力学性能试验方法标准》
检测设备	YAW-2000型微机控制电液伺服压力试验机
备注	
检测说明	1. 检测环境：温度：33℃，湿度：66% 2. 样品状态：检测前样品状态正常

声明
1. 本检测结果仅对所检样品有效。
2. 报告无检测、审核、批准人员签字无效；涂改无效。
3. 报告及复印件未加盖"检验检测专用章"无效。
4. 对检测报告若有异议应及时向本中心提出

审核：×××
检测：×××
联系电话：×××-××××××××
报告日期：2020 年 9 月 11 日

检测单位：（盖章）
检测单位地址：××市××大道××号

审核：×××
邮编：××××××

检验报告中工程名称及部位均应填写齐全。

混凝土试件的强度等级、成型日期及强度值应与施工图纸、混凝土配合比设计报告和通知单、厂家提供的混凝土试件抗压强度检验报告、混凝土抗渗等级检验报告及施工记录中的相关内容相符。

标准养护混凝土试件抗压强度检验报告应以28d抗压强度为准，同条件混凝土试件养护及特种混凝土应按有关规定进行评定。

当混凝土试件出现超龄及超强时，应委托有资质的单位对该部位进行现场检测，并有现场检测记录。

预应力筋张拉时，结构混凝土强度应符合设计要求；当设计无具体要求时，不应低于设计强度标准的75%。

② 混凝土抗压强度检验报告核查要点

按照设计施工图要求，核查混凝土配合比及试块强度报告单中混凝土强度等级、试压龄期、养护方法、试块的留置部位及组数、试块抗压强度是否符合设计要求及有关规范、标准的规定。

核查混凝土试块试验报告单中的水泥是否和水泥出厂合格证或水泥试验报告单中的水泥品种、强度等级、厂牌相一致。

当混凝土验收批抗压强度不合格时，是否及时进行鉴定，并采用相应的技术措施和处理办法，处理记录是否齐全。

核验每张混凝土试块试验报告单中的试验子目是否齐全，试验编号是否填写，计算是否正确，检验结果是否正确。

（7）混凝土抗渗性能试验报告

防水混凝土和有特殊要求的混凝土，应有配合比申请、配合比通知单、抗渗试验报告和其他专项试验报告。防水混凝土要进行稠度、强度和抗渗性能三项试验。稠度和强度同普通混凝土。防水混凝土的抗渗性能，应以标准条件下养护的防水混凝土抗渗试块的试验结果评定，由试验室提供抗渗性能试验报告。

对于防水混凝土，应按设计要求提供混凝土抗渗试验配合比和试验报告，报告内容应包括：委托单位、工程名称、施工部位、水泥品种、配合比、添加剂、养护方法、龄期、抗渗等级、试验日期、起止时间、延续时间、试件抗渗能力、试验结论等。

抗渗混凝土所用的原材料质量、配合比、试块留置、试块制作、养护及抗渗检验均须符合设计要求及有关技术标准的规定。

抗渗混凝土强度等级按《混凝土结构工程施工质量验收规范》GB 50204和《混凝土强度检验评定标准》GB/T 50107进行验收。抗渗性能应符合《地下防水工程质量验收规范》GB 50208。

抗渗混凝土试块用料与设计不符的，即便强度等级达到设计要求仍按不符合要求处理。

资料要求：

① 有抗渗设计要求的混凝土，应该核查混凝土抗渗试验报告单中的部位、组数、抗渗等级是否符合要求，是否有缺漏部位或组数不全以及抗渗等级达不到设计要求等。如果有不符合要

求的应及时与设计单位联系处理。

② 按抗渗混凝土的品种、强度等级、抗渗等级、报告日期进行汇总，填写试验报告汇总表。

（8）钢材连接试验报告

工程中凡有焊接要求的部位，必须做焊接试验，钢筋焊接接头或焊接制品应进行现场取样复试。试验项目：钢筋电阻点焊必试试验项目有抗拉强度、抗剪强度及弯曲试验；钢筋闪光对焊接头、气压焊接头必试试验项目有抗拉强度、弯曲试验；钢筋电弧焊接头、钢筋电渣压力焊接头、预埋件钢筋 T 形接头必试试验项目有抗拉强度试验。

1）核查每份检验单中试验项目是否齐全，每组试件取样数量是否足够，试验日期、代表批量与合格证是否相符，试验结果及结论是否完整正确，有无见证取样证明。

2）核查钢筋焊接是否按规范规定逐批抽样试验，批量的总和是否和需用量基本一致。

3）采用电弧焊和埋弧焊、电渣压力焊的受力钢材，应分别核查焊条和焊剂出厂合格证是否符合要求。

4）主要受力构件的焊接检验报告，当出现下列情况之一者，本项目应核定为不符合要求：

① 主要受力钢材焊接机械性能检验报告中，缺少主要试验项目，如钢筋搭接焊无冷弯试验，或任一指标不符合检验标准，且无鉴定处理和去向说明。

② 焊接检验单的批量明显少于需用量或检验项目明显不齐全。

③ 重要受力构件电弧焊采用的焊条无合格证，或焊条的性能不符合设计要求和有关标准的规定。

④ 焊接试验报告中无见证取样证明。

采用机械连接接头形式施工时，技术提供单位应提交由具有相应资质等级的检测机构出具的检验报告。施工时必须进行现场取样，对抗拉强度进行试验。

（9）预应力工程施工试验记录

1）预应力锚夹具

预应力筋所用锚具、夹具和连接器的性能应符合《预应力筋用锚具、夹具和连接器》GB/T 14370 的规定，检查产品合格证和出厂检验报告，对锚具的硬度及锚固能力进行进场复验检验，当工程中锚具用量较少时，如供货方能提供有效的试验报告，可不做静载锚固性能试验。

2）预应力钢筋（含端杆螺丝）及预应力钢丝镦头

预应力钢筋的施工试验主要包括：钢筋的冷拉试验；钢筋的焊接试验；预应力钢丝镦头强度检验。

（10）建筑装饰装修工程施工试验记录

1）饰面砖

外墙饰面砖粘贴前和施工过程中，应在相同基层上做样板件，并对样板件的饰面砖粘贴强度进行检验，有饰面砖粘贴强度试验报告，检验方法和结果应符合相关标准规定。

2）幕墙工程施工试验记录

幕墙工程所用双组分硅酮结构胶应有混匀性及拉断试验报告；后置埋件有现场拉拔试验报

告。试验报告由具备相应资质等级的检测单位出具。

（11）钢结构工程施工试验记录

根据《钢结构工程施工质量验收标准》GB 50205 相关规定：高强度螺栓连接应有摩擦面抗滑移系数检验报告及复试报告，并实行见证取样和送检。

施工中首次使用的钢材、焊接材料、焊接方法、焊后热处理等应进行焊接工艺评定，并有焊接工艺评定报告。

设计要求的一、二级焊缝应做缺陷检验，由有相应资质的检测单位出具超声波、射线探伤检验报告或磁粉探伤报告。

建筑安全等级为一级、跨度 40m 及以上的公共建筑钢网架结构，且设计有要求的，应对其焊接球、螺栓球节点进行节点承载力试验，并实行见证取样和送检。

钢结构工程所使用的防腐、防火涂料应做涂层厚度检测，其中防火涂层应由相应资质的检测单位出具检测报告。

（12）木结构工程施工试验记录

胶合木工程的层板胶缝应有脱胶试验报告、胶缝抗剪试验报告和层板接长弯曲强度试验报告；轻型木结构工程的木基结构板材应有力学性能试验报告；木构件防护剂的保持量和透入度应有试验报告。

（13）结构实体检测报告

根据《混凝土结构施工质量验收规范》GB 50204 中关于混凝土结构子分部工程验收的规定：

对涉及混凝土结构安全的重要部位应进行结构实体检验。结构实体检验应由监理工程师组织并见证，承担结构实体检验的实验室应具有相应的资质。

根据国家标准《建筑工程施工质量验收统一标准》GB 50300 的规定，在混凝土结构子分部工程验收前应进行结构实体检验。结构实体检验的范围仅限于涉及安全的柱、墙、梁等结构构件的重要部位。结构实体检验采用由各方参与的见证抽样形式，以保证检验结果的公正性。对结构实体进行检验，并不是在子分部工程验收前的重新检验，而是在相应分项工程验收合格、过程控制使质量得到保证的基础上，对重要项目进行的验证性检查。其目的是为了加强混凝土结构的施工质量验收，真实地反映混凝土强度及受力钢筋位置等质量指标，确保结构安全。

结构实体检验的内容应包括混凝土强度、钢筋保护层厚度、结构位置与尺寸偏差以及工程合同约定的项目；必要时可检验其他项目。

考虑到目前的检测手段，并为了控制检验工作量，结构实体检验主要对混凝土强度、重要结构构件的钢筋保护层厚度、结构位置与尺寸偏差三个项目进行。当工程合同有约定时，可根据合同确定其他检验项目和相应的检验方法、检验数量、合格条件，但其要求不得低于本规范的规定。当有专门要求时，也可以进行其他项目的检验，但应由合同作出相应的规定。

混凝土强度、钢筋保护层厚度应由具有相应资质的检测机构完成，并出具检测报告。结构位置与尺寸偏差可由专业检测机构完成，也可由监理单位组织施工单位完成，并做好相关记录。

施工资料整理

工程资料是建设施工中的一项重要组成部分，是反映建筑工程建设情况、实体质量和评定建筑安装工程等级的重要依据，也是工程建设及竣工验收的必备条件。所以，在工程项目的施工过程中，必须做到有完善的质量记录，并进行分门别类、列目，以便施工过程中需要时方便检索、查阅、使用及后期竣工归档。

1.3.1 任务描述

在施工过程中，施工单位为方便保管、存放和查找使用形成的工程资料，在施工期间根据施工过程资料形成的次序和内容特征对工程资料进行分类整理保存，通常分为："施工管理资料""施工技术资料""进度造价资料""施工物资资料""施工记录""施工试验记录及检测报告""施工质量验收记录""竣工验收资料"八大类。

施工资料组卷应遵循自然形成规律，保持卷内文件、资料内在联系。施工资料可根据数量多少组成一卷或多卷，详见二维码1.14，其封面如图1-4所示。

1.14 施 工
资料组卷

```
工 程 档 案
（封　面）

工程名称：_____
档案名称：_____
建设单位：_____
监理单位：_____
设计单位：_____
施工单位：_____



建设时间      自      年      月      日
             至      年      月      日


本工程共      卷，本卷为第      册，本卷共      张


保管期限_____密级
```

图1-4　案卷封面

1.3.2 基础知识

（1）施工资料应与建筑工程建设过程同步形成，并应真实反映建筑工程的建设情况和实体质量。施工资料的形成应符合下列规定：

1）资料形成单位应对资料内容的真实性、完整性、有效性负责；由多方形成的资料，应各负其责；

2）资料的填写、编制、审核、审批、签认应及时进行，其内容立符合相关规定；

3）资料不得随意修改，当需修改时，应实行划改，并由划改人签署；

4）资料的文字、图表、印章应清晰。

（2）资料应为原件，当为复印件时，提供单位应在复印件上加盖单位印章，并应有经办人签字及日期。提供单位应对资料的真实性负责。

（3）资料应内容完整、结论明确、签认手续齐全。

施工资料管理训练

步骤 1 编制施工资料清单

认真研读指导老师指定的模拟工程（如××学生公寓）施工图纸，结合建筑施工技术、建筑施工组织等课程所学的内容，选定适当的施工方法和组织方式，编制建设工程各阶段工作项的时间计划，结合训练导航中介绍的工作项和对应的施工资料，在表 1-47 施工资料清单的空格中补齐工作项及对应的工程资料内容。如，××学生公寓 2019 年 4 月 15 日开始项目的可行性研究，2020 年 12 月竣工验收。在此期间所进行的工程建设活动（工作项）及对应产生的工程资料部分已填入表 1-47 中，其余未填入的需由学生在老师的指导下补充完成。

施工资料清单 表 1-47

序号	阶段	工作项	时间	资料名称（照片）
1	工程准备阶段	可行性研究	2019 年 4 月 15 日—2019 年 6 月 30 日	可行性研究报告及审批意见
2	工程准备阶段	设计招标、初步设计	2019 年 4 月 10 日—2019 年 8 月 30 日	设计合同、初步设计方案及批复
3	工程准备阶段	规划手续办理	2019 年 9 月 1 日—2019 年 10 月 1 日	规划许可证及附图
4	工程准备阶段	施工图设计和审查	2019 年 9 月 1 日—2019 年 11 月 15 日	施工图设计文件审查合格书及审查报告
	……	……	……	……
	开工准备	项目策划	2020 年 2 月 9 日—2020 年 3 月 9 日	施工组织设计
	……	……	……	……
	基础工程阶段	建筑定位放线	2020 年 3 月 10 日—2020 年 6 月 10 日	建筑定位放线记录
	……	……	……	……
	主体工程阶段	楼层轴线、标高引测	2020 年 6 月 11 日—2020 年 7 月 30 日	测量放线记录、技术复核
	……	……	……	……
	屋面工程阶段	屋面找坡	2020 年 8 月 15 日—2020 年 10 月 15 日	屋面找坡检验批施工质量验收记录、隐蔽验收

续表

序号	阶段	工作项	时间	资料名称（照片）
	……	……	……	……
	装饰和节能工程阶段	内墙抹灰	2020 年 8 月 15 日—2020 年 10 月 15 日	一般抹灰检验批质量验收记录
	……	……	……	……
	竣工验收阶段	竣工图绘制	2020 年 11 月 15 日—2020 年 12 月 15 日	土建工程竣工图……
	……	……	……	……

步骤 2　收集施工资料

根据编制好的施工资料清单，在本教材中提供的样表和电子资料（或其他参考资料）中，通过鉴别、选择，收集所需要的正确资料（如在表 1-48 和表 1-49 中对应位置插入收集来的资料照片）。完成上述工作后，要检查遗漏，核对资料的时间与施工资料清单中的时间是否一致，反映的工作项的逻辑顺序关系是否正确。具体操作可以参照前期准备阶段资料和施工阶段工程基本概况资料收集的做法。施工资料参考样式请扫施工资料收集电子资源二维码。

（1）前期准备阶段资料收集

表 1-48 中已将前期准备阶段的可行性研究、设计招标和初步设计、规划手续办理等工作项和工作时间、对应的资料名称及照片等分别填入，其他工作项和资料的填写由学生在指导老师的帮助下完成。

（2）施工阶段工程基本概况资料收集

表 1-49 为施工阶段工程基本概况资料收集中的钢筋原材料质量证明资料收集，表中内容和资料为本教材单元 1.2 中的表 1-30 和表 1-31。其他资料的收集可以参照表 1-49 进行。

前期准备阶段资料　　　　　　　　　　　　　　　　　　表 1-48

序号	阶段	工作项	时间	资料名称	资料名称（照片）
1	工程准备阶段	可行性研究	2019 年 4 月 15 日—2019 年 6 月 30 日	可行性研究报告及审批意见	×× 市发展和改革委员会文件 ×× 工程项目建议书和可行性研究报告的批复

续表

序号	阶段	工作项	时间	资料名称	资料名称（照片）
2	工程准备阶段	设计招标和初步设计	2019 年 4 月 10 日—2019 年 8 月 30 日	设计合同、初步设计方案及批复	
3	工程准备阶段	规划手续办理	2019 年 9 月 1 日—2019 年 10 月 1 日	规划许可证及附图	
4	工程准备阶段	施工图设计和审查	2019 年 9 月 1 日—2019 年 11 月 15 日	施工图设计文件审查合格书及审查报告	
	……	……	……	……	……

表 1-49

钢筋原材料质量证明资料

序号	材料名称	材料规格	质量证明文件编号	生产厂家	进场数量	进场日期	试验报告编号	试验结果	使用部位	资料照片
1	钢筋（参见教材项目 1 表 1-33、表 1-34）	Φ14	202002102	××特钢有限公司	1.96t	2020 年 11 月 13 日	NO××××××	符合	桩基	

步骤 3   编制施工资料

　　根据编制好的施工资料清单，按照施工资料编写方法和要求，结合指定工程（如××学生公寓）的工程情况，完成地基基础、主体结构、建筑装饰装修、建筑屋面、建筑节能等阶段或分部的检验批质量验收记录、隐蔽工程验收记录、分部分项工程质量验收记录、技术复核、施工组织设计等资料的编制（需编制的资料格式和表格请扫施工资料编写电子资源二维码）。编写完成的资料依次填入施工资料清单中。

步骤 4   整理施工资料

　　根据施工资料整理的分类要求（单元 1.3 施工资料整理，或《建筑工程资料管理规程》），将收集、编制好的资料进行分类和组卷，分类、组卷方法应有利于施工过程中资料的管理。按图 1-5 和图 1-6、表 1-50 格式，制作案卷封面、脊背、资料目录，最后进行整理、组卷、装盒保存。

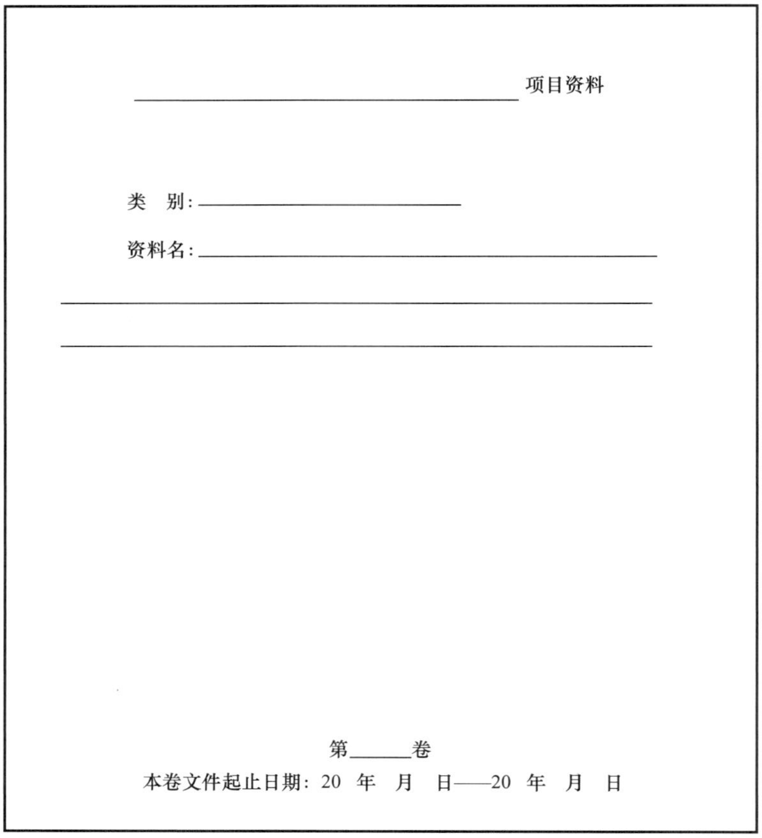

图 1-5　案卷封面

图 1-6　案卷脊背

资 料 目 录　　　　　　　　　　　表 1-50

编号：

工程名称			类　别		
序号	资料名称		时　间	经办人员	确认意见
备注：					
填表人			填表日期		年　月　日

. 附

1. 施工资料收集训练电子资源（二维码）清单

1.15　工程定位测量记录　　1.16　工程定位测量　　1.17　沉降观测记录　　1.18　沉降观测
　　　　　　　　　　　　　　　　　放线技术复核记录　　　　　　　　　　　　　　　　　示意图

1.19 地基验槽记录

1.20 桩基低应变检测报告

1.21 桩抗压静载试验报告

1.22 桩位偏差验收记录

1.23 桩抗拔静载试验报告

1.24 钢筋原材料性能检测报告

1.25 钢筋质量证明书

1.26 电弧焊接头检测报告

1.27 电渣压力焊接头检测报告

1.28 机械连接接头检测报告

1.29 钢筋套筒合格证

1.30 钢筋保护层厚度检测报告

1.31 焊剂合格证

1.32 焊剂质量证明书

1.33 回弹法混凝土强度检测报告

1.34 混凝土抗渗检测报告

1.35 混凝土抗压强度检测报告

1.36 钻芯法混凝土强度检测报告

1.37 混凝土试件力学检测报告

1.38 结构实体构件尺寸检测报告

1.39 挤塑聚苯乙烯保温板合格证

1.40 防水卷材合格证

1.41 防水卷材性能检测报告

1.42 防水涂料产品合格证

1.43　抗裂砂浆合格证　　　1.44　抗裂砂浆检测报告

1.45　混凝土结构后锚
固拉拔检测报告

1.46　不锈钢栏杆
型材质量保证书

1.47　门窗保温性
能检测报告

1.48　铝合金门窗
型材合格证

1.49　门窗物理性
能检测报告

1.50　耐碱玻纤网
格布合格证

1.51　耐碱玻纤网
格布检测报告

1.52　内墙耐水腻
子粉合格证

1.53　玻化砖检验报告

1.54　铝扣板合格证

1.55　砂浆出厂检验报告

1.56　烧结多孔砖检测报告

1.57　烧结页岩多孔砖
强度检测报告

1.58　烧结页岩多孔砖合格证

1.59　水泥质量检测报告

1.60　水泥性能检测报告

1.61　碎石性能检测报告

1.62　混凝土出厂质量证明书

1.63　外墙腻子粉合格证

1.64　真石漆涂料合格证

1.65　无机保温砂浆合格证

1.66　无机保温砂
浆检测报告

1.67 加气混凝土砌块合格证

 1.68 加气混凝土砌块检测报告

 1.69 玻璃合格证

 1.70 中空玻璃检测报告

2. 施工资料编写训练电子资源（二维码）清单

 1.71 施工现场质量管理检查记录

 1.72 定位测量放线技术复核

 1.73 施工进度计划

 1.74 施工组织设计

 1.75 钢筋隐蔽工程验收记录

 1.76 钢筋安装检验批验收记录

 1.77 钢筋加工检验批验收记录

 1.78 钢筋连接检验批验收记录

 1.79 钢筋原材料检验批验收记录

 1.80 混凝土原材料检验批验收记录

 1.81 混凝土配合比检验批验收记录

 1.82 混凝土施工检验批验收记录

 1.83 模板安装检验批验收记录

 1.84 模板拆除检验批验收记录

 1.85 现浇结构外观尺寸检验批验收记录

 1.86 土方开挖检验批验收记录

 1.87 土方回填检验批验收记录

 1.88 水泥砂浆防水层检验批验收记录

 1.89 填充墙砌体检验批验收记录

 1.90 找平层检验批验收记录

1.91　砖面层检验
批验收记录

1.92　一般抹灰检
验批验收记录

1.93　装饰抹灰检
验批验收记录

1.94　铝合金门窗安装
检验批验收记录

1.95　木门窗制作
检验批验收记录

1.96　木门窗安装
检验批验收记录

1.97　门窗玻璃安装
检验批验收记录

1.98　吊顶检验批
验收记录

1.99　内墙饰面砖粘贴
检验批验收记录

1.100　涂料涂饰
检验批验收记录

1.101　护栏和扶手制作
安装检验批验收记录

1.102　门窗套制作与
安装检验批验收记录

1.103　找坡层检验
批验收记录

1.104　保温层
检验批验收记录

1.105　卷材防水层
检验批验收记录

1.106　变形缝
检验批验收记录

1.107　女儿墙和山墙
检验批验收记录

1.108　伸出屋面管道
检验批验收记录

1.109　水落口
检验批验收记录

1.110　屋面出入口
检验批验收记录

1.111　檐沟和天沟
检验批验收记录

1.112　墙体节能
检验批验收记录

1.113　屋面节能
检验批验收记录

1.114　现场验收
检查原始记录

1.115 分项工程质量
验收记录

1.116 分部工程质量
验收记录

1.117 子分部工程
质量验收记录

1.118 单位工程质量
竣工验收记录

1.119 单位工程质量控制
资料核查记录

1.120 单位工程安全
和功能检验资料

1.121 单位工程观感
质量检查记录

3. 施工资料整理训练电子资源（二维码）清单

1.122 案卷封面

1.123 案卷脊背

1.124 资料目录

项目小结

本项目主要是针对施工阶段资料的管理进行介绍和训练，其中包括施工资料的收集和登记，施工管理资料、施工技术资料、进度造价资料、施工记录的填写和编制以及施工资料的分类、整理。

通过学习收集钢材、水泥等质量证明资料、复验报告和混凝土、砂浆试块检测报告；鉴别有效性；分析试验、检测方法和依据，会鉴别有效的质量证明资料。学习填写施工记录文件、安全功能检验资料、验收资料等，对相应文件的填写要点、表达方式、支撑材料等进行分析，能正确选用对应表式，学会正确完成相关资料表式的记录和编写。本单元还将训练根据施工过程资料形成的次序和内容特征，能适时收集对应的资料，并将其分类保存。

思考与拓展题

1. 收集的施工资料是怎样划分的？为什么？
2. 验收标准中对施工质量支撑材料的要求。
3. 核对根据教材描述的工序而列出的应收集的对应资料名称。
4. 填写的施工资料是怎样分类的？为什么？
5. 学习建筑工程质量验收规范，并找出各类施工质量验收表格。

XIANGMU
项目 2

监理资料管理

知识目标：

1. 了解填写、编制资料的目的；熟悉填写、编制资料的内容；掌握填写、编制资料的格式和编审要求。

2. 了解收集资料的目的和内容；熟悉收集的资料的格式；掌握资料登记的要求。

3. 了解监理资料分类的依据和目的；熟悉整理要求；掌握资料整理存放的方式。

能力目标：

1. 能结合工程概况和样表资料完成监理资料的编制，能完成监理资料的填写。

2. 会收集并登记相关资料；能作初步的核对检查。

3. 会分类、编号、整理施工过程监理资料；能检查、核对监理资料。

学习重点、难点与关键点：

1. 重点是学习监理资料的形成、分类及整理。

2. 难点是能够正确判断已形成资料的真实、完整、有效性。

3. 关键点是能够根据工程进展情况及时并完整地形成监理管理资料，如监理通知、工作联系单、监理月报、工程质量评估报告等。

单元 *2.1*

监理资料的填写、编制

填写、编制的项目监理资料主要包括监理管理类，部分质量、造价、进度控制类及安全监管类，具体内容包括监理规划、监理细则、监理月报、会议纪要、监理日志、监理工作总结、评估报告、见证记录、总监理工程师任命书、工程开工令、监理通知单、监理报告、工程暂停令、旁站记录、工程复工令和工程款支付证书等。

2.1.1 任务描述

（1）监理规划：按照规范和格式要求，结合工程实际编制监理规划，在实施监理过程中，根据实际情况作调整。

（2）监理细则：按照规范和格式要求，结合工程实际编制具有针对性、可操作的监理细则，并在实施监理过程中，根据实际情况进行补充、修改。

（3）施工组织设计/（专项）施工方案报审表：按规范要求对施工单位上报的施工组织设计进行审查和审核，同时要求施工单位按审批的施工组织设计或方案组织施工。

（4）施工进度计划报审表：按照合同、招标投标文件等相关文件对施工单位上报的总进度计划、阶段性施工进度计划进行审查和审核，并在施工进度计划报审表中签署意见。

（5）分包单位资格报审表：分包工程开工前，按照规范要求对施工单位报送的分包单位资格报审表进行审核。

（6）施工控制测量成果报验表：按照规范要求检查、复核施工单位报送的施工控制测量成果报验表及保护措施。

（7）总监理工程师任命书：根据合同、招标投标文件等资料，根据相关格式结合监理企业法定代表人、工程总监理工程师及其相关信息，编制总监理工程师任命文件。

（8）工程开工报审表：按照规范要求审核施工单位报送的工程开工报审表及相关资料。

（9）工程开工令：根据施工单位提交的工程开工报审表，结合施工合同约定的开工条件等核查情况，填写工程开工令。

（10）工程暂停令：根据工程存在的质量、安全隐患和总监理工程师要求等，填写工程暂停令。

（11）工程复工报审表：按照规范要求审核施工单位报送的工程复工报审表及相关资料。

（12）工程复工令：根据施工单位报审的工程复工报审表，对质量、安全隐患整改复查情况进行符合性核对，并填写工程复工令。

（13）工程材料、构配件、设备报审表：按照规范要求审查施工单位报送的用于工程的材料、构配件、设备的质量证明文件，并在"工程材料、构配件、设备报审表"中签署意见。

（14）见证员授权书：对负责本工程见证取样并有资证的监理人员的授权。

（15）见证记录：按照见证取样规定，见证施工单位取样全过程，并形成记录。

（16）报审、报验表：按照规范要求，对施工单位报送的隐蔽工程、检验批、分项工程验收，实验室的报审进行审查，并在报审、报验表中签署验收、审查意见。

（17）工程变更单：对施工单位提出的工程变更申请，提出审查意见。

（18）索赔意向通知书：受理索赔单位在合同约定的期限内提交的索赔意向通知书，及时收集、整理有关原始资料，为处理费用索赔提供证据。

（19）费用索赔报审表：与建设、施工单位协商一致后，在施工合同约定的期限内签发费用索赔报审表，并报建设单位。

（20）工程临时/最终延期报审表：发生工程延期时，根据合同、规范等要求审核施工单位报送的工程临时/最终延期报审表，当工期事件为持续性的，应对施工单位提交的阶段性工程临时报审表进行审查，当工期事件结束后，对施工单位提交的工程最终延期报审表进行审核并报建设单位。

（21）工程款支付报审表：按照合同、投标文件等结合现场实际完成情况对施工单位提交的工程量和支付金额进行复核，确定实际完成的工程量，提出到期应付给施工单位的金额，签认后报建设单位。

（22）工程款支付证书：根据建设单位在工程款支付报审表中的审批意见，向施工单位签发工程款支付证书。

（23）监理通知单：对工程实施过程中不符合合同、规范、设计文件等要求的事项，提出改正意见，填写"监理通知单"。

（24）监理通知回复单：按照整改要求，对施工单位报送的监理通知回复单整改情况进行复查，提出复查意见。

（25）工作联系单：项目监理机构在协调工程建设各方的工作关系时，如告知、督促、建议，应采用工作联系单的形式。

（26）监理报告：施工单位对监理单位在施工过程中存在安全隐患签发的监理通知或暂停令拒不整改或不停止施工时，监理单位应以监理报告的形式及时向主管部门报告。

（27）会议纪要：进行会议记录并按照格式要求整理会议纪要。

（28）监理月报：按规范和格式要求，进行收集、取证要求的数据和事实情况，并编制监理月报。

（29）监理日志：完整记录当日施工进展情况、监理情况，包括旁站、巡视、见证取样、平行检验等情况，按照格式要求填写监理日志。

（30）旁站记录：根据工程特点和施工单位报送的施工组织设计，确定旁站的关键部位、关键工序，安排监理人员进行旁站并及时记录旁站情况。

（31）质量事故报告及处理资料：施工单位对监理单位在施工过程中存在质量事故签发的监理通知或暂停令拒不整改或不停止施工时，监理单位应以监理报告的形式及时向主管部门报告。

（32）分部工程报验表：按照规范要求对施工单位报送的分部工程进行验收，并在分部工程报验表中签署验收意见。

（33）单位工程竣工验收报审表：审查施工单位提交的单位工程竣工验收报审表及竣工资料，组织竣工预验收并签署预验收意见。

（34）工程质量评估报告：工程竣工预验收合格后，编写工程质量评估报告，经总监理工程师和监理单位技术负责人审核签字后报建设单位。

（35）监理工作总结：工程竣工后，总监理工程师应就本工程的监理服务质量、监理工作成效做评价和总结。

2.1.2 基础知识

1. 监理规划

监理规划是在项目监理机构详细调查和充分研究建设工程的目标、技术、管理、环境以及工程参建各方等情况后制定的，起到指导项目监理机构全面展开建设工程监理工作作用的文件。监理规划中应有明确、具体、切合工程实际的监理工作内容、程序、方法和措施，并制定完善的监理工作制度。

监理规划可在签订建设工程监理合同及收到工程设计文件后由总监理工程师组织专业监理工程师编制，经总监理工程师签字后由工程监理单位技术负责人审批，并在召开第一次工地会议前报送建设单位。在实施建设工程监理过程中，实际情况或条件发生变化而需要调整监理规划时，应由总监理工程师组织专业监理工程师修改，并应经工程监理单位技术负责人批准后报建设单位。

监理规划包括下列主要内容：

（1）工程概况。

（2）监理工作的范围、内容和目标。

（3）监理工作依据。

（4）监理组织形式、人员配备及进退场计划、监理人员岗位职责。

（5）监理工作制度。

（6）工程质量控制。

（7）工程造价控制。

（8）工程进度控制。

（9）安全生产管理的监理工作。

（10）合同管理与信息管理。

（11）组织协调。

（12）监理设施。

2. 监理实施细则

监理实施细则是指导项目监理机构具体开展专项监理工作的操作性文件，应体现项目监理机构对于建设工程在专业技术、目标控制方面的工作要点、方法和措施，做到详细、具体、明确。其编制依据为监理规划、工程建设标准、工程设计文件、施工组织设计、（专项）施工方案等。

（1）监理实施细则的编制要求

① 监理实施细则应在相应工程施工开始前编制完成。

② 监理实施细则应由专业监理工程师编制，并必须经总监理工程师批准。

③ 在监理工作实施过程中，当监理实施细则根据实际情况进行补充、修改和完善后，仍须经原审批程序总监理工程师批准。

（2）监理实施细则的主要内容

① 专业工程特点。

② 监理工作流程。

③ 监理工作要点。

④ 监理工作方法及措施。

3. 施工组织设计/专项施工方案报审表

施工组织设计/专项施工方案是施工单位根据承接工程特点编制的施工的方法和实施措施，相关文件资料需开工前提请项目监理单位审查（表 2-1）。

施工组织设计/专项施工方案报审表　　　　　　　　　　　　表 2-1

工程名称：××学生公寓　　　　　　　　　　　　　　　　　　　　编号：001

致：××监理有限公司 (项目监理机构) 　　我方已完成工程施工组织设计/（专项）施工方案的编制和审批，请予以审查。 　　附件：☑施工组织设计 　　　　　□专项施工方案 　　　　　□施工方案 　　　　　　　　　　　　　　　　　　施工项目经理部（盖章）××× 　　　　　　　　　　　　　　　　　　项目经理（签字） 　　　　　　　　　　　　　　　　　　2020 年 2 月 10 日
审查意见： 　　同意按此施工组织设计组织施工 　　　　　　　　　　　　　　　　　　专业监理工程师（签字）××× 　　　　　　　　　　　　　　　　　　2020 年 2 月 11 日
审核意见： 　　同意 　　　　　　　　　　　　　　　　　　项目监理机构（盖章） 　　　　　　　　　　　　　　　　　　总监理工程师（签字 加盖执业印章）××× 　　　　　　　　　　　　　　　　　　2020 年 2 月 11 日
审批意见：（仅对超过一定规模的危险性较大的分部分项工程专项施工方案） 　　同意 　　　　　　　　　　　　　　　　　　建设单位（盖章） 　　　　　　　　　　　　　　　　　　建设单位代表（签字）××× 　　　　　　　　　　　　　　　　　　2020 年 2 月 15 日

注：本表一式三份，项目监理单位、建设单位、施工单位各一份。

项目监理机构应审查施工单位报审的施工组织设计，符合要求时，应由总监理工程师签认施工组织设计/专项施工方案报审表后报建设单位。项目监理机构应要求施工单位按已批准的施工组织设计方案进行施工。施工组织设计需要调整时，项目监理机构应按程序重新审查。

（1）施工组织设计审查内容

① 编审程序应符合相关规定。

② 施工进度、施工方案及工程质量保证措施应符合施工合同要求。

③ 资金、劳动力、材料、设备等资源供应计划应满足工程施工需要。

④ 安全技术措施应符合工程建设强制性标准。

⑤ 施工总平面布置应科学合理。

（2）施工方案审查的基本内容

① 编审程序应符合相关规定。

② 工程质量保证措施应符合有关标准。

施工组织设计/专项施工方案的编写内容详见单元 1.1 施工资料填写、编制。

施工组织设计/专项施工方案报审表填写要求：

① 施工单位报审的施工组织设计/专项施工方案，文件内容必须具有全面性、针对性和可操作性。报审表由施工单位加盖公章，项目经理签字。

② 施工组织设计/专项施工方案专业监理工程师先行审查后必须填写审查意见，填写审查日期并签字。

③ 施工组织设计/专项施工方案经总监理工程师审查同意后，加盖项目监理机构章，总监理工程师签字后返回施工单位。

④ 施工组织设计/专项施工方案报审必须在工程项目开工前完成。

⑤ 对"文不对题"或敷衍抄袭提供的施工组织设计/专项施工方案应退回，令其重新编制并报审。

4. 施工进度计划报审表

项目监理机构应审查施工单位报审的施工总进度计划和阶段性施工进度计划，提出审查意见，并应由总监理工程师审核后报建设单位（表 2-2）。

施工进度计划审查应包括下列基本内容：

① 施工进度计划应符合施工合同中工期的约定。

② 施工进度计划中主要工程项目无遗漏，应满足分批投入试运行、分批动用的需要，阶段性施工进度计划应满足总进度控制目标的要求。

③ 施工顺序的安排应符合施工工艺要求。

④ 施工人员、工程材料、施工机械等资源供应计划应满足施工进度计划的需要。

⑤ 施工进度计划应符合建设单位提供的资金、施工图纸、施工场地、物资等施工条件。

施工进度计划的编写内容详见单元 1.1 施工资料填写、编制。

施工进度计划报审表

表 2-2

工程名称：××学生公寓

编号：001

致：××监理有限公司（项目监理机构）

　　根据施工合同约定，我方已完成<u>××学生公寓</u>工程施工进度计划的编制和批准，请予以审查。

　　附件：☑施工总进度计划
　　　　　□阶段性进度计划

施工项目经理部（盖章）
项目经理（签字）　×××
2020 年 2 月 25 日

审查意见：

经核查，该总进度计划符合合同文件及施工组织要求

专业监理工程师（签字）×××
2020 年 2 月 25 日

审核意见：

同意按此进度计划实施

项目监理机构（盖章）
总监理工程师（签字）　×××
2020 年 2 月 26 日

5. 分包单位资格报审表

分包工程开工前，专业监理工程师应审查施工单位报送的分包单位资格报审表和分包单位有关资质资料，符合有关规定后，由总监理工程师予以签认。对分包单位资格应审核以下内容：分包单位的营业执照、企业资质等级证书、安全生产许可证，分包单位的业绩，拟分包工程的内容和范围，专职管理人员和特种作业人员的资格证、上岗证等，见表 2-3。

填写要求：

（1）施工单位报审栏

附件资料应齐全，分包工程应符合建筑法要求，可以将承包工程中的部分工程发包给具有相应资质条件的分包单位，但是，除总承包合同中约定的分包外，必须经建设单位认可。实行施工总承包的，建筑工程主体结构的施工必须由总承包单位自行完成；工程量及工程合同金额按照施工总承包合同相关拟分包工程范围填写。

（2）监理单位审查意见

专业监理工程师对施工单位上报的分包资质材料、业绩等进行审查，符合分包要求的给予审查同意分包意见并由总监理工程师审核确认。

119

分包单位资质报审表

表 2-3

工程名称：××学生公寓 编号：001

致：××监理有限公司（项目监理机构）
　　经考察，我方认为拟选择的××装饰公司（分包单位），具有承担下列工程的施工或安装资质和能力，可以保证本工程按施工合同第20.5条款的约定进行施工或安装。请予以审查。

分包工程名称（部位）	分包工程量	分包工程合同额
外墙粉刷	3500m²	50 万
合计		50 万

附件：1. 分包单位资质材料。
　　　2. 分包单位业绩材料。
　　　3. 分包单位专职管理人员和特种作业人员的资格证书。
　　　4. 施工单位对分包单位的管理制度

施工单位（盖章）
项目经理（签字）×××
2020 年 12 月 3 日

审查意见：
　　根据总包单位提供的分包单位相关资料及总包确认的意见，该分包单位具备承包此分包工程的资格，可以分包。

专业监理工程师（签字）×××
2020 年 12 月 3 日

审核意见：
　　根据相关法定和约定要求和总包单位提供的分包单位相关资料及总包确认的意见，征得业主同意，准予分包。要求总包方切实履行总包义务，分包未履行的责任仍由总包方承担或承担连带责任。

项目监理机构（盖章）
总监理工程师（签字）×××
2020 年 12 月 4 日

（3）本表由施工单位填写加盖公章，项目经理签字，经专业监理工程师初审符合要求后签字，由总监理工程师最终审核加盖项目监理机构章，经总监理工程师签字后作为有效资料。

（4）对分包单位资格的审核应满足实施要点的审查内容要求。

6. 施工控制测量成果报验表

专业监理工程师应检查、复核施工单位报送的施工控制测量成果及保护措施，签署意见。专业监理工程师应对施工单位在施工过程中报送的施工测量放线成果进行查验（表 2-4）。

施工控制测量成果及保护措施的检查、复核，应包括下列内容：

① 施工单位测量人员的资格证书及测量设备检定证书。

② 施工平面控制网、高程控制网和临时水准点的测量成果及控制桩的保护措施。

7. 总监理工程师任命书

总监理工程师负责履行建设工程监理合同、主持项目监理机构工作。工程监理单位在建设工程监理合同签订后，应及时将项目监理机构的组织形式、人员构成及对总监理工程师的任命书面通知建设单位。

2.1　总监理工程师任命书

施工控制测量成果报验表 表 2-4

工程名称：××学生公寓　　　　　　　　　　　　　　　　　　　　编号：001

致：××监理有限公司（项目监理机构） 　我方已完成××学生公寓的施工控制测量，经自检合格，请予以查验。 　附件：1. 施工控制测量依据资料结施图纸02。 　　　　2. 施工控制测量成果表	 施工项目经理部（盖章）项目部 项目技术负责人（签字）××× 2020 年 3 月 1 日
审查意见： 　经复查，符合要求	 ××学生公寓项目监理部 项目监理机构（盖章） 专业监理工程师（签字）××× 2020 年 3 月 1 日

注：本表一式三份，项目监理单位、建设单位、施工单位各一份。

8. 工程开工报审表

开工报审的目的是检查施工单位的开工条件是否具备，开工后能否保证工程顺利、连续进行施工。工程开工报审要点是对报审表内（表 2-5）提出的应提供资料是否齐全及正确性进行核查。

（1）填写要求

① 工程开工未经报审不得开工。工程开工报审应审查的条目明确，表列内容必须逐一审查、基本落实。只要基本符合要求，即可批准开工。监理人员应明确开工前施工单位必须报送的资料和开工后可以限定时间提送的资料内容。

② 工程开工报审属指令性文件，开工报审项目监理机构审查必须实事求是，技术用语严谨，用词准确。

③ 施工单位应充分准备，项目监理机构只需审查主要项目是否已完成，有些项目在开工后还可以随时改正，对于需要改正的问题可在批复中限定时间改正的，也可批复开工，其原则是不影响开工后的正常施工及管理。只要施工许可证、征地拆迁文件齐备，施工组织设计已审批通过，质量保证体系已建立，进场工人上岗证齐全，开工后所用工程材料、设备基本准备就绪不影响施工，主要规章制度基本齐全，即可开工。

④ 批复时必须写明批准的开工时间，这是计算总工期的起始时间。必须由总监理工程师批准，签字生效。

⑤ 工程开工报审是承包单位提请报审，项目监理机构审查的责任文件。不报、不审或不认

工程开工报审表 表 2-5

工程名称：××学生公寓 编号：001

致：××××学院 （建设单位） ××监理有限公司（项目监理机构） 　　我方承担的××学生公寓工程，已完成相关准备工作，具备开工条件，申请于2020 年 3 月 1 日开工，请予以审批。 　　附件：证明文件资料 　　1. 施工现场质量管理检查记录表。 　　2. 施工许可证。 　　3. 规划放样定点记录。 　　4. 工程测量控制点移交记录	 施工单位（盖章） 项目经理（签字）××× 2020 年 3 月 1 日
审核意见： 　　经核查，对照规定报审条件，均已满足合同的开工条件，同意于 2020 年 3 月 1 日开工	 项目监理机构（盖章） 总监理工程师（签字、加盖执业印章）××× 2020 年 3 月 1 日
审批意见： 　　同意开工	 建设单位（盖章） 建设单位代表（签字）××× 2020 年 3 月 1 日

真审查，都是不认真履行监理职责的行为。

（2）核查内容

①　施工许可证：必须已经发放，并作为附件资料提送进行核查。

②　征地拆迁完成情况：征地拆迁的核查控制应满足工程进度需要。

③　施工组织设计：在开工前组织编制完成，并已经总监理工程师审查批准。

④　现场管理人员、机具、材料、设备进场状况：要求现场管理人员、机具、施工人员、主要工程材料等均已到位。

⑤　工地的道路、水电、通信等落实情况：主要场区路面已硬化、施工用水管线已安装完毕，并已开始使用，施工用电包括动力与照明均已与变压器连接，已与配电箱接通并已通过试运行，可以满足施工要求。

⑥　组织机构：项目经理、技术负责人、施工员、质检员、预算员、材料员、资料员、安全

员等均已到位。

⑦ 质量管理、技术管理制度：有关质量管理、技术管理制度已制定。如图纸会审、质量例会、自检互检交接检、质量验评、质量事故处理、岗位责任制、设计交底、技术交底、定期质量安全检查等。

⑧ 专职管理人员和特种作业人员：已取得资格证、上岗证，证件的发放时间和有效期均符合要求，且在有效期内。

⑨ 安全控制：经检查安全控制情况良好。

（3）开工报审表后所附资料

① 施工许可证；

② 征地、拆迁文件；

③ 施工组织设计；

④ 专业管理人员和特种作业人员资格证、上岗证；

⑤ 质量、安全、技术管理制度汇编，安全许可证；

⑥ 施工现场质量管理、技术管理和安全管理体系图。

9. 工程开工令

工程开工令主要是为了确定开工日期以作为工期计算的起点，是由总监理工程师下达开工的书面文件。

签发开工令的前提条件：

1）设计交底和图纸会审已完成。

2）施工组织设计已由总监理工程师签认。

3）施工单位现场质量、安全生产管理体系已建立，管理及施工人员已到位，施工机械具备使用条件，主要工程材料已落实。

4）进场道路及水、电、通信等已满足开工要求。表 2-6 为工程开工令样表。

工程开工令　　　　　　　　　表 2-6

工程名称：××学生公寓　　　　　　　　　　　　　　　　　　　　　编号：001

致：××建设有限公司（施工单位） 　　经审查，本工程已具备施工合同约定的开工条件，现同意你方开始施工，开工日期为：2019 年 3 月 1 日。 　　附件：工程开工报审表  　　　　　　　　　　　　　　　　　　项目监理机构（盖章） 　　　　　　　　　　　总监理工程师（签字、加盖执业印章）××× 　　　　　　　　　　　　　　　　　　2019年3月1日

10. 工程暂停令

工程暂停令是指施工过程中某一个（或几个）部位工程质量不符合标准要求的质量水平，需要返工或进行其他处理时需暂时停止施工，由监理机构下发的指令性文件，见表2-7。

下发工程暂停令应注意的事项：

（1）工程暂停指令办理必须及时、准确，通知内容完整，技术用语规范，文字简练明了。

（2）工程暂停指令项目监理机构必须加盖公章和总监理工程师签字，不得代签和加盖手章，不签字无效。

（3）因试验报告单不符合要求，下达停工指令时，应注意在"指令"中说明试验编号，以备核对。

工程暂停令 表 2-7

工程名称：××学生公寓 　　　　　　　　　　　　　　　　　　　　　　　　编号：001

致：××建设有限公司（施工单位）

　　由于<u>二层柱三层梁板混凝土试块报告不合格</u>原因，现通知你于<u>2019</u>年<u>7</u>月<u>15</u>日<u>09</u>时起，暂停<u>二层柱三层梁板</u><u>以上主体结构</u>部位（工序）施工，并按下述要求做好后续工作。

　　要求：对二层柱三层梁板采取回弹等实体混凝土强度检测，若合格同意进行下道工序，否则要进行妥善处理，确保合格后方可施工

项目监理机构（盖章）
总监理工程师（签字、加盖执业印章）　×××
2019年7月15日

注：本表一式三份，监理单位、建设单位、施工单位各一份。

11. 工程复工报审表

工程复工报审必须是施工单位按项目监理机构下发的监理通知、工程质量整改通知或工程暂停指令等中提出的问题进行整改并已完成，具备复工条件时提出，见表2-8。

填写要求：

① 施工单位提请复工报审时，提供的附件资料应满足具备复工条件的情况和说明，证明文件必须齐全真实。

② 施工单位提请复工报审时，应加盖施工单位章，项目经理签字。

③ 工程复工报审，需项目监理机构盖章，总监理工程师签字，以总监理工程师最终签发生效。

12. 工程复工令

施工过程中因工程质量、安全隐患签发的工程暂停令，施工单位整改完成上报复工报审后，项目监理机构应及时组织复查，合格后签发工程复工令，见表2-9。

工程复工报审表

表 2-8

工程名称：××学生公寓

编号：001

致：××监理有限公司（项目监理机构）

　　编号为001《工程暂停令》所停工的<u>基础工程</u>部位（工序），已满足复工条件，我方申请于2020年<u>4</u>月<u>4</u>日复工，请予以审批。

　　附件：证明文件资料

施工项目经理部（盖章）

项目经理（签字）×××

2020年4月4日

审核意见：

　　经核查，具备复工条件，同意于2020年4月4日复工

项目监理机构（壹章）

总监理工程师（签字）×××

2020年4月4日

审批意见：

　　同意复工

建设单位（盖章）

建设单位代表（签字）

2020年4月4日

工程复工令

表 2-9

工程名称：××学生公寓

编号：001

致：××建设有限公司（施工单位）

　　我方发出的编号为001《工程暂停令》，要求暂停<u>二层柱三层梁板以上主体结构</u>部位（工序）施工，经检查已具备施工条件。经建设单位同意，现通知你方于 <u>2021</u> 年 <u>7</u> 月 <u>30</u> 日 <u>08</u> 时起恢复施工。

　　附件：复工报审表

项目监理机构（盖章）

总监理工程师（签字、加盖执业印章）×××

2020年4月4日

注：本表一式三份，监理单位、建设单位、施工单位各一份。

125

13. 工程材料、构配件、设备报审表

工程材料/构配件/设备报审表是施工单位向项目监理机构提请工程项目用材料、构配件、设备进行的审查、确认和批复文件（表2-10）。

填写要求：

① 本表由施工单位填报，加盖公章，项目经理签字，经专业监理工程师审查符合要求后签字有效，加盖项目监理机构章。

② 施工单位提请工程材料、构配件、设备报验时提供的附件：数量清单、质量证明文件、自检结果应齐全并真实，对任何不符合附件要求的资料，施工单位不得提请报审，项目监理机构不得批准报审表。

③ 凡进行试验的材料有见证取样要求的，质量证明文件必须有见证取样证明。

工程材料、构配件、设备报审表   表 2-10

工程名称：××学生公寓 　　　　　　　　　　　　　　　　　编号：001

致：××监理有限公司(项目监理机构)

于2020年3月10日进场的 φ20钢筋 拟用于工程基础底板部位，经我方检验合格，现将相关资料报上，请予以审查。

　附件：1. 工程材料、构配件或设备清单。
　　　　2. 质量证明文件。
　　　　3. 自检结果

施工项目经理部（盖章）

项目经理（签字）×××

2020年3月11日

审查意见：

经复核，上述原材质量合格证、复检报告齐全，同意进场使用

项目监理机构（盖章）

专业监理工程师（签字）×××

2020年3月11日

注：本表一式二份，监理单位、施工单位各一份。

14. 见证员授权书

见证员授权书是项目监理机构授予具有相应资格的人员实行工程取样见证的书面证明资料。

2.2 见证员授权书

15. 见证记录

见证记录（表 2-11）指记录施工单位按规定进场的材料或实体工程试验，内容应能真实反映工程实际送检或试验情况，见证人员对试样的代表性和真实性负责。

在施工过程中，见证人员应按照见证取样和送检计划，对施工现场的取样和送检进行见证，取样人员应在试样或其包装上作出标识、封志。标识和封志应标明工程名称、取样部位、取样日期、样品名称和样品数量，并由见证人员和取样人员签字。见证人员应制作见证记录，并将见证记录归入施工技术档案。

见证记录

表 2-11

工程名称：××学生公寓

编号：001

工程名称	××学生公寓		编号	001	
样品名称	Φ20 钢筋	试件编号	2020GY01	取样数量	1 组
取样部位/地点	基础底板		取样日期	2020 年 3 月 10 日	
见证取样说明	2020 年 3 月 10 日进场，由浙江元立生产，炉罐号为 2020001 的Φ20 钢筋，拟用于学生公寓基础底板，现场抽取重量偏差试样 5 根、拉伸试样 2 根、弯曲试样 2 根				
见证取样送检专用印章	××学生公寓 项目部		××学生公寓 项目监理部		
签字栏	取样人员		见证人员		
	×××				

填写要求：

样品名称、试件编号、取样数量、取样部位、取样日期按实际情况及见证取样规范要求填写；见证取样说明可注明本次检测材料的检测内容。

试样应在施工现场随机抽取；见证人在见证材料、试验取样后应实事求是地填写见证记录并加盖见证取样送检专用印章，在见证取样说明中可填写具体检测内容。

16. 报审、报验表

项目监理机构应对施工单位报验的隐蔽工程、检验批，分项工程和分部工程进行验收。对验收合格的应给予签认，对验收不合格的应拒绝签认，同时应要求施工单位在指定的时间内整改并重新报验。

对已同意覆盖的工程隐蔽部位质量有疑问的，或发现施工单位私自覆盖工程隐蔽部位的，项目监理机构应要求施工单位对该隐蔽部位进行钻孔探测或揭开或采用其他方法进行重新检验。

隐蔽工程、检验批、分项工程报验表应按表 2-12 要求填写。

基础钢筋隐蔽报审、报验表

表 2-12

工程名称：××学生公寓

编号：001

致：××监理有限公司(项目监理机构) 　　我方已完成　<u>基础钢筋</u>　工程工作，经自检合格，请予以审查或验收。 　　附件：☑隐蔽工程质量检验资料 　　　　　□检验批质量检验资料 　　　　　□分项工程质量检验资料 　　　　　□施工试验室证明资料 　　　　　□其他	
	施工项目经理部（盖章） 　　　　　　　项目经理或项目技术负责人（签字）　××× 　　　　　　　　　　2020 年 6 月 4 日
审查或验收意见： 经复核，符合设计要求，同意进入下道工序	
	项目监理机构（盖章） 　　　　　　　专业监理工程师（签字）　××× 　　　　　　　　　　2020 年 6 月 5 日

　　注：本表一式两份，监理单位、施工单位各一份。

填写要求：

1) 本表由施工单位填报，加盖公章，项目经理签字，经专业监理工程师初审符合要求后签字，由总监理工程师最终审核加盖项目监理机构章，经总监理工程师签字后执行。

2) 施工单位提请隐蔽工程、检验批、分项工程报验时，提供的附件：应满足对隐蔽工程报验申请的处理与签认；检验批、分项工程报验要求表列附件资料必须齐全、真实，对任何不符合隐蔽工程、检验批、分项工程报验条件的工程项目，施工单位不得提请报审，监理单位不得签发报审表。

3) 资料内必须附图，附图应简单易懂，且能全面反映工程情况。

17. 工程变更单

工程变更的主要类型：

（1）由于设计单位的施工图出现错、漏、碰、缺等情况，导致做法变动、材料代换或其他变更事项。

（2）由于建设单位改变建设标准、建筑结构、局部做法、使用功能，增减工程内容，导致做法变动、材料代换或其他变更事项。

（3）由于建设单位、监理单位、施工单位、政府部门等采用新工艺、新材料或其他技术措施等，导致做法变动、材料代换或其他变更事项。

（4）由于施工单位施工方法、施工程序、施工材料和施工机械等原因，不能按图施工须变更设计的。

（5）施工单位在施工中发生质量事故须变更设计或者采用补强措施的。

（6）由于销售部、客户要求提出变更，导致做法变更、材料代换或其他变更事项。

工程变更通知单表格形式见表 2-13。

工程变更单   表 2-13

工程名称：××学生公寓   编号：001

致：××××学院(建设单位)

由于 2020 年 4 月 1 日专题会议要求，拟将外墙 1～2 层涂料变更为真石漆原因，兹提出工程变更，请予以审批。

附件：
- ☐ 变更内容
- ☐ 变更设计图
- ☑ 相关会议纪要
- ☐ 其他

变更提出单位：

负责人：×××

2020 年 6 月 5 日

工程量增/减	增加真石漆 $1000m^2$，相应涂料减少 $1000m^2$
费用增/减	增加 10000 元
工期变化	无

施工项目经理部（盖章）
项目经理（签字）×××

设计单位（盖章）
设计负责人（签字）×××

项目监理机构（盖章）
总监理工程师（签字）×××

建设单位（盖章）
负责人（签字）×××

注：本表一式四份，建设单位、监理单位、设计单位、施工单位各一份。

工程变更单填写要求：

（1）在施工过程中，建设单位、承包单位提出工程变更要求报项目监理机构审核确认。

（2）在工程变更单中要注明引发工程变更的原因、工程变更的部位，以及由变更带来的工程量和费用的变化。

（3）附件应包括工程变更的详细内容、变更的依据，工程变更对工程造价及工期的影响分析和影响程度，对工程项目的功能、安全的影响分析，必要的附图等。

（4）工程变更单应由建设单位、设计单位、项目监理机构、施工单位项目经理部签字盖章。

18. 索赔意向通知书

项目监理机构应及时收集、整理有关工程费用的原始资料，为处理费用索赔提供证据（表 2-14）。项目监理机构处理费用索赔的主要依据应包括下列内容：

（1）法律法规。

（2）勘察设计文件、施工合同文件。

（3）工程建设标准。

（4）索赔事件的证据。

索赔意向通知书 表 2-14

工程名称：××学生公寓 编号：001

致：××××学院（建设单位）
　　根据施工合同 10 条 10.2 条款约定，由于发生了 台风 事件，且该事件的发生非我方原因所致。为此，我方向 ××××学院 提出索赔要求。

　　附件：索赔事件资料

　　　　　　　　　　　　　提出单位（盖章）
　　　　　　　　　　　　　负责人（签字）×××
　　　　　　　　　　　　　2020 年 7 月 1 日

19. 费用索赔报审表

费用索赔报审表（表 2-15）是施工单位向建设单位提出索赔的报审，提请项目监理机构审查、确认和批复，包括工期索赔和费用索赔等。费用索赔分为施工单位向建设单位的索赔和建设单位向施工单位的索赔。本表主要用于施工单位向建设单位的索赔。

（1）费用索赔的依据

① 国家有关的法律、法规和工程项目所在地的地方法规。

② 本工程的施工合同文件。

费用索赔报审表 表 2-15

工程名称：××学生公寓 编号：001

致：××监理有限公司（项目监理机构）

　　根据施工合同__10 条 10.2__条款，由于__台风影响__的原因，我方申请索赔金额（大写）__贰拾万元__，请予批准。
索赔理由：__台风期间搅拌机损坏__。

　　　　附件：☐索赔金额计算
　　　　　　　☑证明材料

施工项目经理部（盖章）
项目经理（签字）×××

2019 年 8 月 20 日

审核意见：
☐不同意此项索赔。
☑同意此项索赔，索赔金额为（大写）__贰拾万元整__。
　同意/不同意索赔的理由：__不可预见因素导致施工设备损坏__。

　　　　附件：☑索赔审查报告

项目监理机构（盖章）
总监理工程师（签字、加盖执业印章）×××

2019 年 8 月 25 日

审批意见：
同意上述索赔申请

建设单位（盖章）
建设单位代表（签字）×××

2019 年 8 月 28 日

　　③ 国家、部门和地方有关的标准、规范和定额。

　　④ 施工合同履行过程中与索赔事件有关的凭证。

　　（2）费用索赔的条件

　　① 索赔事件造成了施工单位的直接经济损失。

　　② 索赔事件是非施工单位的责任发生的。

　　③ 施工单位已按照施工合同规定的期限和程序提交费用索赔申请表，并附有索赔凭证材料。

（3）费用索赔报审表填写要求

① 本表由施工单位根据合同填写，注明合同中索赔条款依据及索赔金额，并附上实际索赔的详细理由及经过、索赔金额的计算及证明材料。

② 承包单位提请报审费用索赔提供的附件：索赔的详细理由及经过、索赔金额的计算、证明材料必须齐全真实，对任何形式的不符合费用索赔的内容，承包单位不得提出申请。

③ 项目监理机构必须认真审查承包单位报送的附件资料，填写复查意见，索赔金额的计算可以附页计算依据。

④ 承包单位必须加盖公章、项目经理签字；项目监理机构必须加盖公章、总监理工程师、专业监理工程师分别签字。

20. 工程临时/最终延期报审表

工程临时延期报审表（表 2-16）是指项目监理机构依据施工单位提请报审的工程临时延期的确认和批复。本表为非承包单位原因造成的工期拖延，施工单位提出延长工期的申请表。

工程临时/最终延期报审表　　　　　　　　　　　表 2-16

工程名称：××学生公寓　　　　　　　　　　　　　　　　编号：001

致：××监理有限公司（项目监理机构）

　　根据施工合同__10条10.3款__（条款），由于__台风影响__原因，我方申请工程临时/最终延期__10__（日历天），请予批准。

　　附件：1. 工程延期依据及工期计算。
　　　　　2. 证明材料

　　　　　　　　　　　　　　　　　　　　　施工项目经理部（盖章）
　　　　　　　　　　　　　　　　　　　　　项目经理（签字）　×××
　　　　　　　　　　　　　　　　　　　　　2020年7月25日

审核意见：
☑同意工程临时/最终延期__10__（日历天）。工程竣工日期从施工合同约定的__2021__年__7__月__18__日延迟到__2020__年__7__月__28__日。
☐不同意延期，请按约定竣工日期组织施工

　　　　　　　　　　　　　　　　　　　　　项目监理机构（盖章）
　　　　　　　　　　　　　　　　　　　　　总监理工程师（签字）　×××
　　　　　　　　　　　　　　　　　　　　　2020年7月26日

审批意见：

同意监理单位意见，延期10天

　　　　　　　　　　　　　　　　　　　　　建设单位（盖章）
　　　　　　　　　　　　　　　　　　　　　建设单位代表（签字）　×××
　　　　　　　　　　　　　　　　　　　　　2020年7月26日

工程临时/最终延期报审表填写要求：

（1）工程延期的依据、因素、期限等要明确。

（2）施工单位必须在施工合同限定的期限内，向项目监理机构提交本表。

（3）本表由施工单位填报，加盖公章，项目经理签字，经专业监理工程师初审符合要求后签字，由总监理工程师最终审核加盖项目监理机构章，经总监理工程师签字后执行。

（4）施工单位提请工程临时延期报审时，提供的附件：工程延期的依据及工期计算、合同竣工日期、申请延长竣工日期，证明材料等应齐全、真实，对任何不符合附件要求的材料，施工单位不得提请报审，监理单位不得签发报审表。

21. 工程款支付报审表

工程款支付申请是施工单位根据项目监理机构对施工单位自验合格且经项目监理机构验收合格经工程量计算应收工程款的申请书。工程款支付报审表（表2-17）是施工单位完成工程量后按照合同要求用于申报工程款的。

按建设工程施工合同规定日期和方式，由施工单位上报《工程款支付申请表》及有关材料；专业监理工程师根据施工合同审核要求，对合格的工程进行计量并审核施工单位上报的工程量和工程款。监理工程师审核后填写《工程款支付证书》，并附上经审核的有关工程量、工程款的资料报总监理工程师审查，总监理工程师签署《工程款支付证书》后上报建设单位。

工程款支付报审表	表 2-17

工程名称：××学生公寓 　　　　　　　　　　　　　　　　　　　　　编号：001

致： ××监理有限公司 （项目监理机构） 　　根据施工合同约定，我方已完成 基础工程 工作，建设单位应在2020年7月20日前支付工程款共计（大写）壹佰贰拾万元整（小写：1200000），请予以核审。 　　附件：☑已完成工程量报表 　　　　　□工程竣工结算证明材料 　　　　　□相应支持性证明文件  　　　　　　　　　　　　　　　施工项目经理部（盖章） 　　　　　　　　　　　　　　　项目技术负责人（签字）××× 　　　　　　　　　　　　　　　　　　　2020 年 1 月 10 日
审查意见： 　　1. 施工单位应得款为：1200000 元 　　2. 本期应扣款为：0 元 　　3. 本期应付款为：1200000 元 　　附件：相应支持性材料 　　　　　　　　　　　　　　　专业监理工程师（签字）××× 　　　　　　　　　　　　　　　　　　　2020 年 1 月 15 日

续表

审核意见： 　　经审核，应付工程款 1200000 元	 项目监理机构（盖章） 总监理工程师（签字、加盖执业印章）　××× 2020 年 1 月 15 日
审批意见： 　　同意支付工程款 1200000 元	 建设单位（盖章） 建设单位代表（签字）××× 2020 年 1 月 18 日

工程款支付报审表填写要求：

（1）申报填写栏应明确本次申报工程款内容或完成形象部位，支付依据、申报金额并附上相关工程量清单、计算方法。

（2）施工单位提请工程款支付申请时，提供的附件：工程量清单、计算方法必须齐全真实，对任何形式的不符合工程款支付申请的内容，施工单位不得提出申请。

（3）施工单位应认真填写，表列子项内容不得缺漏。工程款支付申请施工单位必须盖章、项目经理签字。

（4）工程款支付申请中包括合同内工作量、工程变更增减费用、批准的索赔费用、应扣除的预付款、保留金及合同中约定的其他费用。

22. 工程款支付证书

工程款支付证书（表 2-18）是施工单位根据合同规定，对已完工程或其他与工程有关的付款事宜，填报的工程款支付申请，经项目监理机构审查确认工程计量和付款额无误后，由项目监理机构向建设单位转呈的支付证明书。

填写要求：

（1）工程款支付证书的办理必须及时、准确，内容填写完整，注文简练明了。

（2）工程款支付证书项目监理机构必须加盖公章和总监理工程师签字，不得代签和加盖手章，不签字无效。责任制签章齐全为符合要求，否则为不符合要求。

工程款支付证书

表 2-18

工程名称：××学生公寓   编号：001

致：××建设有限公司（施工单位）

根据施工合同约定，经审核编号为001工程款支付报审表，扣除有关款项后，同意支付工程款共计（大写）壹佰贰拾万元整（小写：1200000）。

其中：
1. 施工单位申报款为：1670000
2. 经审核施工单位应得款为：1200000
3. 本期应扣款为：0
4. 本期应付款为：1200000

附件：工程款支付报审表及附件

项目监理机构（盖章）
总监理工程师（签字、加盖执业印章） ×××

2020 年 1 月 2 日

23. 监理通知单

监理通知单（表 2-19）是指监理单位认为在工程实施过程中需要让建设、设计、勘查、施工、材料供应等各方应知的事项而发出的监理文件。

填写要求：

（1）监理通知的办理必须及时、准确，通知内容完整，技术用语规范，文字简练明了。

（2）监理通知必须加盖项目监理机构公章并由总监理工程师或专业监理工程师签字，不得代签和加盖手章，不签字无效。

（3）监理通知需附图时，附图应简单易懂，且能反映附图的内容。

（4）监理通知一般包括以下内容：

① 监理通知是项目监理机构在工程实施过程中对与建设工程有关的施工单位、材料供应单位等，由于施工过程中出现了与设计图纸不符，与设计、规范、规程等与监理工作"三控两管一协调一监管"相违背的问题后，由监理单位向施工单位、材料供应单位等发出的通知，说明违章的内容、程度、建议或改正措施。

② 建设单位组织协调确定的事项、需要设计、施工、材料等各方实施，且需由项目监理机构发出通知的事宜。

③ 监理在旁站、巡视过程中发现需要及时纠正的事宜，监理通知应包括工程部位、地段、发现时间、问题性质、要求处理的程度等。

④ 季节性的天气预报的通知。

⑤ 工程计量的通知。

⑥ 试验结果需要说明或指正的内容等。

监理通知单　　　　　　　　　　　　　　　　表 2-19

工程名称：××学生公寓　　　　　　　　　　　　　　　　　　编号：001

致：××建设有限公司（施工单位）

　事由：施工单位未及时上报支模架钢管检测报告。
　内容：近期用于搭设支模架的钢管、扣件不断进场，虽已提供了出厂合格证明文件并已进行了复查抽检工作，但复查抽检的检测报告尚未出具。故在检测报告上报之前不得进行负载作业。

　　　　　　　　　　　　　　　项目监理机构（盖章）
　　　　　　　　　　　　　　　总/专业监理工程师（签字）×××

　　　　　　　　　　　　　　　　　　　　　2020 年 1 月 2 日

24. 监理工程师通知回复单

　　监理工程师通知回复单（表 2-20）是指项目监理机构发出监理通知，施工单位对监理通知执行完成后，请求复查的回复。

监理工程师通知回复单　　　　　　　　　　　　　表 2-20

工程名称：××学生公寓　　　　　　　　　　　　　　　　　　编号：001

致：　××监理有限公司　　（项目监理机构）

　我方接到编号为　001　的监理通知单后，已按要求完成工作，请予以复查。

　附件：
　1. 对底板钢筋网间距进行了调整，经自查已符合要求。
　2. 电弧焊已全部按要求设置 4 度角。
　3. 梁箍筋间距较大处进行了加密处理

　　　　　　　　　　　　　　　施工项目经理部（盖章）
　　　　　　　　　　　　　　　项目经理（签字）×××

　　　　　　　　　　　　　　　　　　　　　2020 年 1 月 8 日

复查意见：

　　经复查，存在问题整改后符合要求，准予进入下道工序

　　　　　　　　　　　　　　　项目监理机构（盖章）
　　　　　　　　　　　　　　　总/专业监理工程师（签字）×××

　　　　　　　　　　　　　　　　　　　　　2020 年 1 月 8 日

填写要求：

（1）施工单位根据项目监理机构签发的监理通知整改完成后，以书面监理通知回复单形式针对整改完成情况做详细回复，监理工程师根据整改回复情况对问题进行复查，符合要求，准

予进入下道工序（质量方面）。审查意见基本表述：

① 经复查……经整改后符合要求，准予进入下道工序（质量方面）。

② 经复查……经整改后符合要求（其他方面）。

（2）施工单位提交的监理工程师通知回复单的附件内容必须齐全真实，填报详细内容，承包单位加盖公章，项目经理必须签字。

（3）复查意见由项目监理机构的专业监理工程师先行审查，必须填写审查意见。总监理工程师认真审核后由项目监理机构签章。

25. 监理工作联系单

监理工作联系单（表 2-21）是监理部发给各个单位的，它可以是发给建设单位的，也可以是发给设计单位或者施工单位的，也可以是发给勘查单位的。

监理工作联系单 　　　　　　　　　　　　　　　　　　表 2-21

工程名称：××学生公寓		编号：001

致：××建设有限公司(施工单位)

桩基工程质量控制要求

内容：

　　工程桩施工即将开始，但尚有部分工作未报验、审，为保证桩基工程质量，与你项目人员沟通、联系内容如下，若有不同看法，请在试桩前回复，以确定施工过程质量控制节点和方式。

　　一、开工前需要报验的工作：

　　1. 桩位测量定位控制点及高程控制点请予书面报验，双方现场核验。

　　2. 桩位、自然地坪标高报监理部复核。

　　3. 桩基工程施工的人员、机具、方案、材料检验等资料试桩前报验。

　　二、认真阅读桩基施工图纸，严格按照设计参数施工，需明确内容：

　　1. 桩长：84.5m（桩端全面进入含角砾黏性土）、72m、60m，以桩长控制。

　　2. 泥浆相对密度小于 1.25，含砂率小于等于 8，黏度小于等于 28s。

　　3. 沉渣厚度小于等于 5cm。

　　4. 桩混凝土强度等级 C30，混凝土坍落度 16～22cm，开始灌注时间不宜大于成孔完毕后 24 小时，灌注时长不宜超过 4 小时，混凝土试块每根桩不少于一组。

　　5. 导管埋深 2～6m，严禁导管提出混凝土面。

　　6. 超灌高度为 1.5m。

　　7. 充盈系数 1.1～1.25。

　　三、桩基施工中进行到下列节点时，施工方做好自检和总包质检验收后，由总包方通知并会同监理共同验收，符合要求的方可进入下道工序施工：

　　① 桩位对中；② 桩端终孔；③ 孔深测量；④ 钢筋笼下笼；⑤ 混凝土浇筑前的二次孔深复测；⑥ 混凝土浇筑初灌量；⑦ 混凝土浇筑完毕对超灌长度的测量。

　　四、下钢筋笼开始施工单位与项目监理部配合全程摄像，打桩记录检验资料同步完成，每根桩施工完毕后，资料 24 小时内整理报项目监理部归档。

　　五、桩基施工期间严格按照安全生产、文明施工要求进行施工和管理，并及时完成相关记录

发文单位：

负责人（签字）×××

2019 年 3 月 1 日

填写要求：

（1）作为与监理有关各方工作联系用表，内容为项目监理机构向相关方告知某一事项或督促某项工作、提出建议等，不需要书面回复。

（2）要求内容完整、齐全，技术用语规范，文字简练明了。一般包括以下内容：

① 工地会议时间、地点安排。

② 建设单位向项目监理机构提供的设施、物品及项目监理机构在监理工作完成后向建设单位移交设施及剩余物品。

③ 建设单位及施工单位就本工程及本合同需要向项目监理机构提出保密的有关事项。

④ 建设单位向项目监理机构提供的与本工程合作的原材料、构配件、机械设备生产厂家名录以及与本工程有关的协作单位、配合单位的名录。

⑤ 按《建设工程委托监理合同》监理单位需向委托人书面报告的事项。

⑥ 监理单位调整监理人员，建设单位要求监理单位更换监理人员。

⑦ 监理费用支付通知。

⑧ 项目监理机构提出的合理化建议。

⑨ 建设单位派驻及变更施工场地履行合同的代表姓名、职务、职权。

⑩ 紧急情况下无法与专业监理工程师联系时，项目经理在采取保证人员生命和财产安全的紧急措施，并在采取措施后 48 小时内向专业监理工程师提交的报告。

⑪ 对不能按时开工提出延期开工理由和要求的报告。

⑫ 实施爆破作业、在放射毒害环境中施工及使用毒害性、腐蚀性物品施工，施工单位在施工前 14 天以内向专业监理工程师提出的书面通知。

⑬ 可调价合同发生实体调价的情况时，施工单位向专业监理工程师发出的调整原因、金额的书面通知。

⑭ 索赔意向通知。

⑮ 发生不可抗力事件，施工单位向专业监理工程师通报受害损失情况。

⑯ 在施工中发现的文物、地下障碍物向专业监理工程师提出的书面汇报。

⑰ 其他各方需要联系的事宜。

26. 监理报告

监理报告（表 2-22）的作用是监理单位发现施工现场存在严重安全隐患，下达工程暂停令，并报告建设单位后，施工单位拒不整改或不停工整改的，项目监理机构应当及时向工程所在地建设主管部门或工程项目的行业主管部门报告。如以电话形式报告的，应当有通话记录，并及时补充书面报告。

27. 会议纪要

监理会议纪要是指根据项目监理机构主持的会议（包括监理例会和专题会议）记录整理并经有关各方签字认可的文件。监理例会是各参建方沟通情况、交流信息、研究解决工程建设中存在的各方面问题的主要方式，也是协调工作的主要形式。会议纪要通常由项目监理机构整理，

监理报告　　　　　　　　　　表 2-22

工程名称：××学生公寓　　　　　　　　　　　　　　　　编号：001

致：××质量监督站（主管部门）

　　由××建设公司（施工单位）施工的××学生公寓（工程部位），存在安全事故隐患。我方已于<u>2021</u> 年 <u>3</u> 月 <u>15</u> 日发出编号为<u>001</u> 的《监理通知单》/《工程暂停令》，但施工单位未整改/停工。

　　特此报告。

　　　附件：□监理通知单
　　　　　　☑工程暂停令
　　　　　　□其他

　　　　　　　　　　　　　　项目监理机构（盖章）

　　　　　　　　　　　　　　总监理工程师（签字）×××

　　　　　　　　　　　　　　　　2020 年 3 月 15 日

注：本表一式四份，主管部门、建设单位、监理单位、项目监理机构各一份。

其主要内容包括：

（1）会议地点及时间。

（2）会议主持人。

（3）与会人员姓名、单位、职务。

（4）会议主要内容、决议事项及其负责落实单位、负责人和时限要求等。

（5）应写清楚会议达成的一致意见、下一步工作安排和对未解决问题的处理意见。

28. 监理月报

监理月报是由项目总监理工程师定期组织编写，签认后向建设单位和监理单位提交的重要文件。监理月报既要反映建设工程监理工作及建设工程实施情况，还需确保建设工程监理工作可追溯。表 2-23 为监理月报封面形式。

监理月报应包括内容：

（1）本月工程实施情况：工程进展情况，实际进度与计划进度的比较，施工单位人工、机械、材料进场及使用情况，本月在施工部位的工程照片；工程质量、分部分项工程验收情况，工程材料、设备、构配件进场检验情况，主要施工试验情况；本月工程质量分析；施工单位安全生产管理工作评述；已完工程量与已付工程款的统计及说明。

（2）本月监理工作情况：工程进度控制方面的工作情况；工程质量控制方面的工作情况；安全生产管理方面的工作情况；工程计量与工程款支付方面的工作情况；合同规定的其他事项

的管理工作情况；监理工作统计及工作照片。

（3）本月施工中存在的问题及处理情况：工程进度控制方面的主要问题分析及处理情况；工程质量控制方面的主要问题分析及处理情况；施工单位安全生产管理方面的主要问题分析及处理情况；工程计量与工程款支付方面的主要问题分析及处理情况；合同中规定的其他事项管理方面的主要问题分析及处理情况。

（4）下月监理工作重点：工程管理方面的监理工作重点；项目监理机构内部管理方面的工作重点。

（5）工作建议、提醒和要求：施工中提醒建设单位注意的事项；关于监理工作方面的事项。

监理月报封面 表 2-23

编号：001

××学生公寓工程建设监理月报
第 1 期
2019 年 3 月 25 日—2020 年 4 月 25 日

内容提要：
一、本月工程实施情况。
二、本月监理工作情况。
三、本月施工中存在的问题及处理情况。
四、下月监理工作重点。
五、工作建议、提醒和要求等

项目监理机构（章）：
总监理工程师：×××
日期：2019年 4 月 25 日

29. 监理日志

监理日志（表 2-24）是项目监理机构在实施建设工程监理过程中，每日对建设工程监理工作及施工进展情况所做的记录，通常由总监理工程师根据工程实际情况指定监理人员负责记录。每天填写的监理日志内容必须真实，力求详细，主要反映监理工作情况。

填写要求：

（1）监理日志应使用统一制定的表格，每册封面应标明工程名称、册号、记录时间段及建设、设计、施工、监理单位名称，并由总监理工程师签字。

（2）监理人员应及时填写监理日志并签字。

（3）监理日志不得补记，不得隔页或扯页以保持其原始记录。

（4）基本内容应包括：

1）施工人数、作业内容及部位，使用的主要施工设备、材料等。

2）监理工作记录

① 施工过程巡视检查和旁站监理、见证取样情况。

② 施工测量放线、工程报验情况及验收结果。

③ 材料、设备、构配件、半成品和主要施工机械设备进场情况及进场验收结果。

④ 施工单位资料报审及审查结果。

⑤ 施工图交接、工程变更的有关事项。

⑥ 所发监理通知（书面或口头）的主要内容及签发、接收人。

⑦ 建设单位、施工单位提出的有关事宜及处理意见。

⑧ 工地会议议定的有关事项及协调确定的有关问题。

⑨ 工程质量事故（问题）及处理方案。

⑩ 异常事件（可能引发索赔的事件）及对施工的影响情况。

⑪ 设计人员到工地处理、交代的有关事宜。

⑫ 质量监督人员、有关领导来工地检查并指导工作情况及有关指示。

⑬ 其他重要事项：作为工程监理资料管理人员主要是从程序、时间、格式与内容方面进行审查。

监理日志   表 2-24

	高 29℃		上午（晴、阴、雨、雪）	
2020 年 6 月 20 日　星期五　气温最		气候		
	低 24℃		下午（晴、阴、雨、雪）	编号：001

工程名称	××学生公寓
监理人员动态：	×××；×××；×××
施工情况及存在问题： 三层梁板钢筋绑扎，电缆管线预埋	
监理工作内容及问题处理情况： 1. 对三层梁板钢筋绑扎质量进行巡视检查发现，个别部位钢筋保护层、搭接长度不够，存在绑扎随意的现象，已向施工单位发出了《监理工程师通知书》（编号：005）要求整改。 2. 对脚手架、提升架等重大危险源进行检查，未发现安全隐患	
其他： 下午 2:00 左右 HRB400 Φ16 钢筋进场，监理部对其进行了见证取样	
监理人员	×××；×××

30. 旁站记录

（1）旁站监理范围：土方回填，混凝土灌注桩浇筑，地下连续墙、土钉墙、后浇带及其他结构混凝土、防水混凝土浇筑，卷材防水层细部构造处理，钢结构安装；梁柱节点钢筋隐蔽过程、混凝土浇筑、预应力张拉、装配式结构安装、钢结构安装、网架结构安装、索膜安装等。

（2）旁站监理记录的填写要求：

① 基本情况：包括工程名称、编号、日期及气候、工程地点、旁站监理的部位或工序、旁站监理开始时间、旁站监理结束时间。

② 施工情况：主要记录施工单位在该关键部位或关键工序的施工过程情况、试验与检验情况、机械设备和材料的使用情况、安全文明施工情况等。

③ 监理情况：主要反映项目监理机构在旁站监理过程对施工质量情况和对影响因素的控制情况。

④ 问题及处理：主要反映发现的问题、处理意见等方面的内容。问题可以是监理人员发现的，也可以是施工、设计、建设单位的人员发现提出的。处理意见应是对问题作分析后而得出的一个监理意见（不一定是最终结论，如项目监理机构将问题的分析意见转交设计或建设单位处理）。通常对问题和处理的跟踪记录，包括问题处理后的最终结论记录，可在"备注"中做记录。

⑤ 旁站监理人员签字确认：旁站监理人员在旁站监理结束后 24 小时内写好记录、确认签字。

（3）"旁站记录"样表（表 2-25）

旁站记录　　　　　　　　　　　　　　　　　　表 2-25

工程名称：××学生公寓　　　　　　　　　　　　　　　　　　编号：012

施工单位	××建设有限公司		
旁站的关键部位、关键工序	三层柱四层梁板		
旁站开始时间	2020 年 1 月 8 日 13 时 30 分	旁站结束时间	2020 年 1 月 8 日 18 时 05 分
旁站的关键部位、关键工序施工情况： 　　三层柱四层梁板混凝土浇筑自 2020 年 7 月 8 日 13 时 30 分开始至 2020 年 7 月 8 日 18 时 05 分结束，混凝土采用××混凝土公司 C25 泵送商品混凝土。现场插入式振捣棒 2 条，施工人员 12 人。 　　监理部对混凝土坍落度进行抽查为 140mm、150mm、160mm，符合要求，同意使用该批混凝土，并见证取样该部位试块 2 组，详见 2020 年 7 月 8 日见证取样记录			
发现的问题和处理情况： 　　在混凝土浇捣过程中，局部钢筋有踩踏现象，个别位置绑扎铁丝松散，已要求施工单位重新做好支撑以保证楼板构造要求 　　　　　　　　　　　　　　　　　　　旁站监理人员（签字）：××× 　　　　　　　　　　　　　　　　　　　2020 年 1 月 8 日			

31. 质量事故报告及处理资料

事故处理结束后必须尽快向主管部门和相关单位提交完整的事故处理报告，其内容包括：

（1）事故调查的原始资料、测试的数据。

（2）事故原因分析、论证。

（3）事故处理的依据。

（4）事故处理的方案及技术措施。

（5）实施质量处理中有关的数据、记录、资料。

（6）检查验收记录。

（7）事故处理的结论等。

32. 分部工程报验表

分部工程所包含的分项工程全部自检合格后，施工单位应向项目监理机构报送"分部工程报验表"（表2-26）及分部工程质量控制资料。在专业监理工程师验收的基础上，由总监理工程师签署验收意见。

分部工程报验表

表 2-26

工程名称：××学生公寓

编号：001

致：××监理有限公司(项目监理机构) 我方已完成　地基与基础（分部工程）　，经自检合格，请给予验收。 附件：分部工程质量资料   施工项目经理部（盖章） 项目技术负责人（签字）××× 2019 年 6 月 25 日
验收意见： 地基与基础分部工程质量控制资料齐全，相关功能检验合格，同意验收 专业监理工程师（签字）××× 2020 年 6 月 25 日
验收意见： 验收合格 项目监理机构（盖章） 总监理工程师（签字）××× 2019 年 6 月 25 日

注：本表一式三份，项目监理机构、建设单位、施工单位各一份。

33. 单位工程竣工验收报审表

单位（子单位）工程完成后，施工单位自检符合竣工验收条件后，应向项目监理机构报送单位工程竣工验收报审表及相关附件，申请竣工验收。

总监理工程师在收到单位工程竣工验收报审表（表2-27）及相关附件后，应组织专业监理工程师进行审查并签署预验收意见。单位工程竣工验收报审表需要由总监理工程师签字，并加盖执业印章。

单位工程竣工验收报审表   **表2-27**

工程名称：××学生公寓   编号：001

致：××监理有限公司(项目监理机构)

我方已按施工合同要求完成××学生公寓工程，经我方自检合格，现将相关资料报上，请予以验收。
 	
    附件：1. 工程质量验收报告。
          2. 工程功能检验资料

施工项目经理部（盖章）
项目经理（签字）×××
2020 年 5 月 10 日

预验收意见：
    经预验收，该工程合格/不合格，可以/不可以组织正式验收
           √   √

项目监理机构（盖章）
总监理工程师（签字、加盖执业印章）×××
2020 年 5 月 10 日

注：本表一式三份，监理单位、建设单位、施工单位各一份。

34. 工程质量评估报告

由总监理工程师组织专业监理工程师编制，完成后由总监理工程师及监理单位技术负责人审核签认，并加盖监理单位公章后报建设单位。工程质量评估报告的主要内容：

（1）工程概况。

（2）工程参建单位。

（3）工程质量验收情况。

（4）工程质量事故及其处理情况。

（5）竣工资料审查情况。

（6）工程质量评估结论。

35. 监理工作总结

监理工作总结是监理单位项目监理机构对履行委托监理合同情况及监理工作的综合性总结。监理工作总结由总监理工程师组织项目监理机构监理人员编写，由总监理工程师审核签字，并加盖工程监理单位公章后报建设单位。

监理工作总结包括下列主要内容：

（1）工程概况。

（2）项目监理机构组成。

（3）建设工程监理合同履行情况。

（4）监理工作成效。

（5）监理工作中发现的问题及其处理情况。

（6）说明和建议。

监理资料收集、登记

2.2.1　任务描述

在实施监理过程中，项目监理机构应及时收集并阅读工程实施和开展监理工作的依据文件，审核并登记报审资料，需收集并登记的资料包括：

（1）勘察设计文件、建设工程监理合同及其他合同文件。

（2）设计交底和图纸会审会议纪要。

（3）施工组织设计、（专项）施工方案、施工进度计划报审文件资料。

（4）分包单位资格报审文件资料。

（5）施工控制测量成果报验文件资料。

（6）总监理工程师任命书。

（7）工程材料、构配件、设备报验文件资料。

（8）工程质量检查报验资料及工程有关验收资料。

（9）工程变更、费用索赔及工程延期文件资料。

（10）工程计量、工程款支付文件资料。

（11）工程质量或生产安全事故处理文件资料。

上述资料除（1）、（2）、（6）为监理单位直接收集外，其他资料均为施工单位上报、监理单位查验后收集存档。

2.2.2　基础知识

1. 勘察设计文件、建设工程监理合同及其他合同文件

勘察设计文件、建设工程监理合同及其他合同文件为开展实施监理工作的依据性文件，收集来源除建设工程监理合同可由监理单位提供外均由建设单位提供，相关具体内容如下：

（1）这里的勘察设计文件主要指勘查合同、设计合同、地质勘查报告及施工图，其中地质勘查报告是进行规划、设计、施工必不可少的基本依据，一般应包括以下内容：

① 概述。

② 场地描述及其地下水。

③ 地层分布。

④ 工程地质条件评述。同时应附以下图表：

A. 钻孔平面布置图；

B. 地质岩性剖面图；

C. 地质柱状图；

D. 地质柱状及其静探曲线；

E. 土的试验结果汇总表；

F. 土的压缩曲线图；

G. 土的剪力试验结果。

（2）建设项目监理委托合同：由《工程建设监理合同》《工程建设监理合同标准条件》和《工程建设监理合同专用条件》三部分组成。

（3）其他合同文件：主要有施工总承包合同、分包合同等。

2. 设计交底和图纸会审会议纪要

为贯彻设计意图，确保工程质量，项目监理部要积极参与图纸会审及设计交底会议，图纸会审及设计交底一般按单位工程或系统工程的划分召开，由建设单位主持，施工、监理及相关专业施工单位参加。在参加会议前，总监理工程师要组织监理人员对审查合格的施工图进行图纸自审，形成书面意见。各方在会议中向设计单位提出的疑问或建议，设计单位确认后由施工单位记录、整理形成图纸会审纪要，各方会签并经总监理工程师签认后作为施工依据。监理单位应及时收集各方会签完成的图纸会审记录，并按其变更内容开展相关监理工作。

（1）图纸会审的主要内容

① 图纸是否经设计单位正式签署，有无通过图审。

② 核对施工图中的施工质量要求、技术文件是否齐全，与现行的施工技术规范的要求是否相符。

③ 设计图纸与说明是否齐全，有无分期供图的时间表。

④ 地质勘探资料是否齐全。如果没有工程地质资料或无其他地基资料，应与设计单位商讨。

⑤ 核对专业图之间、专业图内各图之间、图与表之间的规格、标号、材质、数量、坐标、标高等重要数据是否一致，是否有错、漏、碰、缺。如：

土建预留孔和预埋件的规格、坐标、标高、数量和其他专业图是否一致或遗漏。土建结构是否满足设备吊装路线要求。各种外部管道、电缆、电线同内部各专业图中的管道、电缆、电线是否衔接一致。

设备、管架、钢结构柱、金属结构平台、电缆电线支架以及设备基础是否与工艺图、电气图、设备安装图和到货的设备相一致。

传动设备随机到货图纸和说明书是否齐全，技术要求是否合理，与设计图纸及设计技术文件是否相一致，底座同土建基础是否相符，管口方位、接管规格、材质、坐标、标高是否与设计图纸一致。

建筑结构与各专业图纸本身是否有差错及矛盾；结构图与建筑图的平面尺寸及标高是否一致；建筑图与结构图的表示方法是否清楚，是否符合制图标准；预埋件是否表示清楚；是否有钢筋明细表，若无，则钢筋混凝土中钢筋构造要求在图中是否说明清楚，如钢筋锚固长度与抗震要求是否相符等。

结构部分大样图是否齐全，相互尺寸、标高是否一致，重点或特殊部位尺寸及技术标准是否明确。

⑥ 总平面图与施工图的几何尺寸、平面位置、标高等是否一致；地基处理方法是否合理；建筑与结构构造是否存在不能施工、不便于施工，容易导致质量、安全或经费等方面的问题。

⑦ 施工图中所列各种标准图册本单位是否具备，若无，如何取得。

⑧ 建筑材料来源是否有保证。图中所要求条件，本单位的条件和能力是否有保证。

（2）设计交底的主内容

① 设计文件依据。

② 建设项目所处规划位置、地形、地貌、气象、水文地质、工程地质、地震烈度。

③ 设计意图。

3. 施工组织设计、（专项）施工方案、施工进度计划报审文件资料

施工组织设计、（专项）施工方案是实施监理质量控制工作的依据之一，经总监理工程师签字确认后督促施工单位按照批准后的施工组织设计或方案组织实施，部分专项方案需经专家论证后实施。

（1）施工组织设计审核内容

① 编审程序应符合相关规定。

② 施工进度、施工方案及工程质量保证措施应符合施工合同要求。

③ 资金、劳动力、材料、设备等资源供应计划应满足工程施工需要。

④ 安全技术措施应符合工程建设强制性标准。

⑤ 施工总平面布置应科学合理。

（2）专项施工方案审核内容

① 编审程序应符合相关规定。

② 方案内容应完整并符合相关要求。

③ 施工工艺合理、质量安全技术措施可靠。

④ 应急措施应切实可行。

（3）施工进度计划

监理单位应收集施工单位按照合同、施工工艺等要求编制的施工总进度、年度、季度、月等计划，并按照相应进度计划对实际进度跟踪检查，做好动态控制，如出现滞后应及时提出，分析原因并要求做好调整和相应措施，确保工程按照合同工期完成。

进度计划审核内容：

① 各工作项目的施工顺序、平行搭接和技术间隙是否合理。

② 是否符合施工进度控制目标和施工总进度计划的要求。

③ 主要工种的工人是否能满足连续、均衡施工的要求。

④ 主要机具、材料的使用是否均衡和充分。

4. 分包单位资格报审文件资料

主要是通过审查分包工程是否签订正式分包合同，分包内容是否符合要求，其资质是否符合分包要求，营业执照、安全生产许可证是否齐全且有效等，保证分包工程质量。

5. 施工控制测量成果报验文件资料

专业监理工程师应检查、复核施工单位报送的施工控制测量成果及保护措施，签署意见。

对施工单位在施工过程中报送的施工测量放线成果进行查验。

施工控制测量成果及保护措施的检查、复核，应包括下列内容：

（1）施工单位测量人员的资格证书及测量设备检定证书。

（2）施工平面控制网、高程控制网和临时水准点的测量成果及控制桩的保护措施。

6. 总监理工程师任命书

总监理工程师任命书是监理单位对取得国家注册监理工程师证书人员授予负责项目及职责权利的凭证，未经监理单位法人授权不得擅自开展监理工作。

7. 工程材料、构配件、设备报验文件资料

工程材料、构配件、设备报验资料属于工程技术文件，项目监理机构应审查施工单位报送的用于工程的材料、构配件、设备的质量证明文件，并应按有关规定、建设工程监理合同约定，对用于工程的材料进行见证取样、平行检验。

项目监理机构对已进场经检验不合格的工程材料、构配件、设备，应要求施工单位限期将其撤出施工现场。

8. 工程质量检查报验资料及工程有关验收资料

项目监理机构应对施工单位报验的隐蔽工程、检验批、分项工程和分部工程进行验收，对验收合格的应给予签认；对验收不合格的应拒绝签认，同时应要求施工单位在指定的时间内整改并重新报验。对已同意覆盖的工程隐蔽部位质量有疑问的，或发现施工单位私自覆盖工程隐蔽部位的，项目监理机构应要求施工单位对该隐蔽部位进行钻孔探测、剥离或采用其他方法重新检验。

9. 工程变更、费用索赔及工程延期文件资料

（1）工程变更

项目监理机构可按下列程序处理施工单位提出的工程变更：

① 总监理工程师组织专业监理工程师审查施工单位提出的工程变更申请，提出审查意见。对涉及工程设计文件修改的工程变更，应由建设单位转交原设计单位修改工程设计文件。必要时，项目监理机构应建议建设单位组织设计、施工等单位召开论证工程设计文件修改方案的专题会议。

② 总监理工程师组织专业监理工程师对工程变更费用及工期影响作出评估。

③ 总监理工程师组织建设、施工等单位共同协商确定工程变更费用及工期变化，会签工程变更单。

④ 项目监理机构根据批准的工程变更文件监督施工单位实施工程变更。

项目监理机构可在工程变更实施前与建设、施工等单位协商确定工程变更的计价原则、计价方法或价款。建设单位与施工单位未能就工程变更费用达成协议时，项目监理机构可提出一个暂定价格并经建设单位同意，作为临时支付工程款的依据。工程变更款项最终结算时，应以建设单位与施工单位达成的协议为依据。

（2）费用索赔

项目监理机构应及时收集、整理有关工程费用的原始资料，为处理费用索赔提供证据。

项目监理机构处理费用索赔的主要依据应包括：

① 法律法规。

② 勘察设计文件、施工合同文件。

③ 工程建设标准。

④ 索赔事件的证据。

项目监理机构可按下列程序处理施工单位提出的费用索赔：

① 受理施工单位在施工合同约定的期限内提交的费用索赔意向通知书。

② 收集与索赔有关的资料。

③ 受理施工单位在施工合同约定的期限内提交的费用索赔报审表。

④ 审查费用索赔报审表。需要施工单位进一步提交详细资料时，应在施工合同约定的期限内发出通知。

⑤ 与建设单位和施工单位协商一致后，在施工合同约定的期限内签发费用索赔报审表，并报建设单位。

项目监理机构批准施工单位费用索赔应同时满足下列条件：

① 施工单位在施工合同约定的期限内提出费用索赔。

② 索赔事件是因非施工单位原因造成，且符合施工合同约定。

③ 索赔事件造成施工单位直接经济损失。

当施工单位的费用索赔要求与工程延期要求相关联时，项目监理机构可提出费用索赔和工程延期的综合处理意见，并应与建设单位和施工单位协商。

因施工单位原因造成建设单位损失，建设单位提出索赔时，项目监理机构应与建设单位和施工单位协商处理。

（3）工程延期文件

施工单位提出工程延期要求符合施工合同约定时，项目监理机构应予以受理。当影响工期事件具有持续性时，项目监理机构应对施工单位提交的阶段性工程临时延期报审表进行审查，并应签署工程临时延期审核意见后报建设单位。

当影响工期事件结束后，项目监理机构应对施工单位提交的工程最终延期报审表进行审查，并应签署工程最终延期审核意见后报建设单位。项目监理机构在批准工程临时延期、工程最终延期前，均应与建设单位和施工单位协商。

10. 工程计量、工程款支付文件资料

按建设工程施工合同规定日期和方式，由施工单位上报工程款支付申请表及有关材料；专业监理工程师根据施工合同审核要求，对合格的工程进行计量并审核施工单位上报的工程量和工程款。监理工程师审核后填写工程款支付证书，并附上经审核的有关工程量、工程款的资料报总监理工程师审查，总监理工程师签署工程款支付证书后上报建设单位。

11. 工程质量或生产安全事故处理文件资料

当出现工程质量、安全事故时，项目监理机构要及时要求施工单位报送质量事故调查报告和经设计等相关单位认可的处理方案，并对事故的处理过程进行跟踪检查，同时对处理结果进行验收。项目监理机构要及时向建设单位和工程监理单位提交有关质量事故的书面报告，质量事故处理完毕后，应将完整的质量事故处理记录整理归档。

（1）发生一般工程质量安全事故

监理工程师要及时签发监理工程师通知单（必要时，征得建设单位同意后由总监理工程师签发工程暂停令），待施工单位或设计单位提出处理方案，取得建设单位同意后，由监理工程师监督，施工单位负责处理，并报送项目监理机构备案。

（2）发生较大及以上质量安全事故

监理工程师要及时签发监理工程师通知单（必要时，征得建设单位同意后由总监理工程师签发工程暂停令）；督促施工单位必须在事故发生后 24 小时内向建设行政主管部门或质量（安全）监督站报告，建（构）筑物的主要结构倒塌或因事故造成人员伤亡的，施工单位应在 12 小时内报告，并逐级上报至住房和城乡建设部，事故原因、经济损失情况可待查后报告；应保护好现场，做好记录。

施工单位、监理单位、设计单位应会同建设单位尽快提出事故调查报告和处理方案（通常有加固、返工、限制使用等处理方案）。

监理资料整理

2.3.1　任务描述

监理资料分类依据主要有：

（1）《建筑工程施工质量验收统一标准》GB 50300；

（2）《建设工程监理规范》GB 50319；

（3）《建设工程文件归档整理规范》GB/T 50328；

（4）《建筑工程资料管理规程》JGJ/T 185；

（5）各地区、监理单位的规定要求。

由于各类资料的作用不同，单一地使用其中的一种形式，或不完整或有重复和多余，然而，这些资料在实际运行过程中，却是验证监理履责、工程实施状态、处理责任纠纷等的重要甚至是唯一的支撑材料。

2.3　监理资料分类

我们对工程资料中与监理相关的文件进行了整理筛选，结合《建筑工程资料管理规程》JGJ/T 185 的要求，编制了由"3 大类""13 个子目""50 个细目"组成的"项目监理资料分类名录"，作为监理资料供日常工作中整理参考用。

2.3.2　基础知识

1. 综合类资料

（1）监理合同

在项目中标、进场后，应了解备案、质监、安监、施工许可、归档等手续办理和相关部门流转等所需提供监理合同的份数和原件要求，及时催促相应合同文本的提供和储备；对公开招标（需收集"中标通知书"）或当地建设行政管理部门有规定要求的项目，要适时按照办理合同备案（通常在行政窗口），并加盖"建设工程合同备案专用章"；项目中一般采用复印件自存。

（2）监理单位

在工程中标后，通常在办理合同备案前（也有在投标前需办妥），及时办理在当地承接业务的备案手续，并将获得批准的"登记表"，连同公司"营业执照""资质证书"一并收集保存。

（3）项目监理人员组成资料

可采用"监理单位现场质量管理技术人员登记表"的格式，将项目备案人员、实际到位人员按需编表、加盖公司和建设单位章（表示公司派员或调整已获建设单位认可）、保存备查，要求及时按照实际变动情况作必要的变更调整；已做变更的旧表，应注意妥善保存。

（4）授权书

在公司办理总监理工程师授权书、见证员授权书和变更相应人员时，一式两份（至少复印一份），一份办手续，一份保存备查。

（5）监理规划

工程开工前，总监理工程师针对项目特点（规模、复杂程度等）及时组织编制监理规划并报公司技术负责人审批（加盖公章后方有效），审批后及时报建设单位以利于开工手续的办理，监理规划应有一定的针对性和指导意义。工程开工后，根据实际需要可编制安全监管规划、旁站监理方案、见证取样和送检计划、测量放线、桩基、挖土支护、基础结构、主体结构、装饰、保温节能、屋面、防水、钢结构、安装工程及其他专项工程等监理细则，监理细则应根据工程实际进展及时编制，不滞后；监理规划根据实际变化情况及时调整。

（6）会议纪要

会议纪要包含第一次工地会议、监理例会、专题会议、其他会议等。会议纪要相关资料一般由会议纪要、会议签到表、保留会议纪要的签发记录组成。

（7）监理通知

当发生质量、安全等较为严重的问题时应及时签发监理通知书要求整改，并注明整改复查时间，以便形成良好督促作用，一般情况下总监理工程师或专业监理工程师签字要求手写，并将回复附在通知后面一并保存。

（8）监理工作报告

质量评估意见报告：在基础、主体等分部工程验收时，根据日常监理工作实施情况编制相应的监理质量评估报告，整理保存应按时间顺序排列。

月报：每月按建设单位等要求，总监理工程师应按时组织编制监理月报，按时间顺序编号整理排列。

（9）竣工验收资料

监理单位应收集单位工程竣工验资料以及人防、消防、有线电视、监控、特种设备检验、环保验收、排污、园林、市政、规划等各专项验收合格取得的相应证明文件。

2.4 监理资料分目表

（10）监理日志

项目开工以后，总监理工程师指定监理人员编写监理日志，日志要求如实记录工作，具有可追溯性，发现问题要有据可查并及时处理形成封闭的记录；原材料验收、隐蔽验收等内容必须在日志中全面反映，每半月或一个月总监理工程师要对监理日志进行一次检查并签批意见。

2. 进度、质量、投资、安全等资料

项目监理机构应按分类目录内容收集施工过程中形成的进度、质量、投资、安全等资料，并对相关资料进行编制目录分类保存，以方便施工过程工作需要时检索。

2.5 档案盒封面

3. 施工过程资料整理档案外封面、内封面、案卷脊背制作要求

（1）外封面（即档案盒封面）

要求打印大小为 A5，案卷题名依次为：工程名称→类别→子目→细目→文件或附件，其中类别、子目、细目前分别按照表格分类添加编号，文件或附加自行编号，同一子目为一卷。

（2）内封面（即每册资料的封面）

　　　要求打印大小为 A3，案卷题名依次为：工程名称→类别→子目→细目，其中类别、子目、细目前分别按照表格分类添加编号，同一细目为一卷，像原材料、检验批等资料较多的可自行按照要求再行分类归档。

（3）案卷脊背

根据案卷情况，自行调整宽度。

2.6　每册资料封面　　　2.7　案卷脊背

监理资料管理训练

步骤 1 编制监理资料清单

研读指定的模拟工程（如"××学生公寓"）施工图纸，结合建筑施工技术、建筑施工组织等课程所学内容，选定适当的建筑施工和组织方法，编制各阶段工作项的时间计划，结合训练导航中介绍的建设工程监理工作项和对应的监理资料，在表 2-28 监理资料清单的空格中补齐工作项及对应的工程资料内容。如，××学生公寓 2019 年 4 月 15 日开始项目的可行性研究，2020 年 12 月竣工验收。在此期间所进行的工程建设活动（工作项）及对应产生的工程资料部分已填入表 2-28 中，其余未填入的需由学生在老师的指导下补充完成。

监理资料清单

表 2-28

序号	阶段	工作项	时间	资料名称（照片）
1	工程准备阶段	可行性研究	2019 年 4 月 15 日—2019 年 6 月 30 日	可行性研究报告及审批意见
2	工程准备阶段	设计招标、初步设计	2019 年 4 月 10 日—2019 年 8 月 30 日	设计合同、初步设计方案及批复
3	工程准备阶段	规划手续办理	2019 年 9 月 1 日—2019 年 10 月 1 日	规划许可证及附图
4	工程准备阶段	施工图设计和审查	2019 年 9 月 1 日—2019 年 11 月 15 日	施工图设计文件审查合格书及审查报告
...	......	......	......	......
	开工准备	项目策划	2020 年 2 月 9 日—2020 年 3 月 9 日	监理规划、监理实施细则、施工组织设计报审表
...	......	......	......	......
	基础工程阶段	建筑定位放线	2020 年 3 月 10 日—2020 年 6 月 10 日	施工控制测量成果报验
...	......	......	......	......
	主体工程阶段	楼层轴线、标高引测	2020 年 6 月 11 日—2020 年 7 月 30 日	施工控制测量成果报验表
...	......	......	......	......
	屋面工程阶段	屋面找坡	2020 年 8 月 15 日—2020 年 10 月 15 日	____报验报审表
...	......	......	......	......
	装饰和节能工程阶段	内墙抹灰	2020 年 8 月 15 日—2020 年 10 月 15 日	____报验报审表、检验批平行检验记录

续表

序号	阶段	工作项	时间	资料名称（照片）
...	......	......	......	......
	竣工验收阶段	竣工图绘制	2020 年 11 月 15 日—2020 年 12 月 15 日	土建工程竣工图……
...	......	......	......	......

步骤 2　收集监理资料

根据编制好的监理资料清单，在本教材提供的样表和电子资料（或其他参考资料）中，通过鉴别、选择，收集所需要的正确资料，在表中对应位置插入收集来的资料照片（如表 2-29）。完成上述工作后，要检查遗漏，核对资料的时间与监理资料清单中的时间是否一致，反映的工作项逻辑顺序关系是否正确。前期准备阶段资料收集参照单元 1.4 施工资料管理训练中"步骤 2 收集施工资料"，施工阶段监理资料收集（如报验报审资料等）具体操作可以参照表 2-29 监理合同文件等资料收集的做法。监理资料参考样式请扫监理资料收集电子资源二维码。

监理合同文件及项目监理机构资料 表 2-29

序号	资料名称	编制日期	资料文本
1	建设工程监理合同	2020 年 11 月 13 日	
2	监理单位项目监理机构人员登记表		

步骤 3 编制监理资料

根据编制好的监理资料清单，按照监理资料编写方法和要求，结合指定工程（如××学生公寓）的工程情况，完成监理规划、监理实施细则、监理例会会议纪要、监理日志、监理月报、监理工作总结、原材料半成品进场验收登记表、工程质量现场试验检测见证记录表、平行检验记录等资料的编制（需编制的资料格式和表格请扫"监理资料编写电子资源"二维码）。编写完成的资料依次填入监理资料清单中。

步骤 4 整理监理资料

根据监理资料整理的分类要求（单元 2.3 监理资料整理，或《建筑工程资料管理规程》），将收集、编制好的资料进行分类和组卷。参照单元 1.4 施工资料管理训练中"步骤 4 整理施工资料"，制作案卷封面、脊背、资料目录，最后进行整理、组卷、装盒保存。

附

1. 监理资料收集训练电子资源（二维码）清单

2.8 监理合同　　　2.9 监理项目人员登记表　　　2.10 建设工程监理基本表式（含施工阶段报审报验表）

2. 监理资料编写训练电子资源（二维码）清单

2.11 监理规划　　2.12 工程质量评估报告　　2.13 监理细则　　2.14 监理例会会议纪要

2.15 原材料、半成品进场验收登记表　　2.16 工程质量现场试验检测见证记录表　　2.17 平行检验记录　　2.18 监理日志样式

2.19 监理月报 2.20 监理工作总结 2.21 工程暂停令、开工令等其他表格 2.22 监理日志

项目小结

本项目的内容着重通过训练能根据工程进展和实际发生情况收集监理管理资料、进度控制资料、质量控制资料、造价控制资料、合同管理资料和竣工验收资料等，并对相关资料进行目录登记或台账登记。同时掌握监理规划、监理细则、监理月报、会议纪要、监理日志、监理工作总结、评估报告、见证记录、总监理工程师任命书、工程开工令、监理通知单、监理报告、工程暂停令、旁站记录、工程复工令、工程款支付证书等监理管理资料及部分质量和造价控制资料的填写规定和要求。

思考与拓展题

1. 工程实施阶段，与监理资料管理密切相关的单位有哪些？
2. 施工阶段日常监理资料包含哪些？
3. 监理资料整理流程有哪些？
4. 监理人员怎样对施工单位工程资料进行管理？
5. 在监理资料中体现出哪些监理人员对项目的管理工作？

安全资料管理

知识目标：

了解安全管理资料的内容；熟悉安全资料整理的基本要求；掌握安全活动和安全设备设施的安全检验资料填写、编制要点。

能力目标：

能按工程进度收集、登记安全资料；能按工程实际填写、编制安全资料表格；掌握安全资料整理归档。

学习重点、难点与关键点：

重点：安全活动的记录和安全资料的整理。

难点：安全活动和设备设施安全检验资料的填写编制。

关键点：安全检查验收资料填写。

安全资料的填写、编制

　　安全资料管理中，填写、编制的安全资料是指根据工程进度开展安全活动的记录和安全设施设备安全检查形成的验收表格。这部分资料管理的要点是根据安全资料清单、工程进度、主管部门的要求规范填写和编制。

3.1.1　任务描述

　　(1) 安全活动：包含工地安全日记、班组安全活动记录表、企业负责人施工现场带班检查记录、项目负责人施工现场带班记录、各类安全专项活动实施情况检查记录表等。

　　(2) 安全检查与验收：包括文明施工、消防安全检验、安全生产检验、高处作业防护设施安全检验、模板检验、脚手架工程检验、施工用电检验、安全防护设施和施工机械检验等。

3.1.2　基础知识

1. 安全活动

　　(1) 工地安全日记（表 3-1）

　　工地安全日记应由项目专职安全员逐日填写。

工 地 安 全 日 记　　　　　　　　　　表 3-1

日　期	2019 年 5 月 8 日	天　气	晴
安全生产情况	安全员开展安全日检巡查，及时纠正违章作业。检查中发现外架子里侧立杆与结构间隙大，无防护；未按规定设隔层和随层安全网；马道与结构拉结点太少，稳定性差。二级配电箱设置不合理，未做到一个回路、一个漏电保护；临电使用的配电箱箱底未封闭，不防尘。已经通知架子班与电工整改。 　　今日安全生产、治安消防无事故。 　　　　　　　　　　　　　　　　　专职安全员：×××		
日　期	2019 年 5 月 8 日	天　气	晴
安全生产情况	安全员开展安全日检巡查，及时纠正违章作业。检查中发现配电室内堆放材料；配电室配的干粉灭火器（两个）有一个气体放空。木工车间锯末未及时清理，未做好落手清。电焊机未做到一机一闸一箱一漏制。切断机、调直机等机械传动皮带未按要求安装齐全。已按要求"三定"整改。 　　今日安全生产、治安消防无事故。 　　　　　　　　　　　　　　　　　专职安全员：×××		

　　填写要求：工地安全日记应记录当天生产安全情况；项目部安全宣传教育、安全检查、安全

例会、安全演练等安全活动情况；安全隐患排查和整改情况；职工遵章守纪情况；治安保卫和卫生检查情况，不定期对职工开展卫生防病宣传教育情况；上级有关部门检查等情况。

（2）班组安全活动记录表（表 3-2）

班组安全活动记录表由班组长或班组兼职安全员逐日负责填写。

班组安全活动记录表　　　　　　　　　　　　　　　　　　表 3-2

工程名称：××学生公寓　　　　　　班组：泥工班

日　期	2019 年 4 月 2 日	主持人	×××
天　气	晴		
作业部位	基础	活动类别	班前、班后教育

工作内容	挖土
安全生产活动内容	上岗交底：挖掘机操作中进铲不应过深，提升不应过猛，不得在输电线路下工作，在输电线路一侧工作，任何情况下，机械的任何部位与架空输电线路的最近距离应符合安全操作规程要求。 上岗检查：挖土时要注意土壁的稳定性，发现有裂缝及倾斜坍塌可能性时，人员要立即离开并及时处理。 上岗教育：严格遵守安全生产六大纪律。 下岗检查：机械设备是否切断电源，场地是否清理干净。
参加人员签名：	×××　×××　×××

记录人：×××

填写要求：班组安全生产活动内容包括班组开展班前上岗三活动（上岗交底、上岗检查、上岗教育）和班后下岗检查等。班组开展的安全讲评活动也应记入本台账。活动类别一栏按班前、班后或安全讲评填写。

（3）企业负责人施工现场带班检查记录（表3-3）

建筑施工企业应建立企业负责人现场带班检查制度，明确带班检查的职责权限、组织形式、检查内容、方式以及考核办法等具体事项，企业负责人现场带班检查记录应存放于项目部备查。

企业负责人施工现场带班检查记录   表 3-3

单位名称	××建设有限公司		
工程名称	××学生公寓		
带班日期		工程形象进度	
带班人姓名		职 务	
参加人员			
带班检查工作内容： 　　1. 项目负责人、专职安全员在现场履职情况； 　　2. 专项方案的编制、审核、审批、论证； 　　3. 危险性较大的分部分项工程施工过程中项目负责人或相关技术人员旁站情况； 　　4. 垂直运输机械设备备案、安装、拆除、使用登记手续合法性； 　　5. 特种工持证上岗情况； 　　6. 项目负责人定期组织的检查整改记录情况； 　　7. 危险源管理情况及公示牌设立情况； 　　8. 项目部防坍塌、防起重伤害、防高处坠落、防火灾、防物体打击等应急预案的编制、演练情况； 　　9. 项目部组织的安全教育情况； 　　10. 规范要求的其他检查内容。			
带班检查人意见或工作要求： 项目部要落实防火灾、防物体打击等应急措施。 企业负责人：　　　　　　　　　　　　　　2019年6月1日			

注：1. 企业负责人指企业法人代表、总经理、副总经理、总工程师、副总工程师、安全质量部门负责人；分公司经理、副经理、技术负责人。
　　2. 本记录由带班检查人签字并分别在企业和项目部存档备查。

填写要求：建筑施工企业负责人要定期带班检查工程项目质量安全生产状况及项目负责人带班生产情况，每月检查时间不少于其工作日的 25%。检查时应做好检查记录。

（4）项目负责人施工现场带班记录（表3-4）

项目负责人是项目安全管理第一责任人，应认真履行施工现场带班制度，每日做好带班记录。项目负责人包括总承包、专业分包、劳务分包单位项目负责人。

项目负责人施工现场带班记录 表3-4

工程名称：××学生公寓

日　期	2020 年 5 月 8 日	天　气	晴
带班工作部位			
当天工地主要生产活动			
带班工作内容：			
带班意见或工作要求：			

项目负责人：×××　　　　2020 年 5 月 8 日

注：本记录由带班人签字在项目部存档备查。

填写要求：项目负责人施工现场带班记录填写要求：项目负责人必须确保每月在现场带班生产的实际时间不少于本月施工时间的80%，不得擅自离岗。项目负责人因事不在岗时应书面委托具有相应资格的人员代行管理工作，书面委托应报项目监理机构备案并现场留存备查。因事不在岗时间不得超过本月施工时间的20%。

（5）各类安全专项活动实施情况检查记录表（表3-5）

施工单位和项目部应积极响应各级政府主管部门组织开展的各类安全专项活动，活动后应做好记录，活动情况需要上报的应及时上报，由项目专职安全员填写，项目负责人签字确认。

各类安全专项活动实施情况检查记录表   表 3-5

工程名称	××学生公寓		
专项活动名称	.	专项活动组织部门	
专项活动内容			
检查组人员	×××	检查日期	2019 年 5 月 8 日
项目部参加人员	×××		

项目部对安全专项活动的实施情况：

上级部门检查组对安全专项活动提出的整改意见：

整改落实情况：

项目负责人：×××   2019 年 5 月 13 日

注：施工企业和项目部应积极贯彻建设行政主管部门开展的各类安全专项活动，并进行记录存档备查。施工企业自行开展的各类安全活动也应按本表进行记录。

记录人：×××   2019 年 5 月 13 日

2. 安全检查与验收

（1）文明施工验收表

文明施工检查应符合《建设工程施工现场消防安全技术规范》GB 50720 和《建设工程施工现场环境与卫生标准》JGJ 146、《施工现场临时建筑物技术规范》JGJ/T 188 的规定，检查验收结果填入表 3-6 中。

文明施工验收表 表 3-6

序号	验收项目	技术要求	验收结果
1	专项方案	施工现场文明施工应单独编制专项方案，制订专项安全文明施工措施。经项目负责人批准后方可实施	符合要求
2	封闭管理	围墙应沿工地四周连续设置，要求坚固、稳定、整洁、美观，不得采用彩条布、竹笆等。市区围墙设置高度不低于 2.5m 且应美化，其他工地高度不低于 1.8m；彩钢板围挡高度不宜超过 2.5m，立柱间距不宜大于 3.6m，围挡应进行抗风计算；进出口应设置大门、门卫室，门头应有企业形象标志。大门应采用硬质材料制作，能上锁且美观、大方。外来人员进出应登记，工作人员必须佩戴工作卡	符合要求
3	施工场地	施工现场主要道路、加工场地、生活地面应混凝土硬化，应平整、畅通，裸露的场地和集中堆放的土方应采取覆盖、固化等措施。施工现场应设置吸烟处。建筑材料、构件、料具须按总平面布置图，分门别类堆放，并标明名称、品种、规格等，堆放整齐，有防止扬尘措施	符合要求
4	现场绿化	位于城市主要道路和重点地段的建筑工地，应当在城市道路红线与围墙之间、沿施工围墙及建筑工地合适区域临时绿化；现场出入口两侧，须进行绿化布置，种植乔木、灌木，设置花坛并布置草花；在建筑工地办公区、生活区的适当位置布置集中的绿地，绿地布置应以开敞式为主并设置花坛	符合要求
5	进出车辆	从事土方、渣土、松散材料和施工垃圾运输应采取密闭式运输车辆或采取覆盖措施；施工现场出入口处应采取保证车辆清洁的冲水设施（洗车池及压力水源），并设置排水系统，做到不积水、不堵塞、不外流	符合要求
6	临时用房	临时用房选址应科学合理，搭设应编制专项施工方案。现场作业区与生活区、办公区必须明显划分。宿舍内净高度不低于 2.5m，必须设置可开启式窗户。宿舍内的床铺不得超过 2 层，每间宿舍不宜超过 8 人，严禁采用通铺，临时用房主体结构安全，必须具有产品合格证或设计图纸	符合要求
7	生活卫生设施	施工现场应设置食堂、厕所、淋浴间、开水房、密闭式垃圾站（或容器）及盥洗设施等临时设施。盥洗设施应使用节水龙头，食堂必须有餐饮服务许可证。炊事员必须持健康证上岗，应穿戴洁净的工作服、工作帽和口罩，食堂配置消毒设施。办公区和生活区应有灭鼠、灭蟑螂、灭蚊、灭蝇等措施。固定的男女淋浴室和厕所，顶棚、墙面刷白，墙裙应当贴面砖，地面铺设地砖，厕所应为自动水冲式或移动式厕所。宿舍建立卫生管理制度，生活用品摆放整齐	符合要求
8	防火防中毒	建立防火防中毒责任制，有专职（或兼职）的消防安全人员及足够的灭火器，在建工程（高度 24m 以上或单体 30000m³ 以上）应设置消防立管，数量不少于 2 根，管径不小于 DN100，每层留消防水源接口，配备消防水枪、水带和软管；动用明火必须有审批手续和监护人，易燃易爆的仓库及重点防火部位应有专人负责。宿舍内严禁使用煤气灶、电饭煲及其他电热设备。宿舍区域内设置消防通道，且有标志，使用有毒材料或在有可能存在有毒气体的部位施工要采取防中毒措施	符合要求
9	综合治理	建立门卫值班制度，治安保卫责任制落实到人，建立防范盗窃、斗殴等事件发生的应急预案，建立学习和娱乐场所。现场建立职业培训学校，开展培训活动	符合要求

续表

序号	验收项目	技术要求	验收结果
10	标牌标识	现场设有"五牌二图"及读报栏、宣传栏、黑板报；主要施工部位、作业点和危险区域以及主要通道口必须针对性地悬挂醒目的安全警示牌和安全生产宣传横幅	符合要求
11	保健急救	现场必须备有保健药箱和急救器材，配备经培训的急救人员。经常开展卫生防病宣传教育，并做好记录	符合要求
12	节能环保	临时设施应采用节能材料，墙体、屋面应采用隔热性能好的材料。施工现场采取降噪声措施，夜间施工应办理有关手续，现场禁止焚烧各类废弃物质，对现场易飞扬物质采取防扬尘措施，生活和施工污水经过处理后排放	符合要求
施工单位验收意见	××建设有限公司 ××学生公寓 项目部 ×××	监理单位验收意见	××监理有限公司 ××学生公寓 项目监理部 ×××	验收人员	项目负责人：××× 项目技术负责人：××× 项目施工员：××× 项目安全员：××× 验收日期：2019 年 5 月 13 日

填写要求：

项目部应在基础、主体工程施工及结顶后、装饰工程施工时分四阶段进行文明施工综合检查验收，施工过程中完成的项目应及时进行验收。

文明施工验收应对照文明施工专项方案，按现行规范、标准、规章及本表要求进行，对验收中未达到要求的部分应形成整改记录并落实人员整改。

文明施工验收由项目负责人组织，项目技术负责人、安全员及有关管理人员参加。项目监理工程师应当参加并提出验收意见。

（2）施工临时用房验收表（表 3-7）

根据建设部建质（2003）82 号《建筑工程预防坍塌事故若干规定》的要求，结合当前建筑施工临时设施时有坍塌的情况，提出对施工现场搭设临时用房应进行验收的要求。

施工临时用房验收表　　　　　　　　　　　表 3-7

工程名称：　××学生公寓

序号	验收项目	技术要求	验收结果
1	专项方案	施工现场临时用房应单独编制专项施工方案，编制、审核、审批手续齐全	符合要求
2	地基与基础	地基加固、基础构造及强度、基础与墙体连接、房屋抗风措施应符合施工图	符合要求
3	房屋建筑	各种建筑尺寸、标高、面积应符合施工图及合同要求	符合要求
4	房屋结构	房屋结构构件材料、结构件的连接（焊接）节点、结构支撑件安装应符合施工图和有关标准要求，当采用金属夹心板材时，其芯材的燃烧性能等级应为 A 级	符合要求
5	使用功能	门窗开闭是否灵活，防火、隔热、防盗等应符合要求	符合要求
6	用电设备	用电线路敷设、开关插座及电气设备安装、线路接地等应符合用电安全标准	符合要求

施工单位验收意见	（印章：××× ××学生公寓 项目部）	监理单位验收意见	（印章：××× ××学生公寓 项目监理部）	验收人员	临时用房搭设单位负责人：××× 项目技术负责人：××× 项目施工员：××× 项目安全员：××× 验收日期：2020 年 5 月 3 日

填写要求：

临时用房验收应按照设计文件及专项方案对基础、建筑结构安全、抗风措施、房屋所附电气设备、防火情况进行验收，并填写临时设施验收表。未经验收或验收不合格者不得投入使用。

临时用房验收时应检查材料产品合格证、产品检测检验合格报告及生产厂家生产许可证等。

验收由项目技术负责人组织临时用房搭设负责人、施工负责人、项目安全员进行验收。项目监理工程师应当参加验收并提出验收意见。

（3）消防安全检查记录表（表 3-8）

项目部应根据现场消防安全管理制度对防火技术方案的落实情况进行定期检查，项目部专（兼）职消防员或安全员应开展日常巡查和每月定期安全检查，并将检查情况记入消防安全检查记录表。

消防安全检查记录表　　　　　　　　　　　　　　表 3-8

工程名称	××学生公寓	项目负责人	×××
专（兼）职消防员	×××	检查时间	2020 年 5 月 3 日

检查情况			
整改措施			
整改人员（签名）	×××		
复查（验证）情况	专（兼）职消防员签名：××× 　　复查时间：2020 年 5 月 6 日		

填写要求：项目部对检查中发现的消防安全隐患，应责成整改人员进行整改，整改落实情况记入消防安全检查记录表，由项目部项目专（兼）职消防员负责复查确认。

（4）安全生产检验

安全生产检验包含安全生产检查记录汇总表、项目安全生产检查记录表。

1）安全生产检查记录汇总表（表 3-9）

安全检查是对施工安全进行过程控制、保证安全生产的重要手段，通过检查可及时发现不安全状态，制止不安全行为，消除起因物和致害物，实现施工安全的目的。本节所指的安全生产检查包括各种形式的检查。

安全生产检查记录汇总表　　　　　　表 3-9

工程名称：　××学生公寓

编号	检查时间	检查单位	整改通知书编号	整改通知书回执编号	限期整改或停工整改	整改情况

注：行业主管部门、建设单位、监理单位和施工企业等安全生产检查、项目部安全检查应一并汇总在本表。其检查记录附在本台账后。

填写要求：

根据《建设工程安全生产管理条例》以及有关规定的要求，施工单位应对所承担的建设工程进行安全生产检查，并做好安全检查记录。监理单位应对建设工程安全生产承担监理责任。行业主管部门履行安全监督检查职责。各级组织的安全检查记录应收集汇总和保存。

为了考核和评价工程项目部对施工安全的过程控制状况，并使安全检查和验收具有可追溯性，项目部应建立安全检查记录台账，将行业主管部门、监理单位、建设单位和施工企业的安全生产检查以及项目部组织的自查记入安全生产检查记录汇总表内并将检查原始记录和有关资料（事故隐患整改通知书、监理工程师通知书、整改回执等）附在表后。

2）项目安全生产检查记录表（表 3-10）

项目安全生产检查记录表是项目部组织安全生产检查的原始记录，项目部应妥善保存。项目部应每周定期组织一次检查，实现安全生产检查制度化。

项目安全生产检查记录表　　　　　　　　　表 3-10

编号：

检查时间	2019 年 5 月 2 日	组织人	×××
检查人员	×××		
检查项目或部位			
检查记录：			
检查人员（签名）	×××		
检查整改落实情况（定措施、定人员、定时间）：			
整改人员（签名）	×××		
复查 （验证） 结论	复查人（签名）：×××　　　　复查时间：2019 年 5 月 7 日		

填写要求：

项目部每周安全检查（简称周检）由项目负责人或项目安全生产负责人组织，项目专职安全员、施工作业班组负责人及有关专业人员参加检查。有分包单位的，分包单位的安全负责人应当参加检查。项目部组织周检可通知现场监理单位，监理单位可派员参加并提出监理意见。

项目部周检应根据不同施工阶段的安全生产状况有针对性地开展检查，做到重点检查和全面检查相结合，对危险性较大的分部分项工程在施工过程中必须进行检查，并在记录中反映。

项目部周检后应填写项目安全生产检查记录表，对应整改的事项落实整改责任人，及时进行整改并记录整改后的情况。检查人员、整改人员和复查人员应在记录表中签字。

（5）高处作业防护设施安全验收表（表 3-11）

除"三宝"（安全帽、安全网、安全带）外，施工中应对"四口五临边"［楼梯口、电梯（管道）井口、预留洞口、通道口及基坑、阳台、楼、屋面、卸料平台临边］及攀登和悬空作业及时加设防护。防护设施应按规定的要求搭设并进行日常维护。如发生交叉施工必须拆除部分防护设施时应经项目安全员同意并采取其他安全措施，交叉施工完成后必须进行二次防护。任何人不得随意拆除防护设施。

交叉施工阶段专业分包单位应对分包工程范围内的安全防护设施负责、总包单位履行检查监督责任。

施工现场提倡防护设施采用定型化、工具化产品制作，达到安全有效、拆卸灵活、可重复使用的效能。对"三宝"的使用规定和"四口五临边"防护设施的搭设质量应符合表 3-11 所列的技术要求及《浙江省建筑施工现场安全质量标准化管理实用手册》第四章和《浙江省建筑施工安全标准化管理规定》的要求。

高处作业防护设施安全验收表 　　　　　　　　表 3-11

施工单位：××建设单位　　　　工程名称：××学生公寓

序号	验收项目	技术要求	验收结果
1	安全帽	应符合 GB 2811 标准，进场使用前必须经检测合格，不得使用缺对、缺带及破损的安全帽，在使用期内使用	符合要求
2	安全网	必须有产品生产许可证和产品合格证，产品应符合 GB 5725 标准。进场使用前必须经检测合格	符合要求
3	安全带	必须有产品生产许可证和质量合格证，产品应符合 GB 6095 标准。进场使用前必须经检测合格。安全带外观无异常，各种部件齐全。在使用期内使用	符合要求
4	楼梯口 电梯井口	楼梯口和梯段边应在 1.2m、0.6m 高处及底部设置三道防护栏杆。杆件内侧挂密目式安全网。顶层楼梯应有防护设施。安全防护门高度不得低于 1.8m，并设置 180mm 高踢脚板。电梯井内应每层设置硬隔离措施。防护设施定型化、工具化，牢固可靠	符合要求
5	预留洞口 坑井防护	楼板面等处短边长为 250～500mm 的水平洞口、安装预制构件时的洞口以及缺维临时形成的洞口，应设置盖件，四周搁置均衡，并有固定措施；短边长为 500～1500mm 的水平洞口，应设置网格式盖件，四周搁置均衡并有固定措施，在上面满铺木板或脚手片；短边长大于 1500mm 的水平洞口，洞口四周应增设防护栏杆。各种预留洞口防护设施应严密、稳固	符合要求
6	通道口 防护	防护棚宽度、长度符合规定，各通道应搭设双层防护棚，采用脚手片时，层间距为 600mm，铺设方向应相互垂直，防护棚应按建筑物坠落半径搭设，各类防护应有单独的支撑系统，不得悬挑在外架上	符合要求
7	临边防护	临边防护应在 1.2m、0.6m 高处及底部设置三道防护栏杆，杆件内侧挂密目式安全立网。横杆长度大于 2m 时，必须加设栏杆柱。坡度大于 1∶2.2 的斜面（屋面），防护栏杆的高度应为 1.5m。双笼施工升降机卸料平台门与门之间空隙处应封闭。吊笼门与卸料平台边缘的水平距离不应大于 50mm。吊笼门与层门间的水平距离不应大于 200mm	符合要求
8	攀登作业	梯脚底部应坚实，不得垫高使用；折梯使用时上部夹角宜为 35°～45°，并应有可靠的拉撑装置，梯子材质和制作质量应符合规范要求	符合要求
9	悬空作业	悬空作业处应设置防护栏杆或其他可靠的安全措施。悬空作业所有的索具、吊具等应经验收，悬空作业人员应系挂安全带或佩带工具袋	符合要求
10	移动式 操作平台	操作平台按规定进行设计计算。移动式操作平台，轮子与平台应连接牢固、可靠，立柱底端距离地面不得大于 80mm。操作平台应按设计和规范要求组装，平台台面铺板严密。操作平台四周应按规定设置防护栏杆，并设置登高扶梯，操作平台的材质应符合规范要求	符合要求
11	悬挑式 物料平台	悬挑式物料平台的制作、安装应编制专项施工方案，并应进行计算。悬挑式物料平台的下部支撑系统或上部拉结点，应设置在建筑结构上；斜拉杆或钢丝绳应按规范要求在平台两侧设置前后两道；钢平台两侧必须安装固定的防护栏杆，并应在平台明显处设置荷载限定标牌；钢平台台面、钢平台与建筑结构间铺板应严密、牢固	符合要求

施工单位验收意见	监理单位验收意见	项目负责人：××× 项目技术负责人：××× 项目施工员：××× 项目专职安全员：××× 有关人员：××× 验收日期：2019 年 4 月 7 日
（印章） ×××	（印章） ×××	验收人员

　　高处作业防护设施安全验收表填写要求：安全防护设施搭设后项目施工负责人应及时组织项目施工员、安全员及有关专业人员进行验收，一般情况下每一楼层不少于一次验收。项目监理人员应监督项目部验收情况并提出验收意见，对不符合的内容应当提出验收意见。参加验收的人员应在高处作业防护设施安全验收表内签字。对不符合要求的项目部应落实人员及时进行整改。

　　（6）模板检验

　　模板支架工程检验包括：模板支架验收记录、模板支架工程安全技术综合验收表、模板拆除申请表。

　　1）模板支架验收记录表（表3-12）

　　填写要求：

　　根据《建筑施工扣件式钢管模板支架技术规程》DB33/T 1035的要求，对扣件式钢管模板支撑系统，每层（座）支模架搭设完成后必须及时验收，验收时应按上述规程并对照专项施工方案，检查现场实际搭设情况与施工方案的符合性。

　　模板支架验收应按表3-12内容逐项进行并做出记录。对安装后扣件螺栓拧紧扭力矩应采用扭力扳手检查，高大模板支架梁底水平杆与立杆连接扣件螺栓拧紧扭力矩应全数检查。验收后应对验收结果做出结论。对验收中发现不符合要求的必须责令返工整改。未经验收或验收不合格者不得进入下道工序或浇筑混凝土。

　　扣件式钢管模板支撑系统的验收由工程项目部组织，项目负责人或项目技术负责人、安全员、作业班组负责人及相关人员应参加验收，监理工程师也应当参加验收。对专家论证的高大支模架工程施工企业相关部门的人员应参加验收。参加验收的人员应签字。

模板支架验收记录表　　　　　　　　表3-12

项目名称			××学生公寓									
搭设部位				高度			跨度			最大荷载		
搭设班组							班组长					
操作人员持证人数						证书符合性						
专项方案编审程序符合性				技术交底情况			安全交底情况					
钢管扣件	进场前质量验收情况											
	材质、规格与方案的符合性											
	使用前质量检查情况											
	外观质量检查情况											
检查内容		允许偏差		方案要求			实际质量情况					符合性
立杆间距	梁底	＋30mm										
	板底	＋30mm										

续表

步距	＋50mm									
立杆垂直度	≤0.75％且 ≤60mm									
扣件拧紧	40～65N·m									
立杆基础										
扫地杆设置										
连墙件设置										
立杆搭接方式										
纵、横向水平杆设置										
剪刀撑	垂直纵横向水平									
	水平（高度＞4m）									
其 他										
施工单位检查结论	结论： 检查日期：2019 年 7 月 6 日 检查人员：×××　　项目技术负责人：×××　　项目负责人：×××									
监理单位验收结论	结论： 检查日期：2019 年 7 月 7 日 专业监理工程师：×××　　　总监理工程师：×××									

2）模板支架工程安全技术综合验收表（表 3-13）

填写要求：

为了加强对模板工程施工安全管理，除了对模板支架工程进行验收外，还应对模板工程在搭设完成后进行综合验收。验收时应按表 3-13 所列验收项目，依据专项施工方案和有关规范、标准进行，表内所列的技术要求是一般情况下的最低要求，当与专项施工方案和有关规范、标准不一致时，应以专项施工方案和有关规范、标准为准。

模板工程验收时，应先检查模板支架工程专项施工方案的编审手续是否齐全，超过一定规模危险性较大的模板支架工程是否按规定进行专家论证。方案实施前是否进行了分部分项工程安全技术交底以及搭设使用的承重杆件、连接件等材料的产品合格证、生产许可证、检验报告等证件是否齐全。

模板工程的验收应按施工部位分层分段验收。验收结果应尽量量化，按照验收表、模板支架专项施工方案以及标准规范等逐项验收。

模板工程安全技术综合验收由工程项目部组织，由项目负责人组织项目技术、安全、质量管理及有关人员进行验收。监理单位的专业监理工程师应当参加验收，超过一定规模的模板支架工程施工企业的相关部门也应参加验收。验收后应签署意见，并加盖验收组织单位公章。对不符合要求的应提出整改处理意见，项目部应落实人员整改。

模板拆除应建立审批制度，拆模前应查阅混凝土强度试验报告并履行审批手续（表 3-14）。

模板支架工程安全技术综合验收表　　　　表 3-13

工程名称：　××学生公寓　　　　验收部位：

序号	验收项目	技术要求	验收结果
1	专项方案	模板支架工程专项施工方案编制、审核、审批手续齐全，超过一定规模危险性较大的模板支架工程应按规定进行专家论证。方案实施前必须进行安全技术交底	符合要求
2	支架基础	基础坚实、平整、承载力符合方案要求，支架底部垫板符合规范要求，底部设纵横向扫地杆，有排水措施	符合要求
3	支架构造	立杆纵横间距不应大于1.2m，模板支架步距不应大于1.8m，水平杆连续设置；模板支架四周应满布竖向剪刀撑，中间每隔四排立杆设置一道纵、横向剪刀撑，由底至顶连续设置；模板支架四边与中间每隔4排立杆，从顶层开始向下每隔2步设一道剪刀撑	符合要求
4	支架稳定	支架高宽比不宜大于3，当高宽比大于3时，应设置缆风绳或连墙件；立杆伸出顶层水平杆中心线至支撑点的长度应符合规范要求；浇筑混凝土时应对架体基础沉降、架体变形进行监控，基础沉降、架体变形应在规定允许范围内	符合要求
5	施工荷载	施工均布荷载、集中荷载应在设计允许范围内；当浇筑混凝土时，混凝土堆积高度应符合规定	符合要求
6	杆件连接	立杆应采用对接、套接或承插式连接方式，水平杆的连接应符合规范要求；当剪刀撑斜杆采用搭接时，搭接长度不应小于1m	符合要求
7	底座与托撑	可调底座、托撑螺杆直径应与立杆内径匹配，配合间隙应符合规范要求，螺杆旋入螺母内长度不应小于5倍的螺距。可调托撑符合规范要求	符合要求
8	支架材质	钢管应选用外径48.3mm，壁厚3.6mm的Q235钢管，无锈蚀、裂纹、弯曲变形，扣件应符合标准要求，并按要求进行检测	符合要求
9	支拆模板	支拆模板时，2m以上高处作业必须有可靠的立足点，并有相应的安全防护措施；拆除模板应经批准，拆模时应设置警戒区、设专人监护，不得留有未拆除的悬空模板	符合要求
10	模板存放	各种模板堆放整齐、安全，高度不超过2m，大模板存放要有防倾斜措施。脚手架或操作平台上临时堆放的模板不宜超过3层	符合要求
11	混凝土强度	模板拆除前必须有混凝土强度报告，强度达到设计要求后方可办理拆模审批手续	符合要求
12	运输道路	在模板上运输混凝土必须有专用运输通道，运输道路应平整牢固	符合要求
13	作业环境	模板作业面的预留孔洞和临边应进行安全防护，垂直作业应采取上下隔离措施	符合要求

施工单位验收意见	监理单位验收意见	验收人员
（盖章：××学生公寓项目部） ×××	（盖章：××学生公寓项目监理部） ×××	项目负责人： ××× 项目技术负责人： ××× 项目专职安全员： ××× 验收日期 2019 年 6 月 6 日

3) 模板拆除申请表（表3-14）

模板拆除申请表 表 3-14

工程名称	××学生公寓	拆除班组	
拆装部位		监护人	×××
混凝土浇捣日期		混凝土设计强度	
试块报告编号		混凝土实际强度	
拆模警戒范围		拟拆除时间	2019 年 8 月 9 日
拆除原因： 申请人：×××　　　　2019 年 8 月 6 日			
审核意见： 项目技术负责人：×××　　　　2019 年 8 月 7 日			
审批意见： 监理工程师：×××　　　　2019 年 8 月 9 日			

注：拆模试块报告附在申请表后面。

填写要求：

模板拆除的时间应符合《混凝土结构工程施工质量验收规范》GB 50204 的有关规定。此外还应复核其混凝土试块强度。

模板的拆除作业区应设围栏和挂牌警示，并应设专人负责监护，严禁非操作人员进入作业区内。拆下的模板、杆件及构配件严禁抛扔。

项目技术负责人和监理工程师应审核拆模技术条件，不具备条件的不准予拆模，具备条件并同意拆模的应在申请表上签字确认，并应对拆模的安全技术进行交底。

（7）脚手架工程检验

脚手架工程检验包括扣件式钢管脚手架安全技术综合验收表、悬挑式脚手架安全技术综合验收表、附着式升降脚手架安全技术综合验收表、脚手架拆除申请表、高处作业吊篮安全技术综合验收表等。

1）扣件式钢管脚手架安全技术综合验收表（表3-15）

填写要求：扣件式钢管脚手架工程施工过程中应严格按《建筑施工扣件式钢管脚手架安全技术规范》JGJ 130、《浙江省建筑施工安全标准化管理规定》等有关规范和规定，并对照脚手架安全专项施工方案进行验收。对搭设高度大于或等于50m的落地式脚手架验收时应查验专家论证报告。

扣件式钢管脚手架安全技术综合验收表　　　　　　　　　　表 3-15

工程名称：　××学生公寓　　　　　　　　验收部位：

序号	验收项目	技 术 要 求	验收结果
1	施工方案	扣件式钢管脚手架专项方案编制、审核、审批手续齐全，50m以上的扣件式钢管脚手架应按规定进行专家论证。方案实施前必须进行安全技术交底	符合要求
2	立杆基础	基础平整夯实、混凝土硬化，落地立杆应垂直稳放在金属底座或坚固底板上。设纵横向扫地杆，外侧设置截面不小于20cm×20cm的排水沟，并在外侧80cm宽范围内采用混凝土硬化。架体应在距立杆底端高度不大于20cm处设置纵、横向扫地杆	符合要求
3	架体与建筑结构拉结	24m以下双排脚手架与建筑物宜采用刚性拉结，24m以上双排脚手架与建筑物必须采用刚性连墙件按水平方向不大于3跨，垂直方向不大于3步设一拉结点，转角1m内和顶部80cm内应加密。连墙件应从底层第一步纵向水平杆处开始设置，当该处设置有困难时，应采用其他可靠固定措施	符合要求
4	立杆间距与剪刀撑	扣件式钢管脚手架底部（排）高度不大于2m，其余不大于1.8m，立杆纵距不大于1.8m，横距不大于1.5m。如搭设高度超过25m须采用双立杆或缩小间距。双排钢管脚手架中间宜每隔6跨设置一道横向斜撑，一字型、开口型双排脚手架的两端均应设置横向斜撑。剪刀撑应从底部边角从下到上连续设置，角度在45°~60°，剪刀撑宽度不应小于4跨，且不小于6m。剪刀撑搭接长度不少于1m，且不小于3只旋转扣件	符合要求

续表

序号	验收项目	技 术 要 求	验收结果
5	脚手板与防护栏杆	脚手板应每步铺满；脚手片应垂直墙面横向铺设，用18号铅丝双股并联4点绑扎；脚手架外侧应用合格密目网全封闭，用18号铅丝固定在外立杆内侧；脚手架从第二步起须在1.2m和0.6m高设同质材料的防护栏杆各一道和18cm高踢脚板（杆），脚手架内侧形成临边的应设防护栏杆，脚手架外立杆高于檐口1.2～1.5m	符合要求
6	杆件连接	立杆必须采用对接（顶层顶排立杆可以搭接），大横杆可以对接或搭接，剪刀撑和其他杆件采用搭接，搭接长度不小于100cm，并不少于3只扣件紧固；相邻杆件的接头必须错开，同一平面上的接头不得超过总数的50%，小横杆两端伸出立杆净长度不小于10cm	符合要求
7	架体内层间防护	当内立杆距墙大于20cm时应铺设脚手板，施工层及以下每隔3步与建筑物之间应进行水平封闭隔离，首层及顶层应设置水平封闭隔离	符合要求
8	构配件材质	钢管选用外径48.3mm、壁厚3.6mm的Q235钢管，无锈蚀、裂纹、弯曲变形，扣件应符合标准要求，并按要求进行检测	符合要求
9	通道	脚手架外侧应设之字形斜道，坡度不大于1∶3，宽度不小于1m，转角处平台面积不小于3m²，立杆应单独设置，不能借用脚手架外立杆，并应在垂直方向和水平方向每隔一步或一个纵距设一连接。并在1.2m和0.6m高分别设防护栏杆各一道和18cm高踢脚板（杆），外侧应设置剪刀撑，并用合格的密目式安全网封闭，脚手板应横向铺设，并每隔30cm设一道防滑条	符合要求
10	门洞	脚手架门洞宜采用上升斜杆，平行桁架下的两侧立杆应为双立杆. 副立杆高度应高于门洞1～2步；门洞桁架中伸出上下弦杆的杆件端头，均应设一防滑扣件	符合要求
施工单位验收意见	××学生公寓项目部 ×××	监理单位验收意见	××学生公寓项目监理部 ×××	验收人员	项目负责人：××× 项目技术负责人：××× 项目专职安全员：××× 架子搭设班组负责人：××× 架子搭设单位安全管理人员：××× 验收日期：2019年6月6日

2）悬挑式脚手架安全技术综合验收表

填写要求：悬挑式脚手架应严格按《建筑施工扣件式钢管脚手架安全技术规范》JGJ 130、《浙江省建筑施工安全标准化管理规定》等有关规范和标准，并对照脚手架安全专项施工方案进行验收。对搭设高度大于或等于18m的悬挑式脚手架验收时应查验专家论证报告。

3）附着式升降脚手架安全技术综合验收表

填写要求：附着式升降脚手架应严格按《建筑施工工具式脚手架安全技术规范》JGJ 202、《浙江省建筑施工安全标准化管理规定》等有关规范和标准，并对照脚手架安全专项施工方案进行验收。验收时应查验附着式升降脚手架准用证明文件和有关合格证。对提升高度大于或等于

3.1 悬挑式脚手架验收表

3.2 附着式脚手架验收表

150m 的附着式整体和分片提升式脚手架，验收时应查验专家论证报告。

4）脚手架拆除申请表

填写要求：

3.3 脚手架拆除申请表

各种脚手架拆除前由施工员提出申请，经项目技术负责人审核和监理工程师批准，未经批准不得擅自拆除。

项目技术负责人应检查脚手架拆除前的各项准备工作，审核脚手架拆除的范围、时间和拆除顺序等内容，明确拆除脚手架的安全技术措施。不符合拆除安全条件的不应批准。

脚手架拆除时施工项目部应划分拆除警戒区域，安排作业监护人，对拆除现场和作业人员进行安全监护。

5）高处作业吊篮安全技术综合验收表（表3-16）

填写要求：

高处作业吊篮安装后应严格按《建筑施工工具式脚手架安全技术规程》JGJ 202、《浙江省建筑施工安全标准化管理规定》等有关规范和标准，并对照吊篮安全专项施工方案进行验收。验收时应检查吊篮合格证明、检测报告、租赁单位的有关证明等。当吊篮用于超过一定规模危险性较大的分部分项工程时，验收时应查验专家论证报告。

高处作业吊篮安装后必须进行检测，检测后应组织专门验收，验收由总承包单位（或使用单位）组织，租赁单位、安装单位、监理单位参加。验收后应签署验收结论并加盖参加验收单位责任主体公章。如验收不符合要求的，项目技术负责人应另签发整改记录。

高处作业吊篮安全技术综合验收表　　　　　　　　　　　　　　　表 3-16

工程名称：　××学生公寓　　　　　验收部位：

序号	验收项目	技术要求	验收结果
1	施工方案	高处作业吊篮专项施工方案的编制、审核、审批手续齐全。吊篮支架支撑处的结构承载力应经过验算。方案实施前必须进行安全技术交底	符合要求
2	安全装置	吊篮应安装防坠安全锁，并应灵敏有效。防坠安全锁必须在有效标定期内使用，有效标定期不应大于1年。安全锁应由检测机构检验，检验标识应粘贴在安全锁的明显位置处。吊篮应设置为作业人员挂设安全带专用的安全绳和安全锁扣。安全绳应固定在建筑物可靠位置上，不得与吊篮上的任何部位连接。吊篮应安装上限位装置，并应保证限位装置灵敏可靠	符合要求
3	悬挂机构	悬挂机构前支架不得支撑在脚手架、女儿墙及建筑物外挑檐边缘等非承重结构上，必须安装在建筑结构、钢结构平台等上方。悬挂机构宜采用刚性连接方式进行拉结固定。悬挂机构前梁外伸长度应符合产品说明书规定。前支架应与支撑面垂直，且脚轮不应受力。上支架应固定在前支架调节杆与悬挑梁连接的节点处。严禁使用破损的配重块或其他替代物。配重块应固定可靠，重量应符合设计规定	符合要求
4	钢丝绳	钢丝绳不应存在断丝、断股、松股、锈蚀、硬弯及油污和附着物。安全钢丝绳应单独设置，型号规格应与工作钢丝绳一致。吊篮运行时安全钢丝绳应张紧悬垂。电焊作业时应对钢丝绳采取保护措施	符合要求
5	安装作业	吊篮平台的组装长度应符合产品说明书和规范要求。吊篮的构配件应为同一厂家的产品	符合要求

续表

序号	验收项目	技术要求	验收结果
6	升降作业	操作升降人员必须经过培训合格。吊篮内的作业人员不应超过2人。吊篮内作业人员应将安全带用安全锁扣正确挂置在独立设置的专用安全绳上。作业人员应从地面进出吊篮	符合要求
7	安全防护	吊篮平台周边的防护栏杆、挡脚板的设置应符合规范要求。多层或立体交叉作业时吊篮应设置顶部防护板	符合要求
8	吊篮稳定	吊篮作业时应采取防止摆动的措施。吊篮与作业面距离应在规定要求范围内	符合要求
9	荷载	吊篮施工荷载应符合设计要求。吊篮施工荷载应均匀分布	符合要求

施工单位验收意见	（印章：××学生公寓项目部） ×××	监理单位验收意见	（印章：××学生公寓项目监理部） ×××	验收人员	项目负责人： ××× 项目技术负责人： ××× 项目专职安全管理人员： ××× 吊篮租赁单位负责人： ××× 吊篮安装单位技术负责人： ××× 验收日期：2019年4月7日

（8）施工用电

施工用电检验包括施工用电安全技术综合验收表、接地电阻测验记录表、绝缘电阻和漏电保护器检测记录表等。

1）施工用电安全技术综合验收表（表 3-17）

填写要求：

施工临时用电安全技术综合验收应根据《施工现场临时用电安全技术规范》JGJ 46、《浙江省建筑施工安全标准化管理规定》等有关规范、标准要求，并对照施工方案进行检查验收。验收时应查验电气材料和设备合格证明、检测报告等。

临时用电安全技术综合验收由总承包项目部组织，项目负责人、项目技术负责人、专职安全员、安装电工、专业监理工程师应当参加验收并加盖施工项目部章。大型临时施工用电验收应由电气专业工程师参加。验收中发现不符合要求的，项目技术负责人应另签发整改记录，并进行复验。

施工用电安全技术综合验收表 表 3-17

工程名称： ××学生公寓

序号	验收项目	技术要求	验收结果
1	施工方案	施工现场临时用电设备在 5 台及以上或设备总容量在 50kW 及以上者，应编制用电组织设计。临时用电组织设计及变更时，必须履行"编制、审核、批准"程序，由电气工程技术人员组织编制，经企业技术负责人和项目总监理工程师批准后方可实施。方案实施前必须进行安全技术交底	符合要求
2	外电防护	外电线路与在建工程及脚手架、起重机械、场内机动车道的安全距离应符合规范要求；当安全距离不符合规范要求时，必须编制外电安全防护方案，采取隔离防护措施，隔离防护应达到 IP30 级（防止粒径 2.5mm 以上的固体侵入），防护屏障应用绝缘材料搭设，并应悬挂明显的警示标志。防护设施与外电线路的安全距离应符合规范要求，并应坚固、稳定。外电架空线路正下方不得进行施工、建造临时设施或堆放材料物品	符合要求
3	接地与接零保护系统	施工现场应采用 TN-S 接零保护系统，不得同时采用两种保护系统；保护零线应由工作接地线、总配电箱电源侧零线或总漏电保护器电源侧零线处引出，电气设备的金属外壳必须与保护零线连接；保护零线应单独敷设，线路上严禁装设开关或熔断器，严禁通过工作电流；保护零线应采用绝缘导线。规格和颜色标记应符合规范要求；保护零线应在总配电箱处、配电系统的中间处和末端处不少于 3 处重复接地。工作接地电阻不得大于 4Ω，重复接地电阻不得大于 10Ω；接地装置的接地线应采用 2 根及以上导体，在不同点与接地体做电气连接。接地体采用角钢、钢管或光面圆钢；施工现场起重机、物料提升机、施工升降机、脚手架应按规范要求采取防雷措施，防雷装置的冲击接地电阻值不得大于 30Ω；做防雷接地机械上的电气设备，保护零线必须同时做重复接地	符合要求
4	配电线路	线路及接头应保证机械强度和绝缘强度；线路应设短路、过载保护。导线截面应满足线路负荷电流；线路的设施、材料及相序排列、档距、与邻近线路或固定物的距离应符合规范要求；严禁使用四芯或三芯电缆外加 1 根电线代替五芯或四芯电缆以及老化、破皮电缆；电缆应采用架空或埋地敷设并应符合规范要求。严禁沿地面明设或沿脚手架、树木等敷设；电缆中必须包含全部工作芯线和用作保护零线的芯线，并应按规定接用；室内明敷主干线距地面高度不得小于 2.5m	符合要求
5	配电箱、开关箱	施工现场配电系统应采用三级配电、三级漏电保护系统，用电设备必须有各自专用的开关箱；箱体结构、箱内电气设置及使用应符合规范要求；配电箱必须分设工作零线端子板和保护零线端子板，保护零线、工作零线必须通过各自的端子板连接；总配电箱、分配电箱与开关箱应安装漏电保护器，漏电保护器参数应匹配并灵敏可靠；箱体应设置系统接线图和分路标记，并应有门、锁及防雨措施；箱体安装位置、高度及周边通道应符合规范要求；分配箱与开关箱间的距离不应超过 30m，开关箱与用电设备间的距离不应超过 3m	符合要求
6	配电室与配电装置	配电室的建筑耐火等级不应低于三级，配电室应配置适用于电气火灾的灭火器材；配电室、配电装置的布设应符合规范要求；配电装置中的仪表、电器元件设置应符合规范要求；配电室内应有足够的操作、维修空间，备用发电机组与外电线路进行联锁；配电室应采取防止风雨和小动物侵入的措施；配电室应设置警示标志、工地供电平面图和系统图	符合要求
7	现场照明	照明用电应与动力用电分设；特殊场所和手持照明灯应采用 36V 及以下安全电压供电；照明变压器应采用双绕组安全隔离变压器；灯具金属外壳应接保护零线；灯具与地面、易燃物间的距离应符合规范要求；照明线路和安全电压线路的架设应符合规范要求；施工现场应按规范要求配备应急照明	符合要求
8	用电档案	总承包单位与分包单位应签订临时用电管理协议，明确各方相关责任；用电各项记录应按规定填写，记录应真实有效；用电档案资料应齐全，并应设专人管理	符合要求

续表

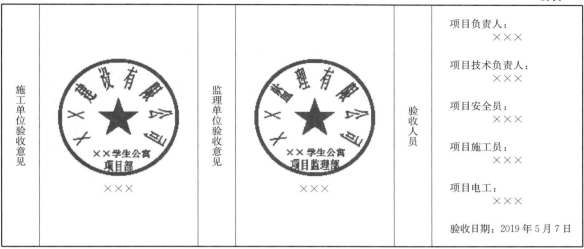

施工单位验收意见		监理单位验收意见		验收人员	项目负责人： ××× 项目技术负责人： ××× 项目安全员： ××× 项目施工员： ××× 项目电工： ××× 验收日期：2019 年 5 月 7 日

2）接地电阻测验记录表（表 3-18）

填写要求：TN-S 接零保护系统中的重复接地装置、施工机械设备接地装置（防雷接地装置）临时用电验收前必须进行接地电阻测试，其记录填写在接地电阻测验记录表中。

接地电阻测验记录表   表 3-18

工程名称		××学生公寓				
测验日期	2019 年 4 月 27 日		仪表型号			
序号	接地装置名称	接地类别	实测电阻值（Ω）	规定电阻值（Ω）	测定结果	备注

检测人员（签名）：×××

3）绝缘电阻和漏电保护器检测记录表（表 3-19）

填写要求：线路系统和供电设备的绝缘电阻和漏电保护器应在临时用电验收前进行检测并做好记录。

绝缘电阻和漏电保护器检测记录表　　　　　　　　　　　　　　表 3-19

序号	名称	检验、调试记录	允许值	结论

检查人员（签名）：×××

（9）安全防护设施资料

安全防护设施资料包括安全防护设施交接验收记录、安全防护用品发放记录。

1）安全防护设施交接验收记录（表 3-20）

填写要求：

安全防护设施是指操作场所内的洞口、梯井、临边等防护设施，施工场地操作方委托第三方搭建的作业平台或其他防护措施，如满堂脚手架等。施工现场的安全防护设施是各参建单位的公用设施，确保安全防护设施的及时搭设和完好使用是各参建单位的共同责任。工程总承包单位应对场内的安全防护设施承担总承包管理责任。当操作场地发生移交或操作方委托第三方搭建的防护措施完成时，移接双方应办理安全防护设施的交接验收手续，并填写表 3-20。

安全防护设施交接验收由移交方、接受移交方派员参加，对移交场所的安全防护设施按《浙江省建筑施工安全标准化管理规定》逐一检查验收。验收符合要求的双方签署意见并签字，验收不符合要求的，移交方应予以整改。

接收移交方退出操作场地后，双方在表 3-20 的备注栏里注明退场时间。

<h2 style="text-align:center">安全防护设施交接验收记录</h2>

表 3-20

编号：

工程名称	××学生公寓	总承包单位	××建设单位
设施移交单位	××建设单位	设施接受单位	××建设单位
移交部位或设施			

移交单位意见：	接受单位意见：
移交单位安全员：××× 移交单位负责人：××× 移交日期：2019 年 4 月 17 日	接受单位安全员：××× 接受单位负责人：××× 接受日期：2019 年 4 月 7 日

备注：

注：1. 凡施工中甲单位的安全防护设施或设备，由乙单位在施工中使用时，或由乙单位委托甲单位搭设的安全防护设施及提供的设备时，必须办理交接验收记录。

　　2. 移交单位的安全防护设施或设备，必须符合标准规范规定的要求，接受单位在验收合格接受后，施工中必须保持安全设施或设备的完好。

2）安全防护用品发放记录（表 3-21）

填写要求：

为了加强建筑施工人员个人劳动保护用品管理，建设部颁发了《建筑施工人员个人劳动保护用品使用管理规定》（建质【2007】255 号），此规定按"谁用工、谁负责"的原则，明确了对劳动保护用品发放和管理责任。

项目部应加强对劳动保护用品的发放和使用的管理，凡应使用劳动保护用品的作业，施工项目部应当为从业人员发放安全防护用品。凡发放的用品应当登记并建立台账。

表 3-21 用于记录安全防护用品的实际发放情况，表中所列的安全防护用品包括安全帽、安全带、绝缘鞋、保护面罩以及劳动保护用具等。作业人员领用防护用品后应当在记录表中签字。

安全防护用品发放记录   表 3-21

工程名称：　××学生公寓

序号	物品名称	领用数量	领用班组	领用日期	领用人签名	备注

记录人：   日期：

（10）施工机械检验

1）塔式起重机检验，包括塔式起重机安装自检表、塔式起重机安装验收表、塔式起重机安全监控系统安装验收表、塔式起重机顶升加节验收表、塔式起重机每日使用前检查表、塔式起重机月度安全检查表、建筑起重机基础验收表。

① 塔式起重机安装自检表（表 3-22）

塔式起重机安装完成后应由安装单位进行自检和试运行，填写安装自检表，并向使用单位出具自检合格证明和安全使用说明。

塔式起重机安装自检表

表 3-22

设备型号				出厂编号		
制造厂家				出厂日期		
工程名称				安装单位		
工程地址				安装日期		
序号	检查项目			要求	检查结果	备注
1	隐蔽工程验收单和混凝土强度报告			齐全	符合要求	
2	安装方案、安全交底记录			齐全	符合要求	
3	塔式起重机转场保养作业单或新购设备的进场验收单			齐全	符合要求	
序号	检查项目			要求	检查结果	备注
1	地基允许承载能力（kN/m²）				符合要求	
2	基坑围护形式				符合要求	
3	塔式起重机距基坑边距离（m）				符合要求	
4	基础下是否有管线、障碍物或不良地质				符合要求	
5	排水措施（有、无）				符合要求	
6	基础位置、标高及平整度				符合要求	
7	塔式起重机底架的水平度				符合要求	
8	行走式塔式起重机导轨的水平度				符合要求	
9	塔式起重机接地装置的设置				符合要求	
10	其他				符合要求	

机械检查项

名称	序号	检查项目	要求	检查结果	备注
标识与环境	1	登记编号牌和产品标牌	齐全	符合要求	
	2*	塔式起重机与周围环境关系	尾部与建（构）筑物及施工设施之间的距离不小于0.6m	符合要求	
			两台塔式起重机之间的最小架设距离应保证处于低位塔式起重机的起重臂端部与另一塔式起重机的塔身之间至少有2m的距离；处于高位塔式起重机的最低位置的部件与低位塔式起重机中处于高位置部件的垂直距离不应小于2m	符合要求	
			与输电线的距离应不小于《塔式起重机安全规程》GB 5144、《施工现场临时用电安全技术规范》JGJ 46 的规定	符合要求	
金属结构件	3*	主要结构	无可见裂纹和明显变形	符合要求	
	4	主要连接螺栓	齐全，规格和预紧力达到使用说明要求	符合要求	
	5	主要连接销轴	销轴符合出厂要求，连接可靠	符合要求	
	6	过道、平台、栏杆、踏板	符合《塔式起重机安全规程》GB 5144 的规定	符合要求	
	7	梯子、护圈、休息平台	符合《塔式起重机安全规程》GB 5144 的规定	符合要求	
	8	附着装置	设置位置和附着距离符合方案规定，结构形式正确，附墙与建筑物连接牢固	符合要求	
	9	附着杆	无明显变形，焊缝无裂纹	符合要求	

续表

名称	序号	检查项目		要求	检查结果	备注
金属结构件	10	在空载，风速3m/s状态下	独立状态塔身（或附着状态下最高附着点以上塔身）	塔身轴心线对支承面的垂直度≤4/1000	符合要求	
	11		附着状态下最高附着点以下塔身	塔身轴心线对支承面的垂直度≤2/1000	符合要求	
	12	内爬式塔式起重机的爬升框与支承钢梁、支承钢梁与建筑结构之间的连接		连接可靠	符合要求	
顶升机构	13*	平衡阀或液压锁与液压缸连接		应设平衡阀或液压锁，且与液压缸用硬管连接	符合要求	
安全装置	14	爬升装置防脱功能		自升式塔式起重机在正常加节、降节作业时，应具有可靠的防止爬升装置在塔身支承中或液压缸端头从其连接结构中自行（非人为操作）脱出的功能	符合要求	
	15	回转限位器		对回转处不设集电器供电的塔式起重机，应设置正反两个方向回转限位开关，开关动作时臂架旋转角度应不大于±540°	符合要求	
	16*	起重力矩限制器		灵敏可靠，限制值<额定载荷110%，显示误差≤±5%	符合要求	
	17*	起升高度限位		对动臂变幅和小车变幅的塔式起重机，当吊钩装置顶部升至起重臂下端的最小距离为800mm处时，应能立即停止起升运动	符合要求	
	18	起重量限制器		灵敏可靠，限制值<额定载荷110%，显示误差≤±5%	符合要求	
	19	强迫换速		对最大变幅速度超过40m/min的起重机，在小车向外运行时，当超重力矩达到额定值的80%时，应自动转为低速运行	符合要求	
	20	行程限位器		轨道式起重机的运动机构，应在每个运行方向装设行程限位开关且可靠	符合要求	
	21	幅度限位器		水平臂塔式起重机应安装最大和最小幅度限位开关且可靠，小车幅度限位器动作后，应保证小车停车时其缓冲距离大于200mm	符合要求	
	22	防风装置		轨道式塔式起重机应装设夹轨器等防风装置	符合要求	
	23	缓冲器和端部止挡		大车运行机构和小车变幅机构轨道端部应设高缓冲器和端部止挡，并配合良好。端部止挡应固定牢固，两边端部止挡应同时接触缓冲器	符合要求	
	24	小车断绳保护装置		双向均应设置	符合要求	
	25	小车断轴绳保护装置		应可靠设置	符合要求	

续表

名称	序号	检查项目	要求	检查结果	备注
安全装置	26	小车变幅检修挂篮	连接可靠	符合要求	
	27*	小车变幅限位和终端止挡装置	对小车变幅的塔式起重机,应设置小车行程限位开关和终端缓冲装置。限位开关工作后应保证小车停车时其端部距缓冲装置最小距离为200mm	符合要求	
	28	动臂式变幅限位和防臂架后翻装置	应设置臂架极限位置的限制装置,并能防止臂架后翻	符合要求	
机构及零部件	29	吊钩	钩体无裂纹、磨损、补焊、危险截面,钩筋无塑性变形	符合要求	
	30	吊钩防钢丝绳脱离钩装置	应完整可靠	符合要求	
	31	滑轮	滑轮应转动良好,出现下列情况应报废:①裂纹或轮缘破损;②滑轮绳槽壁厚磨损量达到原壁厚的20%;③滑轮槽底的磨损量超过相应钢丝绳直径的25%	符合要求	
	32	滑轮上的钢丝绳防脱装置	应完整、可靠,该装置与滑轮最外缘的间隙不应超过钢丝绳直径的20%	符合要求	
	33	卷筒	卷筒壁不应有裂纹,筒壁磨损量不应大于原壁厚的10%;多层缠绕的卷筒,端部应有比最外层钢丝绳高出2倍钢丝绳直径的凸缘	符合要求	
	34	卷筒上的钢丝绳防脱装置	卷筒上钢丝绳应排列有序,设有防钢丝绳脱槽装置。该装置与卷筒最外缘的间隙不应超过钢丝绳直径的20%	符合要求	
	35	钢丝绳完好度	见A钢丝绳检查项	符合要求	
	36	钢丝绳端部固定	符合使用说明书规定	符合要求	
	37	钢丝绳穿绕方式、润滑与干涉	穿绕正确,润滑良好,无干涉	符合要求	
	38	制动器	起升、回转、变幅、行走机构都应配备制动器,制动器零部件不应有裂纹、过度磨损、塑性变形、缺件等缺陷。调整适宜,制动平稳可靠	符合要求	
	39	传动装置	固定牢固,运行平稳	符合要求	
	40	有可能伤人的活动零部件外露部分	防护罩齐全	符合要求	
电气及保护	41*	紧急断电开关	非自动复位,有效,且便于司机操作	符合要求	
	42*	绝缘电阻	主电路和控制电路的对地绝缘电阻不应小于0.5MΩ	符合要求	
	43	接地电阻	接地系统便于复核检查,接地电阻不大于4Ω	符合要求	
	44	塔式起重机专用开关箱	单独设置并有警示标志	符合要求	
	45	声响信号器	完好	符合要求	

名称	序号	检查项目	要求	检查结果	备注
电气及保护	46	保护零线	不得作为载流回路	符合要求	
	47	电源电缆与电缆保护	无破损、老化，与金属接触处有绝缘材料隔离，移动电缆有电缆卷筒或其他防止磨损措施	符合要求	
	48	障碍指示灯	塔顶高度大于30m且高于周围建筑物时应安装，该指示灯的供电不应受停机影响	符合要求	
行走式轨道	49	排障清轨板	清轨板与轨道之间的间隙不应大于5mm	符合要求	
	50	钢轨接头位置及误差	支承在道木或路基箱上时，两侧错开≥1.5m；间隙≤4mm；高差≤2mm	符合要求	
	51	轨距误差及轨距拉杆设置	<1/1000且最大应<6mm；相邻两根间距≤6m	符合要求	
司机室	52	性能标牌（显示屏）	齐全，清晰	符合要求	
	53	门窗和灭火器、雨刷等附属设施	齐全，有效	符合要求	
	54*	可升降司机室或乘人升降机	按《吊笼垂直导向的人货两用施工升降机》GB 26557	符合要求	
其他	55	平衡重、压重	安装准确，牢固可靠，配置与说明书相符	符合要求	
	56	风速仪	臂架根部铰点高于50m时应设置	符合要求	

钢丝绳检查项

序号	检验项目	报废标准	实测	结果	备注
1	钢丝绳磨损量	钢丝绳实测直径相对于公称直径减少7%或更多	≤7%	符合要求	
2	常用规格钢丝绳规定长度内达到报废标准的断丝数	钢制滑轮上工作的圆股钢丝绳、抗扭钢丝绳中断丝根数的控制标准参照《起重机钢丝绳保养、维护、检验和报废》GB/T 5972		符合要求	
3	钢丝绳的变形	出现波浪形时，在钢丝绳长度不超过25d范围内，若波形幅度值达到4d/3或以上，则钢丝绳应报废	小于4d/3	符合要求	
		笼状畸变、绳股挤出或钢丝挤出变形严重的钢丝绳应报废	无变形严重	符合要求	
		钢丝绳出现严重扭结、压扁和弯折现象应报废	无严重扭结、压扁和弯折现象	符合要求	
		绳径局部严重增大或减小均应报废	绳径局部无严重增大或减小	符合要求	

续表

序号	检验项目	报废标准	实测	检查结果	备注
4	其他情况描述				
检查结果	保证项目 不合格项数		一般项目 不合格项数		
	资料		结论		
			安装单位（章）		
	检查人员		检查日期	2019 年 8 月 7 日	

注：1. 表中序号打 * 的为保证项目，其他为一般项目。
2. 对于不符合要求的项目应在备注栏具体说明，对于要求量化的参数应按规定量化在备注栏内。
3. 表中 d 表示钢丝绳公称直径。
4. 钢丝绳磨损量＝[（公称直径－实测直径)/公称直径]×100％。

② 塔式起重机安装验收表（表 3-23）

塔式起重机安装完成后、验收前应委托具有相应资质的检验检测机构对设备进行检测，并出具检验报告。

塔式起重机经检验合格后并在使用前，使用单位应组织有关人员根据相关技术规程、安（拆）方案、塔式起重机安装验收表的验收项目逐项验收，验收时该量化的应有量化数据。

填写要求：总承包单位、使用单位、安装单位、监理单位的项目负责人和出租单位负责人必须参加验收并签名，使用单位项目负责人、安全员及安装单位技术负责人等应当参加验收。验收后必须明确填写结论意见，并加盖验收单位章。

③ 塔式起重机安全监控系统安装验收表（表 3-24）

塔式起重机经检验合格后并在使用前，使用单位应组织有关人员根据相关技术规程，按塔式起重机安全监控系统安装验收表的验收项目逐项验收，验收时要求量化的应有量化数据。

填写要求：监控和塔式起重机的安装单位、产权单位、使用单位、总承包单位、监理单位的项目负责人必须参加验收并签名。验收后必须明确填写结论意见，并加盖验收单位章。

塔式起重机安装验收表 表 3-23

安装单位				安装日期			
工程名称		××学生公寓					
塔式起重机	型号		设备编号			起升高度（m）	
	幅度（m）		最大起重力矩（kN·m）		最大起重量（t）		塔高（m）
	与建筑物水平附着距离（m）		各道附着间距（m）			附着道数	

验收部位	技术要求	结果
塔式起重机结构	部件、附件、连接件安装齐全，位置正确	合格
	螺栓拧紧力矩达到技术要求，开口销完全撬开	合格
	结构无变形、开焊、疲劳裂纹	合格
	压重、配重的重量与位置符合使用说明书要求	合格
基础与轨道	地基坚实、平整，地基或基础隐蔽工程资料齐全、准确	合格
	基础周围有排水措施	合格
	路基箱或枕木铺设符合要求，夹板、道钉使用正确	合格
	钢轨顶面纵、横方向上的倾斜度不大于 1/1000	合格
	塔式起重机底架平整度符合使用说明书要求	合格
	止挡装置距离钢轨两端距离不小于 1m	合格
	行走限位装置距止挡装置距离不小于 1m	合格
	轨接头间距不大于 4mm，接头高低差不大于 2mm	合格
机构及零部件	钢丝绳在卷筒上面缠绕整齐、润滑良好	合格
	钢丝绳规格正确，断丝和磨损未达到报废标准	合格
	钢丝绳固定和偏差符合国家及行业标准	合格
	各部位滑轮转动灵活、可靠，无卡塞现象	合格
	吊钩磨损未达到报废标准、保险装置可靠	合格
	各机构转动平衡、无异常声响	合格
	各润滑点润滑良好、润滑油牌号正确	合格
	制动器动作灵活可靠，联轴节连接良好，无异常	合格
附着锚固	锚固框架安装位置符合规定要求	合格
	塔身与锚固框架固定牢靠	合格
	附着框、锚杆附着装置等各处的螺栓、销轴齐全可靠	合格
	垫块、楔块等零件齐全可靠	合格
	最高附着点下塔身轴线对支承面垂直度不得大于相应高度的 2/1000	合格
	独立状态或附着状态下最高附着点以上塔身轴线支承面垂直度不得大于 4/1000	合格
	附着点以上塔式起重机悬臂高度不得大于规定要求	合格

续表

验收部位	技术要求	结果
电气系统	供电系统电压稳定、正常工作、电压 380×(1±10％) V	合格
	仪表、照明、报警系统完好、可靠	合格
	控制、操纵装置动作灵活、可靠	合格
	电气按要求设置短路和过电流、失压及零位保护，切断总电源的紧急开关符合要求	合格
	电气系统对地的绝缘电阻不大于 0.5MΩ	合格
安全限位与保险装置	起重量限制器灵敏可靠，其综合误差不大于额定值的±5％	合格
	力矩限制器灵敏可靠，其综合误差不大于额定值的±5％	合格
	回转限位器灵敏可靠	合格
	行走限位器灵敏可靠	合格
	变幅限位器灵敏可靠	合格
	超高限位器灵敏可靠	合格
	顶升横梁防脱装置可靠	合格
	吊钩上的钢丝绳防脱钩装置完好可靠	合格
	滑轮、卷筒上的钢丝绳防脱装置完好可靠	合格
	小车断绳保护装置灵敏可靠	合格
	小车断轴保护装置灵敏可靠	合格
环境	布设位置合理，符合施工组织设计要求	合格
	与架空线最小距离符合规定	合格
	塔式起重机的尾部与周围建（构）筑物及其外围施工设施之间的安全距离不小于 0.6m	合格
其他	对检测单位意见复查	合格

出租单位验收意见： 签章：　　　　　　　　日期：2019 年 4 月 1 日	安装单位验收意见： 签章：　　　　　　　　日期：2019 年 4 月 1 日
使用单位验收意见：  签章：　　　　　　　　日期：2019 年 4 月 1 日	监理单位验收意见  签章：　　　　　　　　日期：2019 年 4 月 1 日
总承包单位验收意见： 　　　　　　　　　　　　签章：　　　　　　　　日期：2019 年 4 月 1 日	

塔式起重机安全监控系统安装验收表 　　　　　　　　　　表 3-24

工程名称	××学生公寓	施工单位	××建设单位
安装单位		监理单位	××监理单位
塔机产权编号		安全监控系统编号	
系统安装时间		系统调试验收时间	

验收内容	验收结果
风速报警装置	合格
超载报警装置	合格
限位报警装置	合格
区域碰撞装置	合格
控制功能	合格
实时数据显示	合格
历史数据记录	合格

监控系统安装单位意见 （盖章） 2019 年 4 月 1 日	塔式起重机安装单位意见 （盖章） 2019 年 4 月 2 日
产权单位意见 （盖章） 2019 年 4 月 3 日	使用单位意见 （盖章） 2019 年 4 月 4 日
总承包单位意见 （盖章） 2019 年 4 月 5 日	监理单位意见 （盖章） 2019 年 4 月 6 日

④ 塔式起重机顶升加节验收表（表 3-25）

填写要求：

塔式起重机在使用过程中需要顶升加节的，使用单位应当委托原安装单位或者具有相应资质的安装单位按照专项施工方案实施。

顶升加节完成后，使用单位应组织有关人员按塔式起重机顶升加节验收表的项目逐项验收。安装单位、使用单位、监理单位参加验收人员必须签名，并加盖单位章。

塔式起重机顶升加节验收表 表 3-25

工程名称	××学生公寓		设备型号		备案登记号	
使用单位			附着道数		本次附着与下一道附着距离	
安装单位			原高度		顶升后高度	
项目	检查内容					检查结果
顶升前检查	垫块、楔块、连接销轴、开口销等零部件是否齐全					符合要求
	附墙框、附墙杆是否有开焊、变形、裂纹					符合要求
	附墙框、附墙杆长度和结构形式符合附着要求					符合要求
	独立状态或附着状态下检查塔式起重机垂直度的偏差					符合要求
	建筑物上附着点布置和强度符合要求，连接牢固					符合要求
	顶升装置各防脱功能是否安全可靠					符合要求
	爬爪、爬爪座及顶升支承梁无变形、裂纹、开焊					符合要求
	电缆线长度已留置、液压系统无漏油现象					符合要求
顶升后检查	附墙框架、附墙杆安装是否符合规定要求					符合要求
	附墙框架、附墙杆装置等各处螺栓、销轴紧固连接牢靠					符合要求
	附墙杆与附墙框架应呈水平状态，与建筑物连接牢靠					符合要求
	附着点以上塔式起重机自由高度不得大于规定要求					符合要求
	各部位限位器是否灵敏、可靠					符合要求
	附着后检查塔身的垂直度（附着上部，附着下部）					符合要求
验收结论： 验收人员（签字）：×××						
安装单位（章）： 2019 年 3 月 8 日	使用单位（章）：  2019 年 4 月 8 日		监理单位（章）：  2019 年 5 月 1 日			

⑤ 塔式起重机每日使用前检查表（表 3-26）

填写要求：

塔式起重机每日首次作业前，当班司机应对设备相关零部件及有关设施进行检查，如实填写表格并签名，如有问题，应及时上报项目部，经整改完毕符合要求后方可使用。

塔式起重机每日使用前检查表

表 3-26

工程名称	××学生公寓		使用单位		
设备型号			备案登记号		
安装单位			检查日期	2019 年 8 月 1 日	
检查结果代号说明	√＝合格　○＝整改后合格　×＝不合格　无＝无此项				
序号	检查项目			检查结果	备注
1	基础无积水、杂物，无异常现象，接地装置可靠			☐	
2	预埋螺杆、地下节螺栓紧固无松动			☐	
3	主要结构件无可见裂纹、开焊和明显变形现象			☐	
4	标准节连接螺栓紧固、连接销轴无退出现象			☐	
5	吊钩无裂纹、严重磨损，防钢丝绳脱钩装置完好可靠			☐	
6	防断绳、防跳槽、防断轴保险完好可靠			☐	
7	制动器灵敏可靠，电机无异响			☐	
8	各部位滑轮润滑良好，无破损，转动灵活			☐	
9	钢丝绳排列整齐，无压扁、变形弯曲现象			☐	
10	钢丝绳无严重磨损、断丝、缺油现象			☐	
11	起重量、力矩限制器灵敏可靠			☐	
12	各部位限位器应灵敏可靠			☐	
13	附墙装置连接螺栓紧固，销轴齐全，安装可靠			☐	
14	附墙杆无开焊、裂纹、变形			☐	
15	主电缆无破损、无严重扭曲变形现象			☐	
16	过流、过热、断错相、漏电保护器件应完好，灵敏可靠			☐	
17	接地、接零正确可靠			☐	
发现问题：			维修情况：		
司机签名：×××					

⑥ 塔式起重机月度安全检查表（表 3-27）

填写要求：塔式起重机使用满一个月，使用单位和产权单位应联合对设备进行安全检查，填写检查记录和检查结论，产权单位负责人、使用单位负责人应签字确认。

塔式起重机月度安全检查表 表 3-27

设备型号		备案登记号	
工程名称	××学生公寓	工程地址	
制造厂家		出厂编号	
出厂日期		安装高度	
安装单位		使用单位	
检查结果代号说明	√=合格 ○=整改后合格 ×=不合格 无=无此项		

序号	项目	要求	检查记录	序号	项目	要求	检查记录
1	基础	基础应符合说明书要求。有排水设施。 组合式塔式起重机基础专项方案应经过专家论证。钢格构柱焊接质量等符合要求。 基础无移位、无变形、无积水	☐	2	安全装置	（1）力矩限制器、变幅限位、超高限位、回转限位等安全装置应齐全、灵敏、可靠。 （2）安全监控装置齐全、在线	☐
3	金属结构	（1）整机结构无变形、开焊、裂纹。 （2）塔身标准节螺栓套焊接部位无裂纹。 （3）无严重锈蚀	☐	4	保险装置	吊钩保险装置完好。 卷扬孔保险装置及栏杆等防护设施齐全、可靠	☐
5	钢丝绳	符合起重钢丝绳标准。 绳夹安装正确、可靠	☐	6	配重	平衡臂压重按规定放置、数量符合要求	☐
7	传动机构	（1）减速机构无异响、无漏油。 （2）制动器制动平稳灵敏、可靠。 （3）各部滑轮完整、无破损、无严重磨损	☐	8	附墙装置	按说明书要求设置与连接；超长附墙杆有设计计算书、报审表	☐
9	主要紧固件	塔身等部位连接螺栓预紧力应达到说明书要求	☐	10	电气线路	（1）电气设备必须保证传动性能和控制性准确可靠。 （2）与架空高压输电线安全距离应符合标准要求。 （3）接地、接零符合要求	☐
11	垂直度	附着以下：≤2%； 附着以上：≤4%； 自由端高度是否符合说明书要求	☐	12	避雷	符合说明书要求	☐
13	塔式起重机指挥	（1）指挥、司索持证上岗。 （2）指挥应使用对讲机	☐	14	对5年以上的塔式起重机	（1）进行磁粉探伤针对受力最大部位、应力或弯矩最大部位；或其他可疑部位。 （2）进行超声波测厚针对锈蚀或磨损严重的部位	☐
15	卸料平台	单侧二钢丝绳独立固定、绳径不小于φ20、绳夹设置符合规定、安全防护到位	☐				

续表

检查结论：	
 产权单位检查人签名：××× 使用单位检查人签名：××× 日期：2019 年 8 月 8 日	

检查意见填写：同意继续使用/限制使用或不准使用/立即停工整改

⑦ 建筑起重机械基础验收表（表 3-28）

填写要求：塔式起重机和施工升降机安装前，应由施工总承包单位组织安装单位、使用单位和监理单位，共同进行基础验收，填写建筑起重机械基础验收表。验收中对不符合要求的项目应在备注栏具体说明，对要求量化的参数应填实测值。验收后必须明确填写结论意见。

建筑起重机械基础验收表　　　　　　　　　　　　　　表 3-28

工程名称	××学生公寓		工程地点	
使用单位			安装单位	
设备型号			备案登记号	
序号	检查项目		检查结论（合格√　不合格×）	备注
1	地基的承载力		☐	
2	基础尺寸偏差（长×宽×厚）(mm)		☐	
3	基础混凝土强度报告		☐	
4	基础表面平整度		☐	
5	基础顶部标高偏差（mm）		☐	
6	预埋螺栓、预埋件位置偏差（mm）		☐	
7	基础周边排水措施		☐	
8	基础周边与架空输电线安全距离		☐	
其他需说明的内容：				
总承包单位	××建设单位	参加人员签名	×××	
使用单位	××建设单位	参加人员签名	×××	
安装单位	××安装单位	参加人员签名	×××	
监理单位	××监理单位	参加人员签名	×××	
验收结论： 总承包单位（盖章）： 　2019 年 3 月 21 日				

2）施工升降机检验，包括施工升降机安装自检表、施工升降机安装验收表、施工升降机每日使用前检查表、施工升降机月度安全检查表、施工升降机交接班记录表。

① 施工升降机安装自检表

填写要求：施工升降机安装完成后应由安装单位进行自检和试运行，填写安装自检表，并向使用单位出具自检合格证明和安全使用说明。

3.4 施工升降机安装自检表

② 施工升降机安装验收表

填写要求：

施工升降机安装完成后、验收前应委托相应资质的检验检测机构对设备进行检测，并出具检验报告。施工升降机（人货两用电梯）防坠安全器应每年由具有相应资质检测单位检测标定，合格后才能使用，并有检测报告。

3.5 施工升降机安装验收表

施工升降机经检测合格后并在使用前，应组织有关人员根据相关技术规程、安（拆）方案、施工升降机安装验收表的验收项目逐项验收，验收时该量化的应有量化数据。

总承包单位、安装单位、使用单位、监理单位的项目负责人和租赁单位负责人必须参加验收并签名，总承包单位项目技术负责人、安全安装技术负责人等也应参加验收。验收后必须明确填写结论意见。

3.6 施工升降机每日使用前检查表

对不符合要求的项目应在备注栏具体说明，对要求量化的参数应填实测值。

③ 施工升降机每日使用前检查表

填写要求：施工升降机每日首次使用前，应由当班司机检查试验各限位装置、吊笼门等处的联锁装置是否有效，各层卸料平台门是否关闭，并进行空车升降试验和测定制动器的有效性。检查应如实填写表格并签名。

3.7 施工升降机月度安全检查表

④ 施工升降机月度安全检查表

填写要求：施工升降机使用满1个月，使用单位和产权单位应联合进行检查，填写检查结果和检查结论，产权单位负责人、使用单位负责人应签字确认。

⑤ 施工升降机交接班记录表

填写要求：多班组作业时应按照规定进行交接班，并认真填写好记录，交接班双方应签名确认设备完好情况交接情况。

3.8 施工升降机交接班记录表

3）物料提升机检验资料，包括物料提升机基础验收表、物料提升机安装自检表、物料提升机安装验收表、物料提升机每日使用前检查表、物料提升机月度安全检查表、其他有关资料。

① 物料提升机基础验收表

填写要求：物料提升机安装前，应由施工总承包单位组织安装单位、使用单位和监理单位一起进行基础验收，填写物料提升机基础验收表。验收后必须明确填写结论意见。

3.9 物料提升机基础验收表

② 物料提升机安装自检表

填写要求：物料提升机安装完成后应由安装单位进行自检和试运行，填写安装自检表，加盖单位公章，并向使用单位出具自检合格证明和安全使用说明。

3.10 物料提升机安装自检表

③ 物料提升机安装验收表

填写要求：

3.11 物料提升机安装验收表

物料提升机安装完成后、验收前应委托相应资质的检验检测机构监督检验合格，并出具检验报告。物料提升机防坠安全器应每年由具有相应资质检测单位检测标定，合格后才能使用，并有检测报告。

物料提升机经检测合格后并在使用前，应组织有关人员根据相关技术规程，按物料提升机安装验收表的验收项目逐项验收，验收时需要量化的应有量化数据。

安装单位、使用单位、监理单位的项目负责人和出租单位负责人必须参加验收并签名，项目技术负责人、安全员、安装技术负责人等应当参加验收。验收后必须明确填写结论意见。

④ 物料提升机每日使用前检查表

3.12 物料提升机每日使用前检查表

填写要求：物料提升机每日首次使用前，应由当班司机检查试验各限位装置、吊笼门等处的联锁装置是否有效，各层卸料平台门是否关闭，并进行空车升降试验和测定制动器的有效性。检查后如实填写表格并签名。

⑤ 物料提升机月度安全检查表

3.13 物料提升机月度安全检查表

填写要求：物料提升机使用满一个月，使用单位和产权单位应联合进行检查，填写检查结果和检查结论，产权单位负责人、使用单位负责人应签字确认。

⑥ 其他有关资料

A. 安全技术交底记录：安装（拆卸）单位在安装（拆卸）作业前，由安装（拆卸）单位项目技术负责人对安装（拆卸）作业人员进行安全技术交底并书面记录和签字确认。使用单位项目技术负责人定期对建筑起重机械使用人员进行安全技术交底并书面记录和签字确认。

B. 起重机械设备的使用说明书。

C. 当起重机械设备超过使用年限，必须由具有相应资质的安全评估机构进行评估，评估合格后在规定的有效期内使用并到原备案机关办理相应手续。

4）打（沉）桩机械

打（沉）桩机械检验资料有桩机工程安全技术综合验收表，见表3-29。

填写要求：

桩工机械在使用前必须组织有关人员根据相关技术规程、专项施工方案和桩基工程安全技术综合验收表中验收项目的各项要求逐项验收，验收结果尽量量化。

打桩单位负责人、施工员、项目部专职安全员和专业监理工程师必须参加验收并签名。

验收后必须明确填写结论意见，并加盖项目部公章。

桩机工程安全技术综合验收表　　　　　　　　　　　　　　表 3-29

工程名称：××学生公寓　　　　　　　　　　　　　　　　设备编号：

序号	验收项目	技术要求	验收结果
1	施工方案	桩基工程专项施工方案编制、审核、审批手续齐全。方案实施前必须进行安全技术交底	合格

续表

序号	验收项目	技术要求	验收结果
2	场地	桩机应放置平稳、坚实，地基承载力应满足要求，如行走路线地基承载力不能满足要求，应铺设28～30mm厚的钢板	合格
3	连接紧固	机械连接件紧固牢靠，无松动和开焊，润滑良好。配重应安装稳固、排列整齐有序	合格
4	油路系统	顶升、滑移、夹持机构的液压缸、液压管路、各类控制阀等液压元件不应有泄漏。压力表能准确指示数据	合格
5	安全防护	卷扬机、钢丝绳符合规定要求，外露传动部位设防护，卷扬机卷筒防护、吊钩保险、振动锤悬挂保险钢丝绳，钻深限位报警装置和超高限位装置齐全有效	合格
6	危险部位	机架、机台的临边、登高以及机械运转区域有保护措施	合格
7	电气安全	电机运行应平稳，不得有异响及过热，绝缘电阻应大于$0.5M\Omega$；专用开关箱应设漏电保护器和过载保护装置，有防雨措施；桩机还应采取保护接零措施，电缆线应绝缘良好、无接头、不乱拖乱拉、不压物浸水	合格
8	警戒	作业区应有明显的安全标志或围栏	合格

施工单位验收意见	合格（印章）	监理单位验收意见	合格（印章）	验收人员	桩基施工单位负责人：××× 桩基施工单位安全员：××× 专业监理工程师：××× 桩机操作员：××× 验收日期：2019年6月2日

5）起重吊装机械

起重吊装机械检验资料包括起重吊装机械安全技术综合验收表、起重吊装机械作业试吊记录表。

① 起重吊装机械安全技术综合验收表（表3-30）

填写要求：

起重吊装机械在使用前必须组织有关人员根据相关技术规程、专业施工方案和起重吊装机械安全技术综合验收表中验收项目的各项要求逐项验收，并填写验收结论，加盖验收单位章。

总承包单位项目负责人、使用单位项目负责人、吊装单位负责人、租赁单位负责人和专业监理工程师必须参加验收并签名。

起重吊装机械安全技术综合验收表　　　　　　　　　表3-30

工程名称：××学生公寓　　　　　　　　　　　　　起重机型号：

序号	验收项目	技术要求	验收结果
1	施工方案	起重吊装作业专项施工方案的编制、审核、审批手续齐全。超规模的起重吊装作业，应组织专家对专项施工方案进行论证。方案实施前必须进行安全技术交底	合格
2	起重机械	起重机械应按规定安装荷载限制器及行程限位装置。荷载限制器、行程限位装置应灵敏可靠。起重扒杆组装应符合设计要求。起重扒杆组装后应进行验收，并应由责任人签字确认	合格

序号	验收项目	技术要求	验收结果
3	钢丝绳与地锚	钢丝绳磨损、断丝、变形、锈蚀应在规范允许范围内。钢丝绳规格应符合起重机产品说明书要求。吊钩、卷筒、滑轮磨损应在规范允许范围内。吊钩、卷筒、滑轮应安装钢丝绳防脱装置。起重扒杆的缆风绳、地锚设置应符合设计要求	合格
4	索具	当采用编结连接时，编结长度不应小于15倍的绳径，且不应小于300mm。当采用绳夹连接时，绳夹规格应与钢丝绳相匹配，绳夹数量、间距应符合规范要求。索具安全系数应符合规范要求。吊索规格应互相匹配，机械性能应符合设计要求	合格
5	作业环境	起重机行走、作业处地面承载能力应符合产品说明书要求。起重机与架空线路安全距离应符合规范要求	合格
6	作业人员	起重机司机应持证上岗，操作证应与操作机型相符。起重机作业应设专职信号指挥和司索人员，一人不得同时兼顾信号指挥和司索作业。作业前应按规定进行安全技术交底，并应有交底记录	合格
7	起重吊装	当多台起重机同时起吊一个构件时，单台起重机所承受的荷载应符合专项施工方案要求。吊索系挂点应符合专项施工方案要求。起重机作业时，任何人不应停留在起重臂下方，被吊物不应从人的正上方通过。起重机不应采用吊具载运人员。当吊运易散落物件时，应使用专用吊笼	合格
8	高处作业	应按规定设置高处作业平台。平台强度、护栏高度应符合规范要求。爬梯的强度、构造应符合规范要求。应设置可靠的安全带悬挂点，并应高挂低用	合格
9	构件码放	构件码放荷载应在作业面承载能力允许范围内。构件码放高度应在规定范围内。大型构件码放应有保证稳定的措施	合格
10	警戒监护	应按规定设置作业警戒区。警戒区应设专人监护	合格

施工单位验收意见	合格	监理单位验收意见	合格	验收人员	总承包单位项目负责人：××× 使用单位项目负责人：××× 吊装单位负责人：××× 租赁单位负责人：××× 验收日期：2019年10月1日

② 起重吊装机械作业试吊记录表

填写要求：

起重吊装作业前应进行试吊。在空载、满载、超载情况下分别进行吊装试验，并填写试验报告。

总承包单位有关人员和专业监理工程师应参加试吊。试吊结束后应填写试吊结论意见，且参加试吊人员必须签名确认。

3.14 起重机械试吊记录表

6）专业施工机械设备

施工机械设备验收资料包括平刨机安全技术验收表、圆盘锯安全技术验收表、钢筋机械安全技术验收表、电焊机安全技术验收表、搅拌机安全技术验收表、挖土机械安全技术验收表。

3.15　平刨机验收表　　3.16　圆盘锯验收表　　3.17　钢筋机械验收表　　3.18　电焊机验收表

3.19　搅拌机验收表　　3.20　挖土机械验收表

填写要求：

① 工程项目部在机械设备进场安装后应组织有关人员进行安全技术验收和试运转，验收按各验收表所列的验收项目逐项进行，并填写验收记录。

② 工程项目部应当有专人对机械设备进行日常维护保养，并填写维护保养记录。

③ 机械设备验收由项目技术负责人组织项目专（兼）职机管员、电工、操作人员和有关专业人员进行，专业监理工程师应当参加验收。验收结论加盖项目部章。

④ 施工单位使用多个施工机械设备的，应逐一组织验收，填写清楚设备编号。

単元 3.2

安全资料的收集、登记

安全资料管理中，收集、登记的安全资料是指施工安全管理工作中直接收集、整理、登记形成的资料，包括工程基本情况、安全规章制度、安全教育与交底、安全专项方案、安全设备实施质量证明文件、施工机械检验资料、动火许可证等。这部分资料应根据安全资料清单和主管部门的要求及时收集、如实登记。

3.2.1　任务描述

1. 工程基本概况

工程基本概况包含建设工程项目安全监督登记表，建设工程项目基本情况表，证书清单，危险性较大分部分项工程清单，危险源识别与风险评价表，重大危险源动态管理控制表，施工现场管理人员及资格证书登记表，施工现场特种作业人员及操作资格证书登记表，施工现场主要机械设备一览表，施工现场总平面布置图，施工现场安全标志（含消防标志）平面布置图，施工现场安全防护用具一览表，施工现场安全生产文明施工措施费用预算表，施工现场安全生产文明施工措施费用投入统计表等。

2. 安全规章制度

安全规章制度包含建设工程安全生产法律、法规、规章和规范性文件清单，建设工程安全生产技术标准、规范清单，建筑施工企业安全生产规章制度清单，建设工程项目部安全管理机构网络，建设工程项目部安全生产责任制，建设工程项目部各级安全生产责任书，建设工程项目安全生产事故应急救援预案，工程建设安全事故快报表。

3. 安全教育与交底

安全教育与交底包含施工现场建筑工人三级教育登记表，建筑工人三级安全教育登记卡，项目管理人员年度安全培训登记表，安全技术交底记录汇总表，安全技术交底记录表，职工培训学校有关资料等。

4. 安全专项方案

安全专项方案包含文明施工专项方案，临时设施专项施工方案，消防安全管理方案及应急预案，基坑支护设计方案，基坑安全专项施工方案及专家论证报告，基坑监测方案和监测报告（巡查记录），模板支架工程安全专项施工方案及专家论证报告，脚手架工程安全专项施工方案及专家论证报告，高处作业吊篮安装拆卸方案，建筑起重机械安装拆卸专项施工方案，建筑起重机械安全事故应急救援预案，起重吊装工程安全专项施工方案，施工用电专项施工方案，桩基工程安全生产文明施工措施。

5. 安全设备实施质量证明文件

安全设备实施质量证明文件包括"三宝"质量证明文件清单，钢管、扣件等材料质量证明清单，原材料及有关设备部件的质量证明文件。

6. 施工机械检验资料

施工机械检验资料包括起重机械、高处作业吊篮合格证及检测报告。

7. 许可证

许可证指三级动火许可证。

3.2.2 基础知识

1. 工程基本概况

（1）建设工程项目安全监督登记表（表3-31）

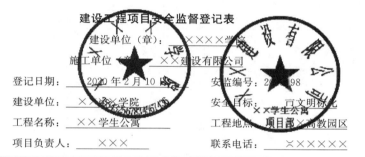

建设工程项目安全监督登记表　　　　　　　　表 3-31

建设单位（章）：　××××学院

施工单位（章）：　××建设有限公司

登记日期：　2020年2月10日　　安监编号：　2020-98

建设单位：　×××××学院　　安全目标：　百文明标化

工程名称：　××学生公寓　　工程地点：　××高教园区

项目负责人：　×××　　联系电话：　×××××××

备案项目		备案内容	份数	页数
建设单位	1	建设工程项目基本情况表	1	1
施工单位	2	企业安全生产许可证复印件	1	2
	3	危险性较大的分部分项工程清单	1	1
	4	项目安全文明施工组织管理机构与三类人员证书（企业主要负责人、项目负责人、专职安全生产管理人员）复印件	1	6
	5	特种作业人员登记表及证件复印件	1	10
	6	施工现场机械设备情况	合格	
	7	建筑工程施工人员保险单	1	2
	8	中标通知书复印件	1	1
	9	其他相关资料（按工程实际补充填写）		
	10			
	11			

注：1. 本表一式四份，建设单位、施工单位、监理单位、安监机构各一份。
　　2. 施工单位在办理安全监督备案时相关证件应提供原件及复印件。

建设行政主管部门安全监督机构（章）　　　　　　　2020年2月12日

填写要求：

本表为建设单位办理建设工程项目安全监督手续时的登记表。本表由施工单位填写并加盖施工单位法人章和建设单位法人章。表中所填内容为办理安全监督备案时所提供的相关证件和反映施工现场安全生产条件有关资料。

施工单位在提交本表时，应附上有关的证件和资料，除注明可提供复印件外，其余均一律提供原件。提供复印件时，需携带原件，核查确认后退还原件。

（2）建设工程项目基本情况表（表3-32）

建设工程项目基本情况表

表 3-32

建设单位（章）：　　　　　　　　　项目负责人（建设单位）：×××

安监编号	×××	登记日期	2019 年 2 月 12 日
工程名称	××学生公寓	工程地址	××高教园区
结构类型	框架结构	建筑面积（m²）	4250.5
层/栋	地上 6 层	工程造价（万元）	2000
计划开、竣工日期	2019 年 3 月 1 日 2019 年 12 月 25 日	安全管理目标	市文明标化
施工单位	××建设有限公司	法定代表人 联系电话	8823××××
项目负责人	×××	资格等级 联系电话	一级建造师 8123××××
勘察单位	××勘察院	项目负责人 联系电话	××× 135567××××
设计单位	××设计院	项目负责人 联系电话	××× 136567××××
监理单位	××监理有限公司	项目总监理工程师 联系电话	××× 188567××××

施工单位项目负责人（签名）： ×××  2019 年 2 月 10 日	项目总监理工程师（签名）： ×××  2019 年 2 月 11 日

注：1. "安监编号"由安监机构填写，其他由建设单位填写和有关人员签名。

2. 本表一式四份，建设单位、施工单位、监理单位、安监机构各一份

填表人：×××　　　　　　　　　　　　　　　　　　联系电话：131567×××××

填写要求：

本表由建设单位负责填写并加盖法人章。本表反映工程基本情况，应列明建设工程项目名

称、地点、规模、结构类型、计划开竣工日期、安全管理目标以及建设各方责任主体名称和有关负责人姓名、联系电话等信息，便于安全监督机构了解工程概况和联系各方责任主体。

表中"安监编号"由工程所在地安全监督机构填写，有关栏目需要签名盖章的应由相关人员本人签名，不得由他人代签，印章应为法人章。

（3）证书清单（表3-33）

本清单包括的证书主要有建设工程项目承建单位中标通知书，承建总承包单位资质证书、安全生产许可证，承建分包单位资质证书、安全生产许可证，建设工程项目施工许可证等。

填写内容及要求：清单中所列证书必须提供复印件，以备安全监督检查时核查，证书延期、年检等信息如有变动，应及时在清单备注栏填写变动情况。

证书清单   表 3-33

工程名称：××学生公寓

序号	单位名称	证书名称	证书编号	发证单位	发证时间	份数	备注
1	××建设有限公司	中标通知书	CNJS130416-060	××住房和城乡规划建设局	2018.12.22	1	
2	××建设有限公司	企业资质证书	330702000012297	××市工商行政管理局	2015.04.23	1	
3	××建设有限公司	安全生产许可证	（浙）JZ安许证字［2005］070043-6/1	浙江省住房和城乡建设厅	2017.01.14	1	
4	××××学院	建筑工程施工许可证	330327201307160101	××住房和城乡规划建设局	2019.3.15	1	
5	××建设有限公司	建设工程质量监督书	（2013）038号	××建设工程质量监督站	2019.2.15	1	
6	××建设有限公司	企业资质证书	330106000038495	××工商行政管理局	2016.7.22	1	
7	××建设有限公司	企业营业执照	330701000029894	××工商行政管理局	2011.3.26	1	
说明：证书包括（复印件附后）中标通知书、施工许可证、企业资质证书、安全生产许可证、分包单位资质证书及安全生产许可证等							

填表人：×××   日期：2020年2月10日

（4）危险性较大分部分项工程清单（表3-34）

本清单系根据住房和城乡建设部发布的建质（2009）87号《危险性较大的分部分项工程安全管理办法》第四条规定："建设单位在申请领取施工许可证或办理安全监督手续时，应当提供危险性较大的分部分项工程清单和安全管理措施"而设置的。施工单位在办理安全监督备案前应填写危险性较大分部分项工程清单，作为安全监督备案的必备资料。

危险性较大分部分项工程清单   表 3-34

工程名称：××学生公寓   日期：2019年3月15日

危险性较大分部分项工程名称	有	无	备注
一、基坑支护、降水工程			
开挖深度超过3m（含3m）或虽未超过3m但地质条件和周边环境复杂的基坑（槽）支护、降水工程		无	
二、土方开挖工程			
开挖深度超过3m（含3m）的基坑（槽）的土方开挖工程	有		

续表

危险性较大分部分项工程名称	有	无	备注
三、模板工程及支撑体系			
（一）各类工具式模板工程：包括大模板、滑模、爬模、飞模等工程		无	
（二）混凝土模板支撑工程：搭设高度5m及以上，搭设跨度10m以上，施工总荷载10kN/m² 及以上，集中线荷载15kN/m及以上，高度大于支撑水平投影宽度且相对独立无联系构件的混凝土模板支撑工程		无	
（三）承重支撑体系：用于钢结构安装等满堂支撑体系	有		
四、起重吊装及安装拆卸工程			
（一）采用非常规起重设备、方法，且单件起吊重量在10kN及以上的起重吊装工程		无	
（二）采用起重机械进行安装的工程	有		
（三）起重机械设备自身的安装、拆卸	有		
五、脚手架工程			
（一）搭设高度24m及以上的落地式钢管脚手架工程	有		
（二）附着式整体和分片提升脚手架工程		无	
（三）悬挑式脚手架工程	有		
（四）吊篮脚手架工程		无	
（五）自制卸料平台、移动操作平台工程			
（六）新型及异型脚手架工程			
六、拆除、爆破工程（建筑物、构筑物拆除工程）			
七、其他			
（一）建筑幕墙安装工程			
（二）钢结构、网架和索膜结构安装工程			
（三）人工挖扩孔桩工程			
（四）预应力工程			
（五）采用新技术、新工艺、新材料、新设备及尚无相关技术标准的危险性较大的分部分项工程			

注：1. 凡有上述超过一定规模危险性较大分部分项工程专项方案在备注中注明，并由施工单位按有关规定组织专家论证。
　　2. 本表一式四份（安全监督机构、建设、监理、施工单位各一份）

施工单位项目负责人签字：
　　×××

监理单位项目负责人签字：
　　×××

建设单位项目负责人签字：
　　×××

填写要求：

施工单位在填写清单时，应熟悉施工设计图和设计文件，根据工程的实际情况，对照本表所列的危险性较大的分部分项工程逐项填写，并在"有"或"无"栏目内打"√"。当本工程存在超过一定规模的危险性较大的分部分项工程时，应在备注栏内加以注明。施工单位必须如实填写，并由项目负责人审核签字。

建设单位项目负责人、监理单位项目负责人应对清单内容进行审核并签字确认。

对危险性较大的分部分项工程，施工单位应在本分部分项工程施工前编制安全专项施工方案；对于超过一定规模危险性较大的分部分项工程，施工单位应按当地建设行政主管部门的规定，对安全专项施工方案组织专家论证。安全专项施工方案的主要内容可参考本教材的有关章节。

安全专项施工方案应当由项目技术负责人编制，施工单位技术部门组织本单位施工技术、安全、质量等部门的专业技术人员进行审核，并由施工单位技术负责人审定。实施施工总承包的，安全专项施工方案应当由总承包单位技术负责人及相关专业承包单位技术负责人联合审定。经过专家论证的安全专项施工方案，施工单位应当根据论证报告修改完善方案，并经施工单位技术负责人、项目总监理工程师、建设单位项目负责人签字批准后，方可组织实施。

（5）危险源识别与风险评价表（表 3-35）

施工现场应建立危险源识别与风险评价制度，开展危险源识别与风险评价工作。

危险源识别与风险评价表   表 3-35

工程名称：××学生公寓

序号	作业活动（部位）	危险源	可能导致的事故	风险级别	控制方式	备注
001	基坑工作	临边	坠落		搭设临边安全防护设施	

注：1. 风险级别：一般、中等、重大。
    2. 控制方式：运行控制、制订管理方案、制订应急预案

编制人：×××   批准人：×××   日期：

填写要求：

本表可依据本单位《职业健康安全管理体系手册》和《程序文件》中的危险源辨识与风险评价和风险控制程序相关内容进行填写。

（6）重大危险源动态管理控制表（表 3-36）

项目部对经过风险评价确定的重大危险源必须进行有效管理。项目部可结合安全专项施工方案或安全技术措施，制定重大危险源的监控措施，落实相关责任人进行管理。

重大危险源动态管理控制表　　　　　　　　表 3-36

工程名称：××学生公寓

序号	工程部位	重大危险源	重大危险源监控措施	监控起止时间	监控责任人
001	基坑工程	基坑变形	施工期间做好监控措施		
注：本表应制作标牌张挂公示在施工现场醒目处					

编制人：×××　　　批准人：×××　　　日期：

填写要求：

　　重大危险源动态管理控制表应制作标牌张挂公示在施工现场醒目处。列入重大危险源监控的作业项目，是项目部安全巡检、周检的主要对象。

　　施工单位项目负责人是重大危险源管理的主要责任人，对重大危险源管理负总责。

　　（7）施工现场管理人员及资格证书登记表（表 3-37）

　　本表为办理安全监督登记手续时所附资料，其管理人员应与项目招标投标所提交的资料相符，如有变动，必须得到建设单位的同意并按规定办理变更手续。

施工现场管理人员及资格证书登记表　　　　　　　　表 3-37

工程名称：××学生公寓

序号	工作单位	姓名	性别	出生年月	岗位	资格证书名称	证书编号	证书有效期	发证单位	备注
1	××建设有限公司	李××	男	1976.10	项目经理	一级建造师、B证	浙133070××	三年	住房和城乡建设部	
2	××建设有限公司	章××	男	1982.07	技术负责人	工程师证	Z33010××		××人力资源和社会保障局	
3	××建设有限公司	钱××	男	1986.06	质检员	质检员证	330050410××		××住房和城乡建设厅	
4	××建设有限公司	苏××	男	1988.11	施工员	施工员证	3300501××		××住房和城乡建设厅	
5	××建设有限公司	贺××	男	1989.07	取样员	土建资料员证	3300507××		××住房和城乡建设厅	
6	××建设有限公司	宋××	男	1971.11	材料员	土建材料员证	3307503103××		××住房和城乡建设厅	
7	××建设有限公司	宋××	男	1989.06	安全员	安全员证、C证	33015051××	三年	××住房和城乡建设厅	
8	××建设有限公司	郑××	男	1986.09	安全员	安全员证、C证	330×0510××	三年	××住房和城乡建设厅	
注：1. 项目管理人员资格证书原件查验后，将复印件附后。2. 资格证书指岗位证书及三类人员证书等。3. 分包单位管理人员证书一并登记										

填表人：×××　　　项目负责人：×××　　　日期：

填写要求：

现场管理人员包括项目负责人、项目技术负责人以及项目专职安全员、施工员、质量员、预算员、资料员、材料员等。

人员名单应将性别、岗位、资格证书名称、证书编号等情况填写清楚。

资格证书指执业资格和岗位证书及三类人员证书等，如有分包单位的，其管理人员证书一并登记在内。项目管理人员资格证书复印件附登记表后。

（8）施工现场特种作业人员及操作资格证书登记表（表3-38）

本表为办理安全监督登记手续时所附资料。施工单位必须按工程实际情况配备特种作业人员。凡进入施工现场作业的特种作业人员均应进行登记，经项目负责人签字确认，查验其操作资格证书原件后，将复印件附后。

施工现场特种作业人员及操作资格证书登记表　　　　　　　　表 3-38

工程名称：××学生公寓

序号	工作单位	姓名	性别	出生年月	工种	发证单位	证书编号	证书有效日期	进场日期	出场日期
1	××建设有限公司	×××	男	1977.01	电焊工	××建设工程质量安全监督总站	浙 A07120××	2018.5.15～2020.5.15	2019.04.25	
2	××建设有限公司	×××	男	1981.12	电焊工	××建设工程质量安全监督总站	浙 A07120××	2018.5.15～2020.5.15	2019.04.25	
3	××建设有限公司	×××	男	1954.01	桩机工	××建筑安装管理处	040××		2019.04.25	
4	××建设有限公司	×××	男	1961.03	桩机工	××建筑安装管理处	040××		2019.04.25	
5	××建设有限公司	×××	男	1960.06	桩机工	××建筑安装管理处	040××		2019.04.25	
6	××建设有限公司	×××	男	1955.12	桩机工	××建筑安装管理处	040××		2019.04.25	

注：1. 建筑施工特种作业人员：建筑电工、建筑焊工（含焊接工、切割工）、建筑普通脚手架架子工、建筑附着升降脚手架架子工、建筑起重信号司索工（含指挥）、建筑塔式起重机司机、建筑施工升降机司机、建筑物料提升机司机、建筑塔式起重机安装拆卸工、建筑施工升降机安装拆卸工、建筑物料提升机安装拆卸工、高处作业吊篮安装拆卸工。

2. 分包单位特种作业人员证书一并登记。

3. 本表用于办理安全监督登记手续时，进场日期、出场日期可不填写；施工过程中应动态登记

填表人：×××　　　　项目负责人：×××　　　　日期：

填写要求：

根据住房和城乡建设部颁布的"关于印发《建筑施工特种作业人员管理办法》的通知"，建

筑施工特种作业人员包括：建筑电工、建筑焊工（含焊接工、切割工）、建筑普通脚手架架子工、建筑附着升降脚手架架子工、建筑起重信号司索工（含指挥）、建筑塔式起重机司机、建筑施工升降机司机、建筑物料提升机司机、建筑塔式起重机安装拆卸工、建筑施工升降机安装拆卸工、建筑物料提升机安装拆卸工、高处作业吊篮安装拆卸工等十二个工种。

施工现场特种作业操作资格证书采用住房和城乡建设部规定的统一样式，在全国通用，有效期为两年。有效期满需要延期的，特种作业人员应当于期满前3个月向原考核发证机关申请办理延期复核手续。

持有操作资格证书的人员，应当受聘于建筑施工单位，方可从事相应的特种作业。建筑施工单位对于首次取得操作资格证书的人员，应当在其正式上岗前安排不少于3个月的实习操作。

（9）施工现场主要机械设备一览表（表3-39）

本表为办理安全监督登记手续时所附资料，其机械设备包括：土石方机械如单斗挖掘机、挖掘装载机、推土机、自行式铲运机、压路机、风动凿岩机、电动凿岩机等；打桩机械如柴油打桩机、振动打桩机、静力压桩机、转盘钻孔机、螺旋钻孔机等；起重机械如塔式起重机、施工升降机、物料提升机、汽车轮胎式起重机等。钢筋加工机械如钢筋调直切断机、钢筋切断机、钢筋弯曲机、钢筋冷挤压连接机、对焊机、电渣压力焊机、交流电焊机等；混凝土机械如混凝土搅拌机、混凝土喷射机等；装饰装修机械如灰浆搅拌机、灰浆输送泵、喷浆机、喷涂机、水磨石机、混凝土切割机等；水工机械如离心水泵、潜水泵、深井泵、泥浆泵等较大机械设备。

施工现场主要机械设备一览表　　　　　　　　　　　　　　　　　表 3-39

工程名称：××学生公寓

序号	机械设备名称	型号	使用部位	设备产权备案编号	产权单位	安（拆）单位	使用单位	计划进场日期	计划退场日期
1	塔式起重机	××××	主体	××××	××设备公司	××设备安装公司	××建设有限公司	2019年5月1日	2019年12月1日
2	人货梯	××××	主体	××××	××建设有限公司	××设备安装公司	××建设有限公司	2019年6月1日	2019年12月1日
3									
4									
5									

注：1. 主要机械设备指：土石方机械、打桩机械、起重机械等。
　　2. 无设备产权备案编号的应填写企业自编号

填表人：×××　　　　项目负责人：×××　　　　　日期：

填写要求：本表所列机械设备名称、型号、使用部位、设备产权备案编号、产权单位、安（拆）单位、使用单位、计划进场（退场）时间（应依据施工组织设计中的施工进度）等应——填写，设备无产权编号的填写企业自编号。

（10）施工现场总平面布置图

施工现场总平面布置图，其内容包括：拟建的永久性工程及已建的永久性房屋、构筑物、重要地下管线；施工用的机械设备固定位置，如塔式起重机、物料提升机、混凝土搅拌设备等位置和塔式起重机回转半径；施工用运输道路、临时供水排水管线、临时供电线路及变配电设施位置；施工用生产性、生活性临时设施及主要构配件、建筑材料堆放场地等位置，并标注相应尺寸。

3.21 施工现场布置图

绘制要求：

施工总平面布置图应按不同施工阶段分别绘制，一般可分基础、主体、装饰三个施工阶段绘制总平面布置图。各施工阶段总平面布置图的内容要根据不同阶段的施工特点、内容、材料、设备等按实际布设。

施工现场总平面布置图应履行编审程序，一经批准，不得随意变更；如需变更，必须按原程序进行审批，并按变更的情况重新绘制。

施工现场总平面布置图为施工现场"五牌二图"中的其中一图，除在安全台账中存档外，必须随五牌固定在施工现场进口处合适位置。

（11）施工现场安全标志（含消防标志）平面布置图（表3-40）

施工现场主要施工部位、作业点和危险区域及主要通道口均应挂设明显的安全标志。项目部应根据本工程特点、施工条件和安全生产需要对安全标志（含消防标志）进行平面布置，绘制安全标志平面布置图，当多层建筑各层标志不一致时，可按各层列表或绘制分层布置图。

绘制要求：

安全标志分为禁止、警告、指令、指示四类。安全标志必须符合国家标准《安全标志》《安全标志及其使用导则》的规定。

安全标志应由专人管理。作业条件变化或安全标志损坏时，应及时更换。各种安全标志设置后，未经项目负责人批准，不得擅自移动或拆除。

（12）施工现场安全防护用具一览表（表3-41）

本表为办理安全监督登记手续时所附资料。安全防护用具包括：安全网、安全帽、安全带以及根据工程特点需要配置的用具和设备及主要劳动保护用具等。

填写要求：

本表所列安全防护用具的名称、规格型号、生产厂家、生产许可证编号、数量、进场日期等应依据施工组织设计所配置的劳动力、施工进度、工艺技术要求、安全技术方案等要素进行填写，并注明其购置日期、产品合格证或检验报告编号。

本表应经项目负责人审核后签字确认。

（13）施工现场安全生产文明施工措施费用预算表（表3-42）

工程项目部在施工前应制订安全生产文明施工经费使用计划，编写预算表并在工程施工中按计划实施。

施工现场安全标志（含消防标志）平面布置图　　　表 3-40

工程名称：××学生公寓

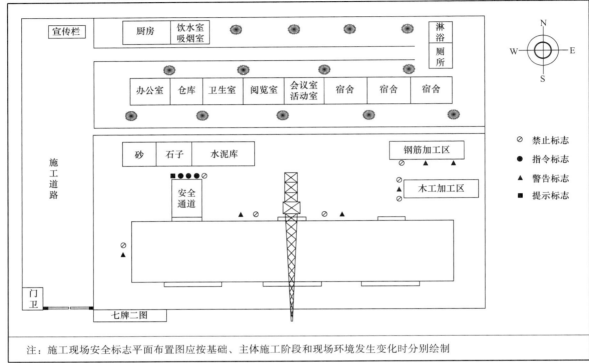

注：施工现场安全标志平面布置图应按基础、主体施工阶段和现场环境发生变化时分别绘制

编制人：×××　　审核人：×××　　批准人：×××　　日期：

施工现场安全防护用具一览表　　　表 3-41

工程名称：××学生公寓

序号	安全防护用具名称	规格型号	生产厂家	生产许可证编号	数量	购置日期	进场日期	合格证/检验报告
1	安全帽		××劳保用品有限公司	（浙）XK02-001-00026	500 顶	2019.3.15	2019.3.16	合格证
2	安全带	Z-Y	××电力设备有限公司	（苏）XK02-001-00172	500 条	2019.3.15	2019.3.16	合格证
3	手电		××			2019.3.15	2019.3.16	
4	手套		××		500 双	2019.3.15	2019.3.16	合格证
5	雨衣		××雨衣公司	专利号：01232605.4		2019.3.15	2019.3.16	合格证
6	水鞋		××		50 双	2019.3.15	2019.3.16	
7	安全网	ML-1.8×6m	××网具有限公司	（鲁）XK02-001-00007	240 张	2019.3.15	2019.3.16	合格证

注：安全防护用具：安全网、安全帽、安全带、劳动保护用具等

填表人：×××　　　　　项目负责人：×××　　　　　日期：

施工现场安全生产文明施工措施费用预算表 表 3-42

工程名称：××学生公寓

类别	费用项目名称		预算费用（元）
文明施工与环境保护	安全警示标志牌		
	现场围挡、大门		
	五牌二图		
	企业标志及宣传用品		
	道路、排水、地面		
	绿化		
	材料堆放设施及仓库（易燃、易爆物品）		
	现场防火及消防器材配置		
	垃圾清运及场地保洁（密闭式垃圾站、分类存放）		
临时设施	现场办公生活设施的设置（符合卫生、安全要求）		
	施工现场临时用电	配电线路	
		配电箱开关箱	
		接地保护装置	
安全施工	楼面、屋面、阳台、楼梯边等临边防护		
	通道口、预留洞口、楼梯口、电梯井口防护		
	垂直方向交叉作业、高空作业等防护设施		
	劳动保护用品		
	安全监控设备		
其他	各单位自行确定的项目		
合计费用			

注：安全生产、文明施工费用预算应按住房和城乡建设部规定所列范围编制，做到专款专用

填表人：×××　　　　项目负责人：×××　　　　日期：

填写要求：

安全生产文明施工措施费用的范围按建设部（建办【2005】89 号）《建筑工程安全防护、文明施工措施费用及使用管理规定》所列项目和相关规定的要求确定，本表所列内容为综合性的基本要求。预算费用的组成应经计算后确定，其中数量应满足工程实际需要，单价按市场平均单价计算。

项目负责人应在工程施工中确保安全生产文明施工经费的投入，做到专款专用、不挪作他用，实际使用经费总额不得小于投标报价的 90%。

本表由项目预算员或成本管理人员填报，经项目负责人审核后签字确认。

（14）施工现场安全生产文明施工措施费用投入统计表（表 3-43）

工程项目部应建立安全生产文明施工经费使用台账，对实际发生的安全生产文明施工措施费进行统计，填写统计表。凡发生符合安全生产文明施工措施费性质的实际费用均应记入安全生产文明施工措施费用统计表。台账应妥善保管备查。

施工现场安全生产文明施工措施费用投入统计表　　　　　　表 3-43

工程名称：××学生公寓

序号	类别	费用项目名称	本次投入费用（元）	累计投入费用（元）	投入时间
1	文明施工与环境保护	安全警示标志牌			2020 年 3 月 10 日
		现场围挡、大门			2020 年 3 月 10 日
		五牌二图			2020 年 3 月 10 日
		企业标志及宣传用品			2020 年 3 月 10 日
		道路、排水、地面			2020 年 3 月 10 日
		绿化			2020 年 3 月 10 日
		材料堆放设施及仓库（易燃、易爆物品）			2020 年 3 月 10 日
		现场防火及消防器材配置			2020 年 3 月 10 日
		垃圾清运及场地保洁（密闭式垃圾站、分类存放）			2020 年 3 月 10 日
2	安全施工	劳动保护用品			2020 年 3 月 10 日
		安全监控设备			2020 年 3 月 10 日
	合计				

注：实际发生费用由财务人员根据明细账进行统计

填表人：×××　　　　项目负责人：×××　　　　日期：

填写要求：

项目预算或成本管理人员负责安全生产文明施工措施费用投入统计表的填写，经项目负责人审核后，按季度上报给企业财务部门。

施工企业的财务部门应监督项目部对费用投入是否做到专款专用，并在会计台账中建立安全生产文明施工措施费用科目，以便主管部门的检查。

2. 安全规章制度

（1）建设工程安全生产法律、法规、规章和规范性文件清单

安全生产法律、法规、规章和规范性文件是安全生产的管理依据。项目部必须配备与建筑施工内容相关的现行安全生产法律、法规、规章和规范性文件，并及时更新和补充。

填写要求：法规应包括国家法规和地方法规；规章应包括政府主管部门规章和地方政府规章；规范性文件应包括部、省、市、县四级建设行政主管部门发布的文件以及企业颁发的文件。

3.22 安全生产法规

施工现场应对所使用的安全生产法律、法规、规章和规范性文件建立清单，指定专人保管，以便随时查阅使用。

（2）建设工程安全生产技术标准、规范清单

安全技术标准、规范等是安全生产的技术依据。项目部必须配备与建筑施工内容相关的现行安全生产技术标准、规范，并及时更新和补充。

3.23 安全生产标准、规范

填写要求：

安全生产技术标准、规范应包括国家标准、规范；行业标准、规范；地方标准、规范；企业标准（工法）等。

施工现场应对所使用的安全技术标准、规范建立清单，指定专人保管，以便随时查阅使用。

（3）建筑施工企业安全生产规章制度清单

建筑施工企业应按照相关的法律、法规、规章和规范性文件的要求，结合企业的实际情况，制定各项安全生产管理制度。项目部应配备企业安全生产规章制度；项目部应根据施工现场的实际情况补充制定与建筑施工内容相关的安全生产管理制度。上述制度应在清单内登记并有专人保管，以供现场随时查阅使用。

3.24 安全生产规章制度

填写要求：

企业安全生产管理制度一般可分为五类，一是岗位管理制度，主要包括：企业负责人和项目负责人带班制度、安全生产责任制度、安全教育培训制度、企业资质、机构及人员管理制度、总分包安全管理制度、安全生产考核和奖惩制度等；二是技术措施管理制度，主要包括：施工组织设计编审制度、危险性较大的分部分项工程安全专项施工方案（措施）的编审制度、安全技术交底制度等；三是安全生产费用投入和物资管理制度，主要包括：安全文明资金保障制度、设施和防护用品制度、安全检查测试工具配备管理制度、安全标志管理制度等；四是日常管理制度，主要包括：设备安全管理制度、危险源控制制度、安全检查及隐患排查制度、生产安全事故报告处理制度、安全生产应急救援制度等；五是文明（绿色）施工管理制度，主要包括：治安保卫工作制度、消防管理及动火审批制度、施工区（生活区）场容场貌及卫生管理制度等。安全生产规章制度应形成书面资料在台账中存档。

企业安全生产管理制度在企业生产经营状况、管理体制、有关法律法规、各级地方建设行政主管部门有新规定出台时，应适时更新、修订完善。

（4）建设工程项目部安全管理机构网络

项目部应建立安全生产管理组织，形成安全生产管理网络。安全生产管理组织有：安全生产领导小组，安全生产周检小组，消防和治安管理小组，应急救援指挥小组等。项目负责人负责本项目部安全管理组织的组建。安全生产领导小组由项目负责人担任组长，安全生产领导小组的名单应上墙。各种安全管理组织应有作业班组负责人参加。

项目部应明确各种安全生产管理组织成员的分工及相应的职责。

（5）建设工程项目部安全生产责任制

项目部应根据企业安全生产责任制体系，结合施工现场实际情况，建立项目部安全生产责任制，包括项目负责人、项目技术负责人、施工员、安全员及各管理人员（含作业班组长、工人）的安全生产责任制。按照"纵向到底、横向到边"的原则，安全生产责任制的对象应覆盖全部管理人员和作业班组，责任制的内容应涵盖全部施工过程。

项目部安全生产责任制由项目负责人组织制定，并应形成文本，主要岗位的安全生产责任制应上墙。

（6）建设工程项目部各级安全生产责任书

施工企业与项目部之间应签订项目安全生产责任书。项目安全生产责任书由企业负责人与项目负责人签字。

工程有专业分包时，总承包单位与专业分包单位之间应订立安全生产责任书；总承包单位项目部将建筑起重机械等委托有资质的单位安装时，双方应签订安全生产责任书。

项目部应根据企业与项目部签订的安全生产责任书内容，结合企业的总体目标、施工承包合同和工程实际情况，制定建设工程项目安全生产管理目标。项目安全生产管理目标包括：安全生产文明施工达标创优目标、生产安全事故控制指标、安全生产隐患治理目标、平安工地管理目标等。项目安全生产管理目标由项目技术负责人编制，由项目负责人审核批准。

项目部应根据安全生产责任制、安全管理目标，将责任按部门、专业分解落实到人，并与其签订目标责任书。目标责任书由项目负责人与职能人员签订。

项目部应将安全生产责任制和安全管理目标分解落实至作业班组，结合用工协议与各班组签订安全目标责任书。

项目部应对目标责任书的落实情况进行检查和考核，检查和考核结果应有书面记录。

（7）建设工程项目安全生产事故应急救援预案

项目部应针对危险性较大的分部分项工程和重大危险源制定安全生产事故应急救援预案，建立应急救援组织，配置必要的应急救援器材、设备，并定期组织演练。

实施施工总承包的由总承包单位统一组织编制安全生产事故应急救援预案。有专业分包的，专业分包单位应按规定编制本专业施工的应急救援预案，报送施工总承包单位审核。施工总承包单位和专业分包单位应按照应急救援预案共同组织实施。

应急预案可按照下列要素，并根据本单位或工程项目的实际情况编制：

①方案的目的、目标；②应急策划：重大危险源分析和救援资源分析；选择确定应急预案的对象；应急救援组织机构和人员职责；应急准备和应急资源的配置；通信方法；抢险

方法；③教育培训与演习；④应急救援各方协助单位的协议；⑤应急响应：接警与通知；指挥与控制；警报或紧急公告；警戒与治安；人群疏散与安置；抢险措施；⑥应急人员安全及保护；⑦医疗与卫生；⑧现场恢复工作。

项目部应急预案由项目负责人组织项目技术负责人、安全员等有关专业人员在工程开工前期编制。

（8）工程建设安全事故快报表

填写要求：

施工单位和项目部应制定工伤事故报告制度，建立工伤事故台账。

伤亡事故发生后，施工现场有关人员在抢险的同时，项目负责人应当立即向施工单位负责人报告，施工单位负责人接到报告后，应当立即启动事故应急救援预案，保护事发现场，组织人员抢救，防止事态扩大，并于 1 小时内向事发所在地县级以上人民政府建设行政主管部门报告。

3.25 安全事故快报表

伤亡事故发生后项目部应当填写安全事故快报表，事故快报表应当及时、准确、完整反映事故情况，并通过企业上报，不得迟报、漏报、谎报、瞒报。

情况紧急时，事故现场有关人员可以直接向事故发生地县级以二人民政府建设行政主管部门和有关部门报告。

实行施工总承包的建设工程，由总承包单位负责上报事故。

3. 安全教育与交底

（1）施工现场建筑工人三级教育登记表（表 3-44）

施工现场应结合建筑工人实名制管理对作业人员进行三级安全教育登记。施工过程中项目部应根据作业人员变动情况及时补充登记。

施工现场建筑工人三级教育登记表　　　　　　　　　　　　　　　表 3-44

工程名称：××学生公寓

序号	姓名	性别	年龄	工种	教育时间	学时	得分	身份证号码	户籍地址	进工地时间	离开工地时间	备注
1	郑××	男	28	木工	2019.6.25～2019.6.27	50	94	4115281××××××	××××	2019.6.25		
2	凤××	男	38	木工	2019.6.25～2019.6.27	50	78	3424251××××××	××××	2019.6.25		
3	王××	男	53	木工	2019.6.25～2019.6.27	50	90	522222××××××	××××	2019.6.25		
4	方××	男	44	木工	2019.6.25～2019.6.27	50	87	342451××××××	××××	2019.6.25		
5	程××	男	44	木工	2019.6.25～2019.6.27	50	68	342452××××××	××××	2019.6.25		
6	文××	女	42	木工	2019.6.25～2019.6.27	50	95	342425××××××	××××	2019.6.25		

填表人：×××　　　　　审核人：×××　　　　　填表日期：

填写内容及要求：已接受三级安全教育并建立三级安全教育登记卡且经过考试的职工与作业人员，应登记于本表。本表由项目部有关管理人员填写，专职安全员核实签名。

（2）建筑工人三级安全教育登记卡（表 3-45）

三级安全教育是指项目部对进入施工现场的新工人进行的首次安全生产教育，"三级"一般指公司（分公司）级、工地（项目部）级、班组级。三级安全教育一般由企业安全、劳动、技术等部门共同组织。上岗作业前的新工人必须接受三级安全教育，项目部应利用"工人培训学校"开展三级安全教育。三级安全教育时间：公司级不少于 15 学时，项目部级不少于 15 学时，班组级不少于 20 学时。受教育者必须经过考试合格后方可进入生产操作岗位。

建筑工人三级安全教育登记卡

表 3-45

工程名称：××学生公寓　　工种：　钢筋工　　编号：　001

姓名	张××		性别	男	年龄	32	照片	
户籍地址								
身份证号码								
进工地日期				建卡日期				
三级教育	内容				教育日期及学时		教育人签名及职务	受教育人签名
公司级	1. 国家安全生产、劳动保护的方针、政策、法规和意义，建筑法（第五章）、安全生产法、刑法（134～137、139 条）。 2. 公司概况：公司的安全生产、文明施工、劳动保护规章制度。 3. 建筑安装工程安全技术规程。 4. 企业职工伤亡事故报告和处理规定及公司内外典型事故教训				15		××× 公司安全负责人	×××
项目部级	1. 现场安全生产纪律和文明施工，安全生产的要求和目标。 2. 项目部概况及各项安全生产、文明施工的规章制度。 3. 现场危险作业部位和各种机械设备安全技术规范。 4. 结合项目部特点，介绍有关事故教训				15		××× 项目经理	×××
班组级	1. 现场安全生产纪律和规章制度，文明施工的要求。 2. 本岗位安全操作规程要点和易发生事故的部位及防范措施。 3. 本岗位使用的机械设备性能及安全装置。 4. 个人劳保防护用品的正确使用和管理要求				20		××× 安全员	×××
备注								

填写要求：

项目部对每一个受教育者建立建筑工人三级安全教育登记卡，被教育者在接受教育后应在卡内签字。该卡由项目部劳务用工单位负责填写，安全员复核。

项目部保安员、炊事员、卫生保洁等勤杂人员也应建立三级安全教育登记卡。

（3）项目管理人员年度安全培训登记表（表 3-46）

项目部管理人员应每年至少参加一次安全生产继续教育培训。对行业管理部门和企业组织的安全生产教育培训，项目部应积极参加。参加培训者应取得相应的培训证明材料。

项目管理人员年度安全培训登记表　　　　　　　　　　　　表 3-46

工程名称：××学生公寓

序号	姓名	工作岗位	培训内容	培训时间	学时	成绩	培训单位
1	×××	项目部技术负责人	法律、法规	2019.9.25	50学时	合格	公司质安部
2	×××	项目经理	法律、法规	2019.9.25	50学时	合格	公司质安部
3	×××	专职质检员	继续教育	2019.3.19	50学时	合格	××职业技能岗位培训中心
4	×××	专职质检员	继续教育	2019.3.19	50学时	合格	××职业技能岗位培训中心
5	×××	专职安全员	继续教育	2019.3.19	50学时	合格	××职业技能岗位培训中心
6	×××	专职安全员	继续教育	2019.3.19	50学时	合格	××职业技能岗位培训中心
7	×××	专职安全员	继续教育	2019.3.19	50学时	合格	××职业技能岗位培训中心
8	×××	土建施工员	继续教育	2019.3.19	50学时	合格	××职业技能岗位培训中心
注：项目管理人员年度安全培训应附相关培训证明材料							

填表人：×××　　　　　　　　　　　　　　　　　　填写日期：

填写要求：项目管理人员应接受继续教育时间，项目负责人每年不少于 30 学时；专职管理和技术人员每年不少于 40 学时；其他管理和技术人员每年不少于 20 学时；其他职工每年不少于 15 学时。本表由项目部安全管理人员填写。

（4）安全技术交底记录汇总表（表 3-47）

安全技术交底记录汇总表　　　　　　　　　　　　表 3-47

工程名称：××学生公寓

编号	分部分项工程名称	施工部位	交底类别	交底人	接受交底负责人	交底日期	备注
001	桩基工程	打桩		×××	×××	2019 年 3 月 1 日	
002	土方工程	挖土		×××	×××	2019 年 5 月 2 日	

填表人：×××　　　　　　　　　　　　　　　　　　填写日期：

填写要求：项目部应将安全技术交底记录按类别、部位归类汇总，制订封面单独成册，相关交底资料应附后。

（5）安全技术交底记录表（表 3-48）

安全技术交底是项目安全管理中一项重要的工作，项目部应认真履行安全技术交底制度，切实做好安全技术交底工作。

安全技术交底记录表　　　　　　表 3-48

编号：001

工程名称	××学生公寓	分部分项工程名称	主体工程
作业部位	1～6 层支模架及外脚手架	作业内容	1～6 层支模架及外脚手架
交底类别	架子工	交底日期	2019 年 6 月 3 日

交底内容	1. 施工现场必须自觉遵守安全生产六大纪律。 2. 施工人员必须自觉戴好安全帽，严禁穿拖鞋、硬底鞋及高跟鞋等带钉、易滑的鞋上班。 3. 钢管脚手架基础平整夯实，混凝土硬化，立杆垂直稳放在混凝土地坪上，设纵横相连扫地杆。 4. 钢管脚手架底部步距高度不大于 2m，其余不大于 1.8m，立杆纵向间距不大于 1.8m，横向间距不大于 1.5m，纵向大横杆和立杆必须错位，包括扶手栏杆，扶手栏杆不得采用对接，应采用搭接，搭接长度不少于 60cm。栏杆高度不低于 1.2m，踢脚杆不低于 30cm。 5. 钢管脚手架与建筑物拉结，必须采用刚性拉结，按建筑物水平方向不得大于 7m，垂直方向不得大于 4m，设置拉结点，拉结点在转角处和顶部应加密。 6. 钢管脚手架剪刀撑，由脚手架端头开始，按水平距离不超过 9m，设置剪刀撑，剪刀撑与地面的角度 45°～60°，自下而上连续设置。 7. 钢管脚手架脚手片应在建筑物每个作业层满铺，采用不细于 18 号铁丝双股并联四角绑扎牢固。 8. 脚手架外侧必须挂设密目式安全网，安全网固定在脚手架外立杆里侧，应用不细于 18 号铁丝绑扎牢固。 9. 脚手架的内立杆与墙体间距一般不大于 20cm，如大于 20cm 的应铺设立人片

交底人	项目技术负责人签名	×××	接受交底负责人签名	×××
	项目专职安全员签名	×××		
作业人员签名	××× ×××			

注：1. 交底类别指分包安全技术交底、专项施工方案安全技术交底、工人岗前安全技术交底、季节性交底等。
　　2. 专项施工方案交底内容较多时可附有关交底资料。
　　3. 本表一式二份，交底人、接受交底人各一份，交底人一份存档

填写要求：

安全技术交底记录表应由项目技术负责人和项目安全员编写，项目技术负责人负责安全技术方面交底内容，项目专职安全员负责日常安全常识、安全规章制度等方面教育内容，安全员还负有监督安全技术交底职能。安全技术交底必须在分部分项工程作业前进行，交底时不但要口头讲解，同时应有书面文字材料（或影像资料），交底内容栏不够填写的可附有关材料。交底应交至每个作业人员。交底双方应履行签字手续。安全技术交底记录表一式二份，交底人、被交底班组各一份。

安全技术交底的内容包括：分部分项工程的作业特点、工艺技术和危险源，针对危险源的预防措施，应注意的安全事项，相应的安全操作规程和标准，发生事故后应采取的避难和急救措施等。

危险性较大的分部分项工程施工前和新技术、新工艺、新设备和新材料应用前，项目技术

负责人及专职安全生产管理人员应向施工操作人员进行安全专项施工方案和安全技术措施交底。

安全技术交底的周期可视作业场所和施工对象而定，作业场所和施工对象固定的可定期交底，其他应按每一分项工程进行交底。

季节性施工、特殊作业环境下作业，施工前应进行有针对性的安全技术交底。

总承包项目部应与分包单位负责人办理安全交底手续，涉及安全防护设施移交的双方应进行移交验收。分包单位技术负责人和专职安全员应履行所属作业人员安全技术交底的职责。

（6）职工培训学校有关资料

依据推广建立职工培训学校的指导意见，工地现场应建立职工培训学校，职工培训学校应适时开展教学活动，记录教学内容。

职工培训学校有关资料主要包括：管理制度、组织机构、师资人员、学员守则、教学计划、教材和教学活动记录等材料。

4. 安全专项方案

（1）文明施工专项方案

施工现场的文明施工反映了施工企业安全管理水平和企业形象。在工程开工前后，施工现场应制订文明施工专项方案，明确文明施工管理措施。

文明施工专项方案应对工地的现场围挡、封闭管理、施工场地、材料堆放、临时建筑、办公与生活用房、施工现场标牌、节能环保、防火防毒、保健急救、综合治理等作出规划，制订实施措施。具体要求可按《建筑施工安全检查标准》JGJ 59、《建设工程施工现场环境与卫生标准》JGJ 146 等标准和相关规定执行，专项方案内容应与"绿色施工"相结合。

文明施工专项方案的编制应满足工程项目安全生产文明施工目标。

文明施工专项方案由项目负责人组织编制，经项目技术负责人审核、项目负责人批准并签字。

（2）临时设施专项施工方案

1）建设工程开工前，项目部应对施工场地进行平面规划，明确临时设施的建造计划，绘制施工总平面图，编制临时设施专项施工方案。施工总平面图和临时设施专项施工方案应经建设或监理单位审核。

2）临时房屋搭建若由专业单位承建的，承建单位应有相关资质。承建单位应编制临时房屋搭拆方案，加盖公章，并经总承包单位项目技术负责人、监理单位总监理工程师审核后实施。

3）临时设施的平面布置应符合《建设工程施工现场消防安全技术规范》GB 50720 的规定，临时设施搭建使用的原材料应有产品合格证。搭建临时房屋应有设计图或说明书，荷载较大的房间不宜设在二楼，房屋所附的电气线路应符合施工用电规范的要求。材料阻燃性能应符合消防要求。

4）临时设施专项施工方案由项目技术负责人编制，项目负责人批准。监理单位应当对方案进行审核。

（3）消防安全管理方案及应急预案

根据《建设工程施工现场消防安全技术规范》GB 50720 的规定，施工单位应制订消防安全管理制度，施工现场应建立消防安全管理组织机构，编制施工现场防火技术方案和应急预案。

施工现场防火技术方案主要内容包括：

1）消防组织（领导小组与消防队员）。

2）施工现场重大火灾危险源辨识。

3）施工现场防火技术措施。

4）临时消防设施、临时疏散设施配备。

5）临时消防设施和消防警示标识布置图。

施工现场消防应急预案主要内容包括：

1）应急灭火处置机构及各级人员应急处置职责。

2）报警、接警处置的程序和通信联络方式。

3）扑救初起火灾的程序和措施。

4）应急疏散及救援的程序和措施。

高层建筑应随层设置临时消火栓系统（2寸及以上立管，设加压泵，留消防水源接口），并配备足够灭火器。

施工现场防火技术方案和应急预案应由项目负责人组织编制，经企业技术负责人批准，项目总监理工程师审查批准后实施。

（4）基坑支护设计方案

基坑支护结构应由有设计资质的单位进行设计；对基坑开挖深度大于或等于5m及虽不到5m但对周围环境影响较大的，尚应对设计方案进行专家论证。

基坑支护设计方案是编制基坑安全专项施工方案和进行基坑支护结构施工的重要依据。基坑支护设计方案应包括有关地质资料、支护结构施工图、计算书、降排水措施及对土方开挖和基坑监测的安全技术要求等。设计方案应经设计单位技术负责人审定签字。

设计单位应根据专家论证意见完善设计方案；无需论证的基坑支护设计方案，建设单位项目负责人、施工单位技术负责人、项目总监理工程师应对基坑支护设计方案的符合性进行复核。

基坑支护设计方案、审核意见和专家论证报告应一并列入安全生产台账。

（5）基坑安全专项施工方案及专家论证报告

根据住房和城乡建设部建质（2009）87号《危险性较大的分部分项工程安全管理办法》规定，对基坑（槽）开挖深度大于或等于3m或虽不到3m但周边环境复杂的工程，应编制支护、降水、土方开挖专项施工方案，经施工单位技术负责人、总监理工程师签字后实施；对基坑（槽）开挖深度大于或等于5m或虽不到5m但周边环境复杂、影响毗邻建筑（构筑）安全的工程，应对专项施工方案进行专家论证；施工单位应按照批准的施工组织设计或基坑（槽）专项施工方案，对基坑（槽）施工进行安全管理。基坑安全专项施工方案或基坑（槽）施工安全技术措施应在施工前编制（论证）完成。

基坑安全专项施工方案包括支护结构施工、土方开挖施工、（降）排水施工、基坑监测四部分，其中基坑监测可由有资质的专业单位编制。编制的内容应符合《危险性较大的分部分项工程安全管理办法》的要求。基坑安全专项施工方案由施工单位工程项目负责人组织编制人员或项目技术负责人进行编制。工程由专业单位分包时，可由专业承包单位组织编制，总承包单位审核。

专项方案编制后应当由施工单位技术部门组织审核并经单位技术负责人审定。其中不需专家论证的专项方案报监理单位，由项目总监理工程师批准后实施；需经专家论证的由施工单位报送专家论证，论证后应提交论证报告。施工单位应根据论证报告修改完善方案，并重新经单位技术负责人、项目总监理工程师、建设单位项目负责人签字后实施。未按规定程序经审核批准或未经专家论证的专项方案不得组织设施。

基坑安全专项施工方案、专家论证报告及《安全专项施工方案（安全技术措施）审批表》、有关检查记录一并列入安全台账。

（6）基坑监测方案和监测报告（巡查记录）

根据《建筑基坑工程监测技术规范》GB 50497 规范，对基坑（槽）开挖深度大于或等于 5m 或虽不到 5m 但周边环境复杂的工程，应实施基坑工程安全监测。基坑工程监测由建设单位委托有资质的第三方监测单位在现场进行。

基坑工程施工前，监测单位应编制监测方案，监测方案应经建设、基坑设计、监理单位认可；对重要的监测方案应进行专家论证，监测单位应按论证意见完善监测方案。

基坑安全监测应按方案进行，监测单位应根据监测方案所明确的监测频率及时向施工、监理单位提供监测报告。当监测数据达到报警值时应及时报告建设或监理、施工单位，施工单位应及时采取措施纠正，防止事故的发生。监测终结后监测单位应提供监测总结报告。

按规定无需专业单位进行基坑监测时，施工单位应参照监测规范有关要求对相应项目进行安全巡查或监测，并形成记录。记录表见《建筑基坑工程监测技术规范》GB 50497。

（7）模板支架工程安全专项施工方案及专家论证报告

模板工程施工前应编制安全专项施工方案，模板工程安全专项施工方案的内容一般包括：

1）编制依据：编制本方案所依据的相关法律、法规、规范、标准及施工图纸和施工组织设计等。

2）模板工程概况：具体明确模板工程的特点，支模区域、结构标高、跨度及结构的截面尺寸等，支撑系统的地基情况，施工的技术保证条件等。

3）施工工艺技术：模板形式的选择，支撑系统的基础处理方法，模板系统的构造方法及有关参数的选择，所使用的材料种类及材料力学性能，主要搭设与拆除方法，施工顺序等。

4）施工计划：含施工进度、材料设备、劳动力计划等。

5）与施工方案相匹配的安全质量保证措施：包括组织和技术措施，安全质量监测和检查验收要求，应急救援办法等。

6）模板支架内力计算书。

7）有关施工详图：模板支架立杆、纵横向水平杆平面布置图，支撑系统主要部位剖面图，水平剪刀撑布置平面图及竖向剪刀撑立面图，梁板下主要节点支模大样图，连墙件布设位置及节点详图等。

在编制模板工程安全专项施工方案时，对模板系统的构造设计与计算应符合《建筑施工模板安全技术规范》JGJ 162 规定；采用扣件式钢管模板支架施工时，对支架系统的构造设计与计算应符合《建筑施工扣件式钢管模板支架技术规程》DB33/T 1035 的规定。

施工单位应根据论证报告修改完善方案，并经单位技术负责人、项目总监理工程师、建设单位项目负责人签字。未按规定程序经审核批准或专家论证的专项方案不得组织实施。

（8）脚手架工程安全专项施工方案及专家论证报告

搭设高度大于或等于 24m 的落地式脚手架，以及附着式整体和分片提升式脚手架、悬挑式脚手架、自制卸料平台等，施工前应编制安全专项施工方案，经施工单位技术负责人、总监理工程师审批签字后实施；对搭设高度大于或等于 50m 的落地式脚手架、大于或等于 18m 的悬挑式脚手架、提升高度大于或等于 150m 的附着式整体和分片提升式脚手架，应对专项施工方案进行专家论证并出具专家论证报告。

脚手架工程安全专项施工方案的内容主要包括：工程概况，编制依据，脚手架选型，基础处理，施工工艺技术和搭设构造要求，设计计算书，立杆布置平面图及剪刀撑布置图等施工详图，施工进度、材料、劳动力计划，有关安全管理和技术措施以及验收要求等。

经过专家论证的脚手架工程安全专项施工方案，施工单位应根据论证报告修改完善方案，并重新经施工单位技术负责人、项目总监理工程师、建设单位项目负责人签字；无需专家论证脚手架工程安全专项施工方案应由施工单位技术负责人和项目总监理工程师审核签字。未按规定程序经审核批准或专家论证的专项方案不得组织实施。

脚手架工程安全专项施工方案、专家论证报告及有关方案审核意见（表）应一并列入安全台账备查。

（9）高处作业吊篮安装拆卸方案

根据《建筑施工工具式脚手架安全技术规范》JGJ 202 以及住房和城乡建设部【建质（2009）87 号】文规定，高处作业吊篮施工前应编制安全专项施工方案。安全专项施工方案应包括安装与拆卸方案。当吊篮用于超过一定规模危险性较大的分部分项工程时，吊篮安装拆卸方案应一并进行专家论证。

高处作业吊篮应由具有相应资质的专业单位安装。吊篮安装拆卸前，专业单位应编制安装拆卸专项施工方案，并经本单位技术负责人审批签字。总承包单位、监理单位应当审核安装拆卸专项施工方案。未经审核或论证不得擅自施工。

吊篮安全专项施工方案应包括：吊篮设备的选择，吊篮平面布置，吊篮最大荷载下抗倾覆复核及吊篮支架支撑处结构承载力的复核、安全防护设施的配置、安装拆卸工艺、安装后的验收、使用中的维护以及吊篮使用期间与安全相关的技术与管理措施，设备和人员表等。方案应配以施工简图。

吊篮租赁单位必须依法取得营业执照并进行产权备案。吊篮安装和使用前使用单位应向建设主管部门办理告知手续。吊篮安装（拆卸）告知表、吊篮使用登记表等资料存入台账。

（10）建筑起重机械安装拆卸专项施工方案

建筑起重机械安装拆卸应由具有相应资质的专业单位安装，安装前专业安装单位应编制起重机械安装拆卸专项施工方案，并由本单位技术负责人签字。总承包单位、监理单位应审核专项施工方案。物料提升机最大安装高度不宜超过 36m 并应符合当地建设主管部门的规定。

建筑起重机械的附墙装置安装、顶升（加节）工作应由原安装单位负责。附着装置的构件和预埋件应由原制造厂家或有相应能力的企业制作，当附着水平距离、附着间距不满足使用说明书要求时应进行设计计算，绘制附着装置安装图、编写相关说明并履行审批手续。

（11）建筑起重机械安全事故应急救援预案

安装单位应制定建筑起重机械安装、拆卸工程生产安全事故应急救援预案，内容包括：概况、编制目的、危险源分析、组织机构及职责、预防与预警、应急处置、安装（拆卸）事故应急救援预案。

使用单位应制定建筑起重机械生产安全事故应急预案，内容包括：概况、编制目的、危险源分析、组织机构及职责、预防与预警、应急处置、生产安全事故应急救援预案。

（12）起重吊装工程安全专项施工方案

起重吊装作业或采用起重机械进行安装的工程，项目部或专业施工单位吊装作业前应编制起重吊装工程安全专项施工方案，明确起重吊装安全技术要点和保证安全的技术措施。安全专项施工方案经专业吊装单位技术负责人审核签字。总承包单位、建设单位应审核专项施工方案。

（13）施工用电专项施工方案

根据《施工现场临时用电安全技术规范》JGJ 46 规定，用电设备在 5 台及以上或总容量在 50kW 及以上者，工程开工前应由项目负责人、电气专业技术人员编制施工用电专项施工方案。

施工用电专项施工方案内容包括：①确定电源进线、变电所及配电室、配电装置及线路走向；②进行负荷计算；③设计配电系统：选择导线、电缆、配电装置及电器、接地装置，设计防雷装置；④绘制用电平面图等；⑤制定安全用电措施和电气防火措施等。

用电设备在 5 台以下或总容量在 50kW 以下者，可参照上述有关要求编制安全用电措施。

施工用电专项施工方案（安全措施），应经有关专业技术部门审核并经施工单位技术负责人、项目总监理工程师审查签字后方可实施。没有施工用电专项施工方案（安全措施）或未经审批不得进行临时用电施工。

（14）桩基工程安全生产文明施工措施

桩基施工单位在开工前应当编制桩基工程安全生产文明施工措施，经本单位有关部门审核、技术负责人签字并加盖公章后送监理工程师审批。无安全生产文明施工措施的不得开工。

建设单位或总承包单位应当加强对桩基施工单位的安全生产文明施工管理，与桩机施工单位签订安全生产文明施工责任书。桩基施工单位应当将有关资料报送或移送建设单位或项目总承包单位。

打桩机操作、指挥人员应持有效证件上岗。

桩工机械与架空输电线路、河流、基坑坡沟应有足够的安全距离。

5. 安全设备实施质量证明文件

（1）"三宝"质量证明文件清单（表 3-49）

"三宝"指安全帽、安全网、安全带。安全帽应符合《安全帽》GB 2811 标准，安全网应符合《安全网》GB 5725 标准，安全带应符合《安全带》GB 6095 标准。"三宝"每批进场时应进行验收，验收时应验证安全帽产品合格证及检测报告、安全网产品生产许可证和产品合格证及检测报告、安全带产品生产许可证和产品合格证及检测报告。

"三宝"质量证明文件清单 表 3-49

工程名称：　　××学生公寓

序号	"三宝"名称	证件名称	数量	登记时间	备注
001	安全帽	合格证	50 顶	2020 年 2 月 28 日	
002	安全网	合格证			

说明："三宝"相关质量证明文件可以另附纸粘贴

填表人：×××　　　审核人：×××

填写要求：

进场验收以同一生产厂家同一产品为一检验批。项目部应在同一检验批中按规定的数量抽取样本送有资质的检测机构进行检测。检测不合格的不得投入使用。

项目部应将"三宝"产品合格证明文件（附复印件）和检测报告原件附在"三宝"质量证明文件清单后。

（2）钢管、扣件等材料质量证明清单（表 3-50）

根据有关规范规定，施工单位使用新（旧）钢管、扣件，在进入施工现场后应进行检查和检测。新钢管、扣件应有产品质保书、生产许可证、检测报告等，并对其观感质量、重量、力学性能等物理指标进行抽样检测。旧钢管、扣件应由具有法定检测资格的单位进行检测；钢管、扣件使用前均应进行外观检查，有明显质量缺陷的应及时剔除，壁厚 3cm 以下的钢管和有裂缝、变形或螺栓出现滑丝的扣件严禁使用。

钢管、扣件等材料质量证明清单 表 3-50

工程名称：　　××学生公寓

序号	材料名称	证件名称	进场数量	进场时间	进场抽验状态	备注
001	钢管	合格证	20t	2020.6.1	合格	
002	扣件	合格证	300 个	2020.6.1	合格	

续表

序号	材料名称	证件名称	进场数量	进场时间	进场抽验状态	备注

说明：钢管、扣件等材料相关证明文件应附后

填写人：×××　　　　审核人：×××

填写要求：

对钢管、扣件使用应制定见证取样制度，在监理单位见证下取样；未经检测或检测不合格的一律不得使用。

施工现场应建立钢管、扣件等材料质量证明清单，记录购买或租赁的材料数量、进场时间、质量保证书和生产许可证编号、外观检查记录、复验检测报告等。清单由工地材料员负责填写，安全员审核。各级安全管理部门对模板工程进行安全检查时应检查上述资料。

（3）原材料及有关设备部件的质量证明文件

脚手架所用安全网、型钢、钢丝绳，悬挑脚手架的型钢梁、锚环及钢丝绳，附着式脚手架支撑结构的主要材料、零部件、提升设备和防坠装置等，必须有产品合格证等相关证书，并提供相应的检测报告。

6. 施工机械检验资料

（1）建筑起重机械

1）建筑起重机械基础工程资料

使用单位应按照建筑起重机械安装使用说明书的要求做好起重机械的基础工作，若地基承载力不能满足要求时必须进行基础工程设计计算，符合使用要求后方可进行下道工序。

使用单位应向安装单位提供经企业技术部门审核的基础工程资料，附有关施工简图。基础施工时应有隐蔽工程验收记录，并由监理工程师组织验收签证。

2）建筑起重机械产权备案表（表 3-51）

根据《建筑起重机械安全监督管理规定》（建设部令第 166 号）规定，出租单位在建筑起重

机械首次出租前，自购建筑起重机械的使用单位在建筑起重机械首次安装前，应当持建筑起重机械特种设备制造许可证、产品合格证和制造监督检验证明到本单位工商注册所在地县级以上地方人民政府建设主管部门办理备案。未经备案登记的设备不得投入使用。

建筑起重机械产权备案表

表 3-51

设备产权单位	××建设有限公司			
单位地址	××家园			
企业法人代表	××	电话	××	技术负责人	××
起重机械名称及型号	QTZ80（TC5610-6）			
制造单位	××机械设备股份有限公司		出厂日期	2020 年 6 月 2 日
企业设备自编号	T-01	联系人	××	电话	××
设备购置时间		设备备案申报时间		
设备备案机关意见	已备案 2020 年 6 月 3 日			
设备备案编号				设备备案机关（盖章）
备注				

说明：1. 本表一式二份，一份交备案管理部门，另一份建筑起重机械设备单位自留。

2. 交表时应提交资料：①产权单位法人营业执照副本；②特种设备制造许可证；③产品合格证；④制造监督检验证明；⑤建筑起重机械设备购销合同、发票或相应凭证；⑥设备备案机关规定的其他资料（所有资料复印件应当加盖产权单位公章）。

3. 备案资料如有变更，应到原备案机关办理备案注销手续并应重新办理备案。

3）建筑起重机械设备安装（拆卸）告知表（表 3-52）

使用单位应当在建筑起重机械安装（拆卸）前 2 个工作日内通过书面形式告知工程所在地县级以上地方人民政府建设主管部门，同时按规定提交经监理单位审核合格的有关资料。

建筑起重机械设备安装（拆卸）告知表 　　　　　　表 3-52

安装（拆卸）单位（章）：　　　　　　联系人：　　　　　　联系电话：

设备名称	塔式起重机	规格型号	QTZ80（TC5610-6）
工程名称	××学生公寓	项目经理	×××
工程地址	××高教园	电话	
设备备案编号			
施工总承包单位	××建设有限公司	监理单位	××监理有限公司
安装（拆卸）单位	××机械安装公司	资质证书编号	
		安全生产许可证编号	
安装（拆卸）方案	□有	□没有	
首次安装高度	40m	最终使用高度	65m
安装（拆卸）时间	年　　月　　日		

设备使用中特种作业人员名单（空格如不够，名单可附后）

姓名	工种	资格证编号	备注
金××	塔式起重机司机	X09875544	
王××	塔式起重机司机	X55437986	
郑××	起重信号司索工	S7655497	
郑××	电工	D75436778	

安装（拆卸）单位意见：	安装（拆卸）单位（章）： 2020 年 8 月 7 日
监理单位审查意见：	监理单位（章）： 2020 年 8 月 7 日
施工总承包单位审查意见：	施工总承包单位（章）： 2020 年 8 月 7 日
建设主管部门意见：	建设主管部门（章）： 2020 年 8 月 7 日

说明：1. 本表一式四份，建设主管部门、施工总承包单位、监理单位各一份，建筑起重机械安装（拆卸）单位自留一份。
　　　2. 交表时应提交资料：①建筑起重机械产权备案表；②安装（拆卸）单位资质证书及安全生产许可证副本；③安装（拆卸）单位特种作业人员名单及证书；④建筑起重机械安装（拆卸）工程专项施工方案；⑤安装（拆卸）单位与使用单位签订的安装（拆卸）合同及安装（拆卸）单位与施工总承包单位签订的安全协议书；⑥安装（拆卸）单位负责建筑起重机械安装（拆卸）工程专职安全生产管理人员及技术人员名单；⑦建筑起重机械安装（拆卸）工程生产安全事故应急救援预案；⑧辅助起重机械资料及其特种人员名单；⑨施工总承包单位及监理单位要求的其他资料。

4）建筑起重机械使用登记表（表 3-53）

使用单位应当自建筑起重机械安装验收合格之日起 30 日内，将建筑起重机械安装验收资料、建筑起重机械安全管理制度、特种作业人员名单等，向工程所在地县级以上地方人民政府建设主管部门办理建筑起重机械使用登记。

建筑起重机械使用登记表

表 3-53

使用单位（章）：　　　　　　联系人：　　　　联系电话：

设备名称			制造许可证号	
规格型号（含起最大重量）			出厂编号	
制造厂家			设备产权单位	
设备备案编号			设备安装高度	
是否已进行安装告知				
设备安装单位			资质证书编号	
			安全生产许可证编号	
设备安装日期		验收日期	验收意见	
工程名称			工程地点	
项目经理			联系电话	
设备安装检测单位		检测日期	检测意见	

特种作业人员名单（空格如不够，名单可附后）

姓名	工种	资格证编号	备注
金××	塔吊司机	X09875544	
王××	塔吊司机	X55437986	
郑××	起重信号司索工	S7655497	
郑××	电工	D75436778	

安装单位意见：	安装单位（章）：　项目部 2019 年 8 月 7 日
监理单位审查意见：	监理单位（章）： 2019 年 8 月 日
施工总承包单位审查意见：	施工总承包单位（章）： 2019 年 月 日
使用单位意见：	使用单位（章）：××学生公寓 2019 年 项目部 日
使用登记机关意见：	使用登记机关（章）： 2019 年 8 月 15 日

说明：1. 本表一式三份，使用登记机关、监理单位及使用单位各一份。
　　　2. 交表时应提交资料：①建筑起重机械产权备案表；②建筑起重机械安装（拆卸）告知表；③建筑起重机械租赁合同；④建筑起重机械检验检测报告和安装验收资料；⑤使用单位特种作业人员名单及资格证书；⑥建筑起重机械生产安全事故应急救援预案；⑦使用登记机关规定的其他资料。

（2）高处作业吊篮合格证及检测报告

高处作业吊篮租赁单位应出具产品合格证书、产权备案证明、设备使用说明书等。

高处作业吊篮安装单位在安装后应当委托有资质的单位进行检测，并出具检测报告。

7. 动火许可证

根据动用明火的危险程度和发生火灾的可能性，动火许可分为三个等级，分别采取不同的管理措施。在履行动火审批手续时应区别对待，动火许可证是现场动用明火应实行许可制度，动用明火前应履行动火审批手续。动火有关人员应填写动火申请，经项目负责人或项目技术负责人审核后填发《动火许可证》，未经批准不得动用明火（表3-54）。

三级动火许可证存根   表 3-54

作业名称	柱钢筋气压焊		动火部位				
动火时间	月	日	时	分至	月	日	时 分止
申请动火理由							
作业人员姓名	×××		动火监护人姓名			×××	
申请动火人	×××	申请日期	2020 年 10 月 6 日	批准人	×××	批准时间	2020 年 10 月 6 日

三级动火许可证操作人员执

作业名称	柱钢筋气压焊		动火部位				
动火时间	月	日	时	分至	月	日	时 分止
动火须知及防火措施							

1. 在非固定的、无明显危险因素的场所进行动火作业等均属三级动火。
2. 三级动火申请人应在三天前提出，批准最长期限为七天，期满应重新办证，否则视作无证动火。
3. 三级动火作业由所在班组填写，经项目防火负责人审查批准，方可动火。
4. 焊工必须持有效证件上岗，正确使用劳动防护用品；作业时必须遵守"十不烧"原则。
5. 操作前检查焊割设备、工具是否完好，电源线有无破损，各类保护装置是否齐全有效。
6. 清除明火点周围的可燃物品，按要求配置灭火器，由专人进行监护。
7. 本表一式二联：三级动火许可证操作人员执及三级动火许可证存根

3.26 二级动火许可

作业人员姓名	×××		动火监护人姓名			×××	
申请动火人	×××	申请日期	2020 年 10 月 6 日	批准人	×××	批准时间	2020 年 10 月 6 日

3.27 一级动火许可

填写要求：

具体要求见表内"动火须知与防火措施"。

项目负责人或项目技术负责人对动火条件应当派员检查，不符合条件的不予批准。项目监理工程师应当对动火许可提出审核意见。

现场动用明火前应落实动火监护人员，受明火影响区域应设置防火措施和配备足够灭火器材。

单元 3.3

安全资料的整理、归档

在施工过程中，安全资料是安全管理的基础，也是安全管理的重要依据，因此，安全资料的及时整理、归档会使施工现场安全管理有效、规范、系统化。

3.3.1　任务描述

3.28　安全资料归档目录

施工单位在工程实施过程中，收集、登记和填写、编制所形成的安全技术资料，按行政主管部门、公司和项目部的实际情况进行整理，也可参照二维码 3.28 进行整理、归档。

工程竣工或有关安全技术活动结束后 30 天内，各参建单位应将安全技术文件交本单位档案室归档，档案保存期不应少于 1 年。具体归档范围及内容参照《建筑施工安全技术统一规范》GB 50870 的要求。

3.3.2　基础知识

3.29　安全归档文件内容

建筑施工企业对安全技术资料的管理，实行项目经理负责制，施工现场应设施工安全资料员，专门负责安全技术资料管理工作。安全资料员须经行业主管部门培训，考试合格后持证上岗。

安全技术资料有序的管理，是贯彻安全监督、分段验收、综合评价、全过程管理的重要依据之一。随着建筑工程信息化管理的推进，推动了现场施工安全管理向更高的层次和水平发展，安全技术资料的管理也呈现科学化、标准化、规范化。建立健全正规的资料专业管理，可保证施工现场安全技术资料的原始性和真实性。真实可靠的安全技术资料对指导今后的工作以及对领导工作的决策提供了依据。有序生产可以减少不必要的时间浪费和费用损失，可进一步规范安全生产技术，提高劳动生产效率，减少伤亡事故发生频率。

资料的有效保存为事故过程中发生的伤亡事故处理提供可靠的证据，并为今后事故预测、预防提供可依据的参考资料。

根据《建筑施工安全技术统一规范》GB 50870 要求，安全技术文件建档管理应符合下列要求：

（1）安全技术文件建档起止时限，应从工程施工准备阶段到工程竣工验收合格止。

（2）工程建设各参建单位应对安全技术文件进行建档、归档，并应及时向有关单位传递。

（3）建档文件的内容应真实、准确、完整，并应与建设工程安全技术管理活动实际相符合，手续齐全。

（4）归档文件的立卷，卷内文件排列、案卷的编目、案卷装订应符合现行国家标准《建设工程文件归档规范》GB/T 50328 的有关规定。

（5）归档文件采用电子文件载体形式的，应符合现行国家标准《电子文件归档与管理规范》GB/T 18894 的有关规定。

（6）归档文件应为原件。因各种原因不能使用原件的，应在复印件上加盖原件存放单位的印章，并应有经办人签字及时间。

安全资料管理训练

步骤 1 编制安全资料清单

研读指定的模拟工程（如××学生公寓）施工图纸，结合建筑施工技术、建筑施工组织等课程所学内容，选定适当的施工和组织方法，编制各阶段工作项的时间计划，结合训练导航中介绍的施工安全管理工作项和对应的安全资料，在表 3-55 安全资料清单的空格中补齐工作项及对应的工程资料内容。如，××学生公寓 2019 年 4 月 15 日开始项目的可行性研究，2020 年 12 月竣工验收。在此期间所进行的安全培训和监管（工作项）及对应产生的安全资料部分已填入表 3-55 中，其余未填入的需由学生在老师的指导下补充完成。

安全资料清单   表 3-55

序号	阶段	工作项	时间	资料名称（照片）
1	开工准备	安全培训、安全教育、安全交底	2020 年 2 月 9 日—2020 年 3 月 9 日	施工现场建筑工人三级教育登记表、建筑工人三级安全教育登记卡、项目管理人员年度安全培训登记表、安全技术交底记录表、职工培训学校有关资料
	……	……	……	……
	基础工程阶段	各项安全管理实施	2020 年 3 月 10 日—2020 年 6 月 10 日	项目负责人施工现场带班记录、各类安全专项活动实施情况检查记录表、安全生产检查记录汇总表、项目安全生产检查记录表
	……	……	……	……
	主体工程阶段	楼层轴线、标高引测	2020 年 6 月 11 日—2020 年 7 月 30 日	班组安全活动记录表、企业负责人施工现场带班检查记录表、项目负责人施工现场带班记录表、项目安全生产检查记录表
	……	……	……	……
	屋面工程阶段	屋面找坡	2020 年 8 月 15 日—2020 年 10 月 15 日	班组安全活动记录表、企业负责人施工现场带班检查记录表、项目负责人施工现场带班记录表、项目安全生产检查记录表
	……	……	……	……
	装饰和节能工程阶段	幕墙施工	2020 年 8 月 15 日—2020 年 10 月 15 日	① 高处作业吊篮安装拆卸方案 ② 高处作业吊篮安全技术综合验收表 ③ 高处作业吊篮安装及使用人员安全技术交底 ④ 高处作业吊篮合格证及检验报告

续表

序号	阶段	工作项	时间	资料名称（照片）
	装饰和节能 工程阶段	幕墙施工	2020 年 8 月 15 日—— 2020 年 10 月 15 日	⑤ 高处作业防护设施安全验收表 ⑥ 班组安全活动记录表 ⑦ 企业负责人施工现场带班检查记录 ⑧ 项目负责人施工现场带班记录
	……	……	……	……

步骤 2　收集安全资料

根据编制好的安全资料清单，在本教材中提供的样表和电子资料（或其他参考资料）中，通过鉴别、选择，收集所需要的正确资料，在表中对应位置插入收集来的资料照片，检查遗漏，核对资料的时间与工程资料清单中的时间是否一致，所反映的工作项的逻辑顺序关系是否正确，具体操作可以参照表 3-56 施工阶段工程基本概况安全资料收集的做法。安全资料参考样式请扫安全资料收集训练电子资源二维码。

施工阶段工程基本概况安全资料 表 3-56

序号	资料名称	编制日期	资料文本
1	建设工程项目安全监督登记表	2019 年 11 月 13 日	

续表

序号	资料名称	编制日期	资料文本
2	建设工程项目基本情况表	2019 年 11 月 13 日	

步骤 3　编制安全资料

根据编制好的安全资料清单，按照学习的安全资料编写方法和要求，结合指定工程（如××学生公寓）的工程情况，参照浙江省建设工程施工现场安全管理台账，完成施工阶段安全资料的编制（需编制的资料格式和表格请扫安全资料编写电子资源二维码）。编写完成的资料依次填入安全资料清单中。

步骤 4　整理安全资料

根据安全资料整理分类要求（单元 3.3 安全资料的整理、归档），将收集、编制好的资料进行施工过程中安全资料管理的分类和组卷。参照单元 1.4 施工资料管理训练中"步骤 4 整理施工资料"，制作案卷封面、脊背、资料目录，最后进行整理、组卷、装盒保存。

附

1. 安全资料收集训练电子资源（二维码）清单

 3.30　工程概况信息表　　 3.31　安全生产法律法规　　 3.32　安全教育测试题　　 3.33　三级教育登记表

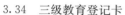 3.34　三级教育登记卡　　 3.35　三级动火许可证　　 3.36　塔式起重机安装拆卸专项方案　　 3.37　塔式起重机安装拆卸专项方案报审表

 3.38　脚手架专项方案　　 3.39　脚手架专项方案报审表　　 3.40　模板高支撑系统专项方案　　 3.41　模板高支撑系统方案专家论证报告

 3.42　模板高支撑系统方案论证会签到表　　 3.43　模板高支撑系统专项方案报审表　　 3.44　模板高支撑系统补充方案　　 3.45　模板高支撑系统补充方案报审表

 3.46　深基坑工程专项施工方案　　 3.47　基坑工程检测方案　　 3.48　深基坑工程方案专家论证报告　　 3.49　深基坑工程方案论证会签到表

 3.50　深基坑工程专项方案报审表　　 3.51　深基坑工程补充方案报审表　　 3.52　施工临时用电专项方案　　 3.53　施工临时用电专项方案报审表

3.54　安全文明施工
专项方案

3.55　安全文明施工专项
方案报审表

3.56　消防保卫专项方案

3.57　消防保卫专项
方案报审表

3.58　安全应急救援
专项方案

3.59　安全应急救援
专项方案报审表

3.60　安全带合格证

3.61　安全帽检测报告
及合格证

3.62　安全网检验报告

3.63　安全网合格证

3.64　脚手架钢管
检测报告

3.65　脚手架扣件检测报告

3.66　高处作业吊篮
检测报告

3.67　吊篮安装告知表

3.68　吊篮使用登记表

3.69　高处作业吊篮
验收表

3.70　施工升降机检验
合格证

3.71　施工升降机委托
检验报告

3.72　施工升降机焊缝磁粉
检验报告

3.73　施工升降梯安装
告知表

3.74　施工升降机使用
登记表

3.75　施工升降机安装
检验报告

3.76　施工升降机
验收表

3.77　塔式起重机安装
告知表

3.78 塔式起重机无损检测报告

3.79 塔式起重机检验合格证（首次安装）

3.80 塔式起重机检验报告（首次安装）

3.81 塔式起重机检验合格证（顶升加节）

3.82 塔式起重机检验报告（顶升加节）

3.83 塔式起重机安装检验报告（安装到位）

3.84 塔式起重机验收表

3.85 塔式起重机拆卸告知表

2. 安全资料编写训练电子资源（二维码）清单

3.86 安全管理台账

项目小结

安全资料管理分三阶段进行训练。工程基本情况、安全规章制度、安全教育与交底、安全专项方案、安全设备设施质量证明文件、施工机械检验资料和动火许可证等是第一阶段的收集、登记资料，这类资料的特点是根据工程背景直接登记或从相关部门收集整理形成的资料，及时收集、如实登记是这一阶段资料管理的要点。安全活动和安全检查验收是第二阶段的填写、编制资料，这类资料的特点是根据工程进度进行安全活动的填写和安全设备设施检验形成的资料，规范填写、有效编制是第二阶段资料管理的要点。第三阶段则是对建筑工程现场形成的安全技术资料按目录进行整理，归档管理。

思考与拓展题

1. 收集、登记安全资料和填写、编制安全资料管理的要点分别是什么？
2. 安全专项方案与施工组织设计的关系是什么？在工程实际中有什么作用？
3. 高层建筑主体结构钢筋混凝土施工时，主要危险源有哪些？
4. 安全员与安全资料管理员在现场的工作重点是什么？
5. 绿色施工与安全资料管理有何关联？

资料的组卷归档

知识目标：

1. 掌握整理归档的分类及资料形成要件的规定。

2. 掌握组卷编制目录和封面的规定。

3. 掌握装订、归档装盒的规定。

4. 熟悉整理归档的职责。

能力目标：

1. 会分类、组卷、编制目录和封面。

2. 会装订、归档。

学习重点、难点与关键点：

重点：资料编制目录和封面，装订、归档。

难点：资料的分类。

关键点：资料的组卷。

归档文件及其质量要求

4.1.1 任务描述

对与工程建设有关的重要活动、记载工程建设主要过程和现状、具有保存价值的各种载体的文件，均应收集齐全、整理立卷后归档。

根据《建设工程文件归档规范》GB/T 50328 规定，竣工后归档的工程文件的分类整理，按建设程序分为工程准备阶段文件、监理文件、施工文件、竣工图、竣工验收文件 5 部分进行。具体分类的细目和保存单位要求按表 4-1 规定进行。

建设工程文件归档范围 表 4-1

类别	归档文件	保存单位				
		建设单位	设计单位	施工单位	监理单位	城建档案馆
工程准备阶段文件（A类）						
A1	立项文件					
1	项目建议书批复文件及项目建议书	▲				▲
2	可行性研究报告批复文件及可行性研究报告	▲				▲
3	专家论证意见、项目评估文件	▲				▲
4	有关立项的会议纪要、领导批示	▲				▲
A2	建设用地、拆迁文件					
1	选址申请及选址规划意见通知书	▲				▲
2	建设用地批准书	▲				▲
3	拆迁安置意见、协议、方案等	▲				△
4	建设用地规划许可证及其附件	▲				▲
5	土地使用证明文件及其附件	▲				▲
6	建设用地钉桩通知单	▲				▲
A3	勘察、设计文件					
1	工程地质勘查报告	▲	▲			▲
2	水文地质勘查报告	▲	▲			▲
3	初步设计文件（说明书）	▲	▲			▲
4	设计方案审查意见	▲	▲			▲
5	人防、环保、消防等有关主管部门（针对方案）审查意见	▲	▲			▲
6	设计计算书	▲	▲			△
7	施工图设计文件审查意见	▲	▲			▲
8	节能设计备案文件	▲	▲			▲

续表

类别	归档文件	保存单位				
		建设单位	设计单位	施工单位	监理单位	城建档案馆
A4	招标投标文件					
1	勘察、设计招标投标文件	▲	▲			
2	勘察、设计合同	▲	▲			▲
3	施工招标投标文件	▲		▲	△	
4	施工承包合同	▲		▲	△	▲
5	工程监理招标投标文件	▲			▲	
6	监理合同	▲			▲	▲
A5	开工审批文件					
1	建设工程规划许可证及其附件	▲		△	△	▲
2	建设工程施工许可证	▲		▲	▲	▲
A6	工程造价文件					
1	工程投资估算材料	▲				
2	工程设计概算材料	▲				
3	招标控制价格文件	▲				
4	合同价格文件	▲		▲		
5	结算价格文件	▲		▲		
A7	工程建设基本信息					
1	工程概况信息表	▲		△		▲
2	建设单位工程项目负责人及现场管理人员名册	▲				▲
3	监理单位工程项目总监理工程师及监理人员名册	▲			▲	▲
4	施工单位工程项目经理及质量管理人员名册	▲		▲		▲
监理文件（B类）						
B1	监理管理文件					
1	监理规划	▲			▲	▲
2	监理实施细则	▲		△	▲	▲
3	监理月报	△			▲	
4	监理会议纪要			△	▲	
5	监理工作日志				▲	
6	监理工作总结	▲			▲	▲
7	工作联系单	▲		△	△	
8	监理工程师通知	▲		△	△	△
9	监理工程师通知回复单	▲		△	△	△
10	工程暂停令	▲		△	△	▲
11	工程复工报审表	▲		▲	▲	▲
B2	进度控制文件					
1	工程开工审批表	▲		▲	▲	▲
2	施工进度计划报审表	▲		△	△	
B3	质量控制文件					
1	质量事故报告及处理资料	▲		▲	▲	▲
2	旁站监理记录	△		△	▲	
3	见证取样和送检人员备案表	▲		▲	▲	

类别	归档文件	保存单位				
		建设单位	设计单位	施工单位	监理单位	城建档案馆
4	见证记录	▲		▲	▲	
5	工程技术文件报审表			△		
B4	造价控制文件					
1	工程款支付	▲		△	△	
2	工程款支付证书	▲		△	△	
3	工程变更费用报审表	▲		△	△	
4	费用索赔申请表	▲		△	△	
5	费用索赔审批表	▲		△	△	
B5	工期管理文件					
1	工程延期申请表	▲		▲	▲	▲
2	工程延期审批表	▲			▲	▲
B6	监理验收文件					
1	竣工移交证书	▲		▲	▲	▲
2	监理资料移交书	▲			▲	
	施工文件（C类）					
C1	施工管理文件					
1	工程概况表	▲		▲	▲	△
2	施工现场质量管理检查记录			△	△	
3	企业资质证书及相关专业人员岗位证书	△		△	△	
4	分包单位资质报审表	▲		▲	▲	△
5	建设工程质量事故勘查记录	▲		▲	▲	▲
6	建设工程质量事故报告书	△		▲	▲	▲
7	施工检测计划	▲		△	△	
8	见证试验检测汇总表			▲	▲	▲
9	施工日志	▲	▲	▲		
C2	施工技术文件					
1	工程技术文件报审表	△		△	△	
2	施工组织设计及施工方案	△		△	△	△
3	危险性较大分部分项工程施工方案	△		△	△	△
4	技术交底记录	△		△		
5	图纸会审记录	▲	▲	▲	▲	▲
6	设计变更通知单	▲	▲	▲	▲	▲
7	工程洽商记录（技术核定单）	▲	▲	▲	▲	▲
C3	进度造价文件					
1	工程开工报审表	▲	▲	▲	▲	▲
2	工程复工报审表	▲	▲	▲	▲	▲
3	施工进度计划报审表			△	△	
4	施工进度计划			△		
5	人、机、料动态表			△	△	
6	工程延期申请表	▲		▲	▲	▲
7	工程款支付申请表	▲		△	△	

续表

类别	归档文件	保存单位				
		建设单位	设计单位	施工单位	监理单位	城建档案馆
8	工程变更费用报审表	▲		△	△	
C4	施工物资出厂质量证明及进场检测文件	▲		△	△	
	出厂质量证明文件及检测报告					
1	砂、石、砖、水泥、钢筋、隔热保温、防腐材料、轻集料出厂质量证明文件	▲		▲	▲	△
2	其他物资出厂合格证、质量保证书、检测报告和报关单或商检证等	△		▲	△	
3	材料、设备的相关检验报告、型式检验报告、3C强制认证合格证书或3C标志	△		▲	△	
4	主要设备、器具的安装使用说明书	▲		▲	△	
5	进口的主要材料设备的商检证明文件	△	▲	▲		
6	涉及消防、安全、卫生、环保、节能的材料、设备的检测报告或法定机构出具的有效证明文件	▲		▲	▲	△
7	其他施工物资产品合格证、出厂检验报告					
	进场检验通用表格					
1	材料、构配件进场检验记录			△	△	
2	设备开箱检验记录			△	△	
3	设备及管道附件试验记录	▲		▲	△	
	进场复试报告					
1	钢材试验报告	▲		▲	▲	▲
2	水泥试验报告	▲		▲	▲	▲
3	砂试验报告	▲		▲	▲	▲
4	碎（卵）石试验报告	▲		▲	▲	▲
5	外加剂试验报告	△		▲	▲	▲
6	防水涂料试验报告	▲		▲	△	
7	防水卷材试验报告	▲		▲	△	
8	砖（砌块）试验报告	▲		▲	▲	▲
9	预应力筋复试报告	▲		▲	▲	▲
10	预应力锚具、夹具和连接器复试报告	▲		▲	▲	▲
11	装饰装修用门窗复试报告	▲		▲	△	
12	装饰装修用人造木板复试报告	▲		▲	△	
13	装饰装修用花岗石复试报告	▲		▲	△	
14	装饰装修用安全玻璃复试报告	▲		▲	△	
15	装饰装修用外墙面砖复试报告	▲		▲	△	
16	钢结构用钢材复试报告	▲		▲	▲	▲
17	钢结构用防火涂料复试报告	▲		▲	▲	▲
18	钢结构用焊接材料复试报告	▲		▲	▲	▲
19	钢结构用高强度大六角螺栓连接副复试报告	▲		▲	▲	▲
20	钢结构用扭剪型高强度螺栓连接副复试报告	▲		▲	▲	▲
21	幕墙用铝塑板、石材、玻璃、结构胶复试报告	▲		▲	▲	▲

类别	归档文件	保存单位				
		建设单位	设计单位	施工单位	监理单位	城建档案馆
22	散热器、采暖系统保温材料、通风与空调工程绝热材料、风机盘管机组、低压配电系统电缆的见证取样复试报告	▲		▲	▲	▲
23	节能工程材料复试报告	▲		▲	▲	▲
24	其他物资进场复试报告					
C5	施工记录文件					
1	隐蔽工程验收记录	▲		▲	▲	▲
2	施工检查记录			△		
3	交接检查记录			△		
4	工程定位测量记录	▲		▲	▲	▲
5	基槽验线记录	▲		▲	▲	▲
6	楼层平面放线记录			△	△	△
7	楼层标高抄测记录			△	△	△
8	建筑物垂直度、标高观测记录	▲		▲	△	△
9	沉降观测记录	▲		▲	△	▲
10	基坑支护水平位移监测记录			△	△	
11	桩基、支护测量放线记录			△	△	
12	地基验槽记录	▲	▲	▲	▲	▲
13	地基钎探记录	▲		△	△	▲
14	混凝土浇筑申请书			△	△	
15	预拌混凝土运输单					
16	混凝土开盘鉴定			△	△	
17	混凝土拆模申请单			△	△	
18	混凝土预拌测温记录					
19	混凝土养护测温记录					
20	大体积混凝土养护测温记录					
21	大型构件吊装记录	▲		△	△	▲
22	焊接材料烘焙记录					
23	地下工程防水效果检查记录	▲		△	△	
24	防水工程试水检查记录	▲		△	△	
25	通风（烟）道、垃圾道检查记录	▲		△	△	
26	预应力筋张拉记录	▲		▲	△	▲
27	有粘结预应力结构灌浆记录	▲		▲	▲	▲
28	钢结构施工记录	▲		▲	△	
29	网架（索膜）施工记录	▲		▲	△	▲
30	木结构施工记录	▲		▲	△	
31	幕墙注胶检查记录	▲		▲	△	
32	自动扶梯、自动人行道的相邻区域检查记录	▲		▲	△	
33	电梯电气装置安装检查记录	▲		▲	△	
34	自动扶梯、自动人行道电气装置检查记录	▲		▲	△	
35	自动扶梯、自动人行道整机安装质量检查记录	▲		▲	△	

类别	归档文件	保存单位				
		建设单位	设计单位	施工单位	监理单位	城建档案馆
36	其他施工记录文件					
C6	施工试验记录及检测文件					
	通用表格					
1	设备单机试运转记录	▲		▲	△	△
2	系统试运转调试记录	▲		▲	△	△
3	接地电阻测试记录	▲		▲	△	△
4	绝缘电阻测试记录	▲		▲	△	△
	建筑与结构工程					
1	锚杆试验报告	▲		▲	△	△
2	地基承载力检验报告	▲		▲	△	▲
3	桩基检测报告	▲		▲	△	▲
4	土工击实试验报告	▲		▲	△	▲
5	回填土试验报告（应附图）	▲		▲	△	▲
6	钢筋机械连接试验报告	▲		▲	△	△
7	钢筋焊接连接试验报告	▲		▲	△	△
8	砂浆配合比申请单、通知单	▲		△	△	△
9	砂浆抗压强度试验报告	▲		▲	△	▲
10	砌筑砂浆试块强度统计、评定记录	▲		▲	△	△
11	混凝土配合比申请单、通知单	▲		△	△	△
12	混凝土抗压强度试验报告	▲		▲	△	▲
13	混凝土试块强度统计、评定记录	▲		▲	△	△
14	混凝土抗渗试验报告	▲		▲	△	△
15	砂、石、水泥放射性指标报告	▲		▲	△	△
16	混凝土碱总量计算书	▲		▲	△	△
17	外墙饰面砖样板粘结强度试验报告	▲		▲	△	△
18	后置埋件抗拔试验报告	▲		▲	△	△
19	超声波探伤报告、探伤记录	▲		▲	△	△
20	钢构件射线探伤报告	▲		▲	△	△
21	磁粉探伤报告	▲		▲	△	△
22	高强度螺栓抗滑移系数检测报告	▲		▲	△	△
23	钢结构焊接工艺评定	▲		△	△	△
24	网架节点承载力试验报告	▲		▲	△	△
25	钢结构防腐、防火涂料厚度检测报告	▲		▲	△	△
26	木结构胶缝试验报告	▲		▲	△	△
27	木结构构件力学性能试验报告	▲		▲	△	△
28	木结构防腐剂试验报告	▲		▲	△	△
29	幕墙双组分硅酮结构密封胶混匀性及拉断试验报告	▲		▲	△	△
30	幕墙的抗风压性能、空气渗透性能、雨水渗透性能及平面内变形性能检测报告	▲		▲	△	△
31	外窗的抗风压性能、空气渗透性能和雨水渗透性能检测报告	▲		▲	△	△

续表

类别	归档文件	保存单位				
		建设单位	设计单位	施工单位	监理单位	城建档案馆
32	墙体节能工程保温板材与基层粘结强度现场拉拔试验	▲		▲	△	△
33	外墙保温浆料同条件养护试件试验报告	▲		▲	△	△
34	结构实体混凝土强度检验记录	▲		▲	△	△
35	结构实体钢筋保护层厚度检验记录	▲		▲	△	△
36	围护结构现场实体检验	▲		▲	△	△
37	室内环境检测报告	▲		▲	△	△
38	节能性能检测报告	▲		▲	△	▲
39	其他建筑与结构施工试验记录与检测文件					
	给水排水及供暖工程					
1	灌（满）水试验记录	▲		△	△	
2	强度严密性试验记录	▲		▲	△	△
3	通水试验记录	▲		△	△	
4	冲（吹）洗试验记录	▲		▲	△	
5	通球试验记录	▲		△	△	
6	补偿器安装记录			△	△	
7	消火栓试射记录	▲		▲	△	
8	安全附件安装检查记录			▲	△	
9	锅炉烘炉试验记录			▲	△	
10	锅炉煮炉试验记录			▲	△	
11	锅炉试运行记录	▲		▲	△	
12	安全阀定压合格证书	▲		▲	△	
13	自动喷水灭火系统联动试验记录	▲		▲	△	△
14	其他给水排水及供暖施工试验记录与检测文件					
	建筑电气工程					
1	电气接地装置平面示意图表	▲		▲	△	△
2	电气器具通电安全检查记录	▲		△	△	
3	电气设备空载试运行记录	▲		▲	△	△
4	建筑物照明通电试运行记录	▲		▲	△	△
5	大型照明灯具承载试验记录	▲		▲	△	
6	漏电开关模拟试验记录	▲		▲	△	
7	大容量电气线路节点测温记录	▲		▲	△	
8	低压配电电源质量测试记录	▲		▲	△	
9	建筑物照明系统照度测试记录	▲		△	△	
10	其他建筑电气施工试验记录与检测文件					
	智能建筑工程					
1	综合布线测试记录	▲		▲	△	△
2	光纤损耗测试记录	▲		▲	△	△
3	视频系统末端测试记录	▲		▲	△	△
4	子系统检测记录	▲		▲	△	△
5	系统试运行记录	▲		▲	△	△
6	其他智能建筑施工试验记录与检测文件					

类别	归档文件	保存单位				
		建设单位	设计单位	施工单位	监理单位	城建档案馆
	通风与空调					
1	风管漏光检测记录	▲		△	△	
2	风管漏风检测记录	▲		▲	△	
3	现场组装除尘器、空调机漏风检测记录			△	△	
4	各房间室内风量测量记录	▲		△	△	
5	管网风量平衡记录	▲		△	△	
6	空调系统试运转调试记录	▲		▲	△	△
7	空调水系统试运转调试记录	▲		▲	△	△
8	制冷系统气密性试验记录	▲		▲	△	△
9	净化空调系统检测记录	▲		▲	△	△
10	防排烟系统联合试运行记录	▲		▲	△	△
11	其他通风与空调施工试验记录与检测文件					
	电梯工程					
1	轿厢平层准确度测量记录	▲		△	△	
2	电梯层门安全装置检测记录	▲		▲	△	
3	电梯电气安全装置检测记录	▲		▲	△	
4	电梯整机功能检测记录	▲		▲	△	
5	电梯主要功能检测记录	▲		▲	△	△
6	电梯负荷运行试验记录	▲		▲	△	
7	电梯负荷运行试验曲线图表	▲		▲	△	
8	电梯噪声测试记录	△		△	△	
9	自动扶梯、自动人行道安全装置检测记录	▲		▲	△	
10	自动扶梯、自动人行道整机性能、运行试验记录	▲		▲	△	△
11	其他电梯施工试验记录与检测文件					
	施工质量验收文件					
1	检验批质量验收记录	▲		△	△	
2	分项工程质量验收记录	▲		▲	▲	▲
3	分部（子分部）工程质量验收记录	▲		▲	▲	▲
4	建筑节能分部工程质量验收记录	▲		▲	▲	
5	自动喷水灭火系统验收缺陷项目划分记录	▲		△	△	
6	程控电话交换系统分项工程质量验收记录	▲		▲	△	
7	会议电视系统分项工程质量验收记录	▲		▲	△	
8	卫星数字电视系统分项工程质量验收记录	▲		▲	△	
9	有线电视系统分项工程质量验收记录	▲		▲	△	
10	公共广播与紧急广播系统分项工程质量验收记录	▲		▲	△	
11	计算机网络系统分项工程质量验收记录	▲		▲	△	
12	应用软件系统分项工程质量验收记录	▲		▲	△	
13	网络安全系统分项工程质量验收记录	▲		▲	△	
14	通风与空调系统分项工程质量验收记录	▲		▲	△	
15	变配电系统分项工程质量验收记录	▲		▲	△	
16	公共照明系统分项工程质量验收记录	▲		▲	△	

类别	归档文件	保存单位				
		建设单位	设计单位	施工单位	监理单位	城建档案馆
17	给水排水系统分项工程质量验收记录	▲		▲	△	
18	热源和热交换系统分项工程质量验收记录	▲		▲	△	
19	冷冻和冷却水系统分项工程质量验收记录	▲		▲	△	
20	电梯和自动扶梯系统分项工程质量验收记录	▲		▲	△	
21	数据通信接口分项工程质量验收记录	▲		▲	△	
22	中央管理工作站及操作分站分项工程质量验收记录	▲		▲	△	
23	系统实时性、可维护性、可靠性分项工程质量验收记录	▲		▲	△	
24	现场设备安装及检测分项工程质量验收记录	▲		▲	△	
25	火灾自动报警及消防联动系统分项工程质量验收记录	▲		▲	△	
26	综合防范功能分项工程质量验收记录	▲		▲	△	
27	视频安防监控系统分项工程质量验收记录	▲		▲	△	
28	入侵报警系统分项工程质量验收记录	▲		▲	△	
29	出入口控制（门禁）系统分项工程质量验收记录	▲		▲	△	
30	巡更管理系统分项工程质量验收记录	▲		▲	△	
31	停车场（库）管理系统分项工程质量验收记录	▲		▲	△	
32	安全防范综合管理系统分项工程质量验收记录	▲		▲	△	
33	综合布线系统安装分项工程质量验收记录	▲		▲	△	
34	综合布线系统性能检测分项工程质量验收记录	▲		▲	△	
35	系统集成网络连接分项工程质量验收记录	▲		▲	△	
36	系统数据集成分项工程质量验收记录	▲		▲	△	
37	系统集成整体协调分项工程质量验收记录					
38	系统集成综合管理及冗余功能分项工程质量验收记录	▲		▲	△	
39	系统集成可维护性和安全性分项工程质量验收记录	▲		▲	△	
40	电源系统分项工程质量验收记录	▲		▲	△	
41	其他施工质量验收文件					
C7	施工验收文件					
1	单位（子单位）工程竣工预验收报验表	▲		▲		▲
2	单位（子单位）工程质量竣工验收记录	▲	△	▲		▲
3	单位（子单位）工程质量控制资料核查记录	▲		▲		▲
4	单位（子单位）工程安全和功能检验资料核查及主要功能抽查记录	▲		▲		▲
5	单位（子单位）工程观感质量检查记录	▲		▲		▲
6	施工资料移交书	▲		▲		▲
7	其他施工验收文件					
竣工图（D类）						
1	建筑竣工图	▲		▲		▲
2	结构竣工图	▲		▲		▲
3	钢结构竣工图	▲		▲		▲
4	幕墙竣工图	▲		▲		▲
5	室内装饰竣工图	▲		▲		

续表

类别	归档文件	保存单位				
		建设单位	设计单位	施工单位	监理单位	城建档案馆
6	建筑给水排水与采暖竣工图	▲		▲		▲
7	建筑电气竣工图	▲		▲		▲
8	智能建筑竣工图	▲		▲		▲
9	通风与空调竣工图	▲		▲		▲
10	室外工程竣工图	▲		▲		▲
11	规划红线内的室外给水、排水、供热、供电、照明管线等竣工图	▲		▲		▲
12	规划红线内的道路、园林绿化、喷灌设施等竣工图	▲		▲		▲
竣工验收文件（E 类）						
E1	竣工验收与备案文件					
1	勘察单位工程质量检查报告	▲		△	△	▲
2	设计单位工程质量检查报告	▲	▲	△	△	▲
3	施工单位工程竣工报告	▲		▲	△	▲
4	监理单位工程质量评估报告	▲		△	▲	▲
5	工程竣工验收报告	▲	▲	▲	▲	▲
6	工程竣工验收会议纪要	▲	▲	▲	▲	▲
7	专家组竣工验收意见	▲	▲	▲	▲	▲
8	工程竣工验收证书	▲	▲	▲	▲	▲
9	规划、消防、环保、民防、防雷等部门出具的认可文件或准许使用文件	▲	▲	▲	▲	▲
10	房屋建筑工程质量保修书	▲				▲
11	住宅质量保证书、住宅使用说明书	▲		▲		▲
12	建设工程竣工验收备案表	▲	▲	▲	▲	▲
13	工程竣工档案预验收意见	▲		△		▲
14	城市建设档案移交书	▲				▲
E2	竣工决算文件					
1	施工决算文件	▲		▲		△
2	监理决算文件	▲			▲	△
E3	工程声像资料等					
1	开工前原貌、施工阶段、竣工新貌照片	▲		△	△	▲
2	工程建设过程中的录音、录像资料（重大工程）	▲		△	△	▲
E4	其他工程文件					

注：表中符号"▲"表示必须归档保存；"△"表示选择性归档保存。

4.1.2 基础知识

归档文件质量要求：

（1）归档的纸质工程文件应为原件。

（2）工程文件的内容及其深度应符合国家现行有关工程勘察、设计、施工、监理等标准的规定。

（3）工程文件的内容必须真实、准确，应与工程实际相符合。

（4）工程文件应采用碳素墨水、蓝黑墨水等耐久性强的书写材料，不得使用红色墨水、纯蓝墨水、圆珠笔、复写纸、铅笔等易褪色的书写材料。计算机输出文字和图件应使用激光打印机，不应使用色带式打印机、水性墨打印机和热敏打印机。

（5）工程文件应字迹清楚，图样清晰，图表整洁，签字盖章手续应完备。

（6）工程文件中文字材料幅面尺寸规格宜为 A4 幅面（297mm×210mm）。图纸宜采用国家标准图纸。

（7）工程文件的纸张应采用能长期保存的韧力大、耐久性强的纸张。

（8）所有竣工图均应加盖竣工图章（图 4-1），竣工图章应使用不易褪色的印泥，应盖在图标栏上方空白处。

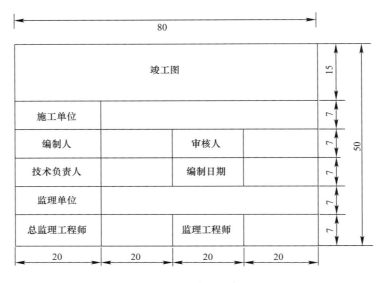

图 4-1 竣工图章

（9）竣工图的绘制与改绘应符合国家现行有关制图标准的规定。

（10）归档的建设工程电子文件应采用表 4-2 所列开放式文件格式或通用格式进行存储。专用软件产生的非通用格式的电子文件应转换成通用格式。

归档电子文件开放式文件格式或通用格式　　　　　表 4-2

文件类别	格式
文本（表格）文件	PDF、XML、TXT
图像文件	JPG、TIFF
图形文件	DWG、PDF、SVG
影像文件	MPEG2、MPEG4、AVI
声音文件	MTV、WAV

（11）归档的建设工程电子文件应包含元数据，保证文件的完整性和有效性。元数据应符合现行行业标准《建设电子档案元数据标准》CJJ/T 187 的规定。

（12）归档的建设工程电子文件应采用电子签名等手段，所载内容应真实可靠。

（13）归档的建设工程电子文件的内容必须与其纸质档案一致。

（14）离线归档的建设工程电子档案载体，应采用一次性写入光盘，光盘不应有磨损、划伤。

（15）存储移交电子档案的载体应经过检测，应无病毒、无数据读写故障，并应确保接收方能通过适当设备读出数据。

工程文件立卷

4.2.1　任务描述

（1）立卷应按下列流程进行：

① 对属于归档范围的工程文件进行分类，确定归入案卷的文件材料。

② 对卷内文件材料进行排列、编目、装订（或装盒）。

③ 排列所有案卷，形成案卷目录。

（2）立卷应遵循以下原则：

① 立卷应遵循工程文件的自然形成规律和工程专业的特点，保持卷内文件的有机联系，便于档案的保管和利用。

② 工程文件应按不同的形成、整理单位及建设程序，按工程准备阶段文件、监理文件、施工文件、竣工图、竣工验收文件分别进行立卷，并可根据数量多少组成一卷或多卷。

③ 一项建设工程由多个单位工程组成时，工程文件应按单位工程立卷。

④ 不同载体的文件应分别立卷。

（3）立卷应采用以下方法：

① 工程准备阶段文件应按建设程序、形成单位等进行立卷。

② 监理文件应按单位工程、分部工程或专业、阶段等进行立卷。

③ 施工文件应按单位工程、分部（分项）工程进行立卷。

④ 竣工图应按单位工程分专业进行立卷。

⑤ 竣工验收文件应按单位工程分专业进行立卷。

⑥ 电子文件立卷时，每个工程（项目）应建立多级文件夹，应与纸质文件在案卷设置上一致，并应建立相应的标识关系。

⑦ 声像资料应按建设工程各阶段立卷，重大事件及重要活动的声像资料应按专题立卷，声像档案与纸质档案应建立相应的标识关系。

（4）施工文件的立卷应符合下列要求：

① 专业承（分）包施工的分部、子分部（分项）工程应分别单独立卷。

② 室外工程应按室外建筑环境和室外安装工程单独立卷。

③ 当施工文件中部分内容不能按一个单位工程分类立卷时，可按建设工程立卷。

（5）不同幅面的工程图纸，应统一折叠成 A4 幅面（297mm×210mm），应图面朝内，首先沿标题栏的短边方向以 W 形折叠，然后再沿标题栏的长边方向以 W 形折叠，并使标题栏露在外面。

（6）案卷不宜过厚，文字材料卷厚度不宜超过 20mm，图纸卷厚度不宜超过 50mm。

（7）案卷内不应有重份文件。印刷成册的工程文件宜保持原状。

（8）建设工程电子文件的组织和排序可按纸质文件进行。

4.2.2　基础知识

1. 卷内文件排列

（1）卷内文件应按表 4-1 的类别和顺序排列。

（2）文字材料应按事项、专业顺序排列。同一事项的请示与批复、同一文件的印本与定稿、主体与附件不应分开，并应按批复在前、请示在后，印本在前、定稿在后，主体在前、附件在后的顺序排列。

（3）图纸应按专业排列，同专业图纸应按图号顺序排列。

（4）当案卷内既有文字材料又有图纸时，文字材料应排在前面，图纸应排在后面。

2. 案卷编目

（1）编制卷内文件页号应符合下列规定：

① 卷内文件均应按有书写内容的页面编号。每卷单独编号，页号从"1"开始。

② 页号编写位置单面书写的文件在右下角；双面书写的文件，正面在右下角，背面在左下角。折叠后的图纸一律在右下角。

③ 成套图纸或印刷成册的文件材料，自成一卷的，原目录可代替卷内目录，不必重新编写页码。

④ 案卷封面、卷内目录、卷内备考表不编写页号。

（2）卷内目录的编制应符合下列规定：

① 卷内目录排列在卷内文件首页之前，式样（图 4-2）宜符合相关规范的要求。

② 序号应以一份文件为单位编写，用阿拉伯数字从 1 开始依次标注。

③ 责任者应填写文件的直接形成单位或个人。有多个责任者时，应选择两个主要责任者，其余用"等"代替。

④ 文件编号应填写文件形成单位的发文号或图纸的图号，或设备、项目代号。

⑤ 文件题名应填写文件标题的全称。当文件无标题时，应根据内容拟写标题，拟写标题外应加"［　］"符号。

⑥ 日期应填写文件的形成日期或文件的起止日期，竣工图应填写编制日期。日期中"年"应用四位数字表示，"月"和"日"应分别用两位数字表示。

⑦ 页次应填写文件在卷内所排的起始页号，最后一份文件应填写起止页号。

⑧ 备注应填写需要说明的问题。

（3）卷内备考表的编制应符合下列规定：

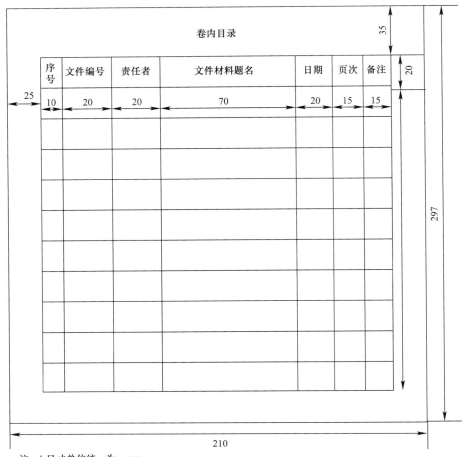

注：1.尺寸单位统一为：mm。
   2.比例1：2。

图 4-2　卷内目录样式

① 卷内备考表应排列在卷内文件的尾页之后，式样宜符合图 4-3 的要求。

② 卷内备考表应标明卷内文件的总页数、各类文件页数或照片张数及立卷单位对案卷情况的说明。

③ 立卷单位的立卷人和审核人应在卷内备考表上签名，年、月、日应按立卷、审核时间填写。

（4）案卷封面的编制应符合下列规定：

① 案卷封面应印刷在卷盒、卷夹的正表面，也可采用内封面形式。案卷封面的式样宜符合《建设工程文件归档规范》GB/T 50328 附录 E 的要求（图 4-4、图 4-5）。

② 案卷封面的内容应包括档号、案卷题名、编制单位、起止日期、密级、保管期限、本案卷所属工程的案卷总量、本案卷在该工程案卷总量中的排序。

③ 档号应由分类号、项目号和案卷号组成。档号由档案保管单位填写。

④ 案卷题名应简明、准确地揭示卷内文件的内容。

⑤ 编制单位应填写案卷内文件的形成单位或主要责任者。

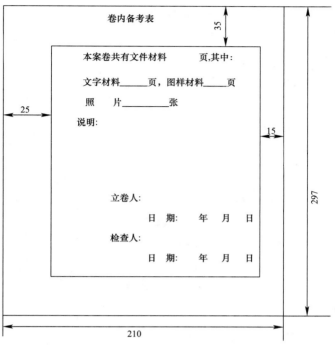

注：1.尺寸单位统一为：mm。
　　2.比例1:2。

图 4-3　卷内备考表式样

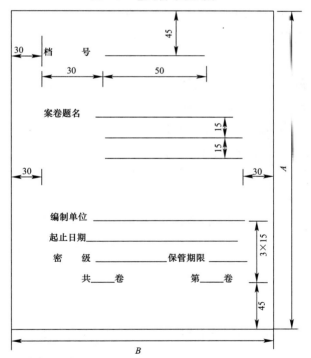

注：1.卷盒、卷夹封面 $A \times B$=310×220。
　　2.卷夹封面 $A \times B$=297×210。
　　3.尺寸单位统一为：mm，比例1:2。

图 4-4　案卷封面式样

⑥ 起止日期应填写案卷内全部文件形成的起止日期。

⑦ 保管期限应根据卷内文件的保存价值在永久保管、长期保管、短期保管三种保管期限中选择划定。当同一案卷内有不同保管期限的文件时，该案卷保管期限应从长。

⑧ 密级应在绝密、机密、秘密三个级别中选择划定。当同一案卷内有不同密级的文件时，应以高密级为本卷密级。

（5）编写案卷题名，应符合下列规定：

① 建筑工程案卷题名应包括工程名称（含单位工程名称）、分部工程或专业名称及卷内文件概要等内容；当房屋建筑有地名管理机构批准的名称或正式名称时，应以正式名称为工程名称，建设单位名称可省略；必要时可增加工程地址内容。

② 道路、桥梁工程案卷题名应包括工程名称（含单位工程名称）、分部工程或专业名称及卷内文件概要等内容；必要时可增加工程地址内容。

③ 地下管线工程案卷题名应包括工程名称（含单位工程名称）、专业管线名称和卷内文件概要等内容；必要时可增加工程地址内容。

④ 卷内文件概要应符合《建设工程文件归档规范》GB/T 50328 附录 A 中所列案卷内容（标题）的要求。

⑤ 外文资料的题名及主要内容应译成中文。

（6）案卷脊背应由档号、案卷题名构成，由档案保管单位填写；式样应符合《建设工程文件归档规范》GB/T 50328 附录 F 的规定。

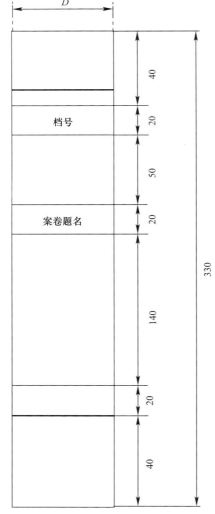

注：1. D=20mm、30mm、50mm。
2. 尺寸单位统一为：mm，比例1:2。

图 4-5　案卷脊背式样

（7）卷内目录、卷内备考表、案卷内封面宜采用 70g 以上白色书写纸制作，幅面应统一采用 A4 幅面。

3. 案卷装订与装具

（1）案卷可采用装订与不装订两种形式。文字材料必须装订。装订时不应破坏文件的内容，并应保持整齐、牢固，便于保管和利用。

（2）案卷装具可采用卷盒、卷夹两种形式，并应符合下列规定：

① 卷盒的外表尺寸应为 310mm×220mm，厚度可为 20mm、30mm、40mm、50mm。

② 卷夹的外表尺寸应为 310mm×220mm，厚度宜为 20~30mm。

③ 卷盒、卷夹应采用无酸纸制作。

4. 案卷目录编制

（1）案卷应按表 4-1 的类别和顺序排列。

（2）案卷目录的编制应符合下列规定：

① 案卷目录式样宜符合表 4-3 的要求。

② 编制单位应填写负责立卷的法人组织或主要责任者。

③ 编制日期应填写完成立卷工作的日期。

案卷目录式样 表 4-3

案卷号	案卷题名	卷内数量			编制单位	编制日期	保管期限	密级	备注
		文字（页）	图纸（张）	其他					

工程文件归档

（1）归档应符合下列规定：

归档的文件必须经过分类整理，归档文件范围和质量应符合单元4.1和4.2的规定。

（2）电子文件归档应包括在线式归档和离线式归档两种方式。可根据实际情况选择其中一种或两种方式进行归档。

（3）归档时间应符合下列规定：

① 根据建设程序和工程特点，归档可分阶段分期进行，也可在单位或分部工程通过竣工验收后进行。

② 勘察、设计单位应在任务完成后，施工、监理单位应在工程竣工验收前，将各自形成的有关工程档案向建设单位归档。

（4）勘察、设计、施工单位在收齐工程文件并整理立卷后，建设单位、监理单位应根据城建档案管理机构的要求，对归档文件完整、准确、系统情况和案卷质量进行审查。审查合格后方可向建设单位移交。

（5）工程档案的编制不得少于两套，一套应由建设单位保管，一套（原件）应移交当地城建档案管理机构保存。

（6）勘察、设计、施工、监理等单位向建设单位移交档案时，应编制移交清单，双方签字、盖章后方可交接。

（7）设计、施工及监理单位需向本单位归档的文件，应按国家有关规定和表4-1的要求立卷归档。

工程档案验收与移交

（1）列入城建档案管理机构档案接收范围的工程，竣工验收前，城建档案管理机构应对工程档案进行预验收。

（2）城建档案管理机构在进行工程档案预验收时，应查验下列主要内容：

① 工程档案齐全、系统、完整，全面反映工程建设活动和工程实际状况。

② 工程档案已整理立卷，立卷符合本规范的规定。

③ 竣工图的绘制方法、图式及规格等符合专业技术要求，图面整洁，盖有竣工图章。

④ 文件的形成、来源符合实际，要求单位或个人签章的文件，其签章手续完备。

⑤ 文件的材质、页面、书写、绘图、用墨等符合要求。

⑥ 电子档案格式、载体等符合要求。

⑦ 声像档案内容、质量、格式符合要求。

（3）列入城建档案管理机构接收范围的工程，建设单位在工程竣工验收后 3 个月内，必须向城建档案管理机构移交一套符合规定的工程档案。

（4）停建、缓建建设工程的档案，可暂由建设单位保管。

（5）对改建、扩建和维修工程，建设单位应组织设计、施工单位对改变部位据实编制新的工程档案，并应在工程竣工验收后 3 个月内向城建档案管理机构移交。

（6）当建设单位向城建档案管理机构移交工程档案时，应提交移交案卷目录，办理移交手续，双方签字、盖章后方可交接。

工程资料归档训练

步骤1 工程资料分类

将单元1.4施工资料管理能力训练后收集和编写的资料根据表4-1"施工文件（C类）"进行分类，如工程概况表、施工现场质量管理检查记录等归类于施工管理文件。

将单元2.4监理资料管理能力训练后收集和编写的资料根据表4-1"监理文件（B类）"进行分类，如监理规划、监理实施细则等归类于监理管理文件。

步骤2 工程资料组卷装订

将完成分类的施工资料或监理资料进行组卷装订，每一分类的资料组成一卷；施工或监理资料管理训练中所编制的"工程资料清单"单独组一卷。参照4.2.2要求进行案卷内文件的排列，以及填写每一案卷的封面、目录和卷内备考表。案卷封面、目录和卷内备考表格式参见图4-2～图4-5。

步骤3 工程资料归档入盒

将装订好的案卷放入档案盒，并填写档案盒封面和案脊。

项目小结

本项目根据《建设工程文件归档规范》GB/T 50328规定，讲解了对归档的工程资料进行分类、整理，明确归档资料的质量要求，对于归档资料的立卷流程、原则和方法具体描述以及文件的归档、验收和移交的相关知识，学生通过训练可以掌握资料的卷内文件排列和案卷编目。

思考与拓展题

1. 在组织工程竣工验收前应围绕工程档案进行哪些工作？
2. 有多个承包单位的项目，工程文件怎样收集、整理？
3. 案卷内有重份文件违反《建设工程文件归档规范》GB/T 50328的规定吗？
4. 停建、缓建建设工程的档案，由谁保管？
5. 建设工程由多个单位工程组成时，文件应按什么组卷？

主 要 参 考 文 献

［1］ 北京筑业志远软件开发有限公司，北京土木建筑学会. 建筑工程施工质量验收统一标准填写范例与指南
　　　 ［M］. 2 版. 北京：清华同方光盘电子出版社，2014.

［2］ 章钟. 浙江省建设工程施工现场安全管理台账实施指南［M］. 上海：上海科学技术文献出版社，2011.